- Hauptweg EifelSteig
- einfach
- mittel
- anspruchsvoll
- Bahn
- Bus
- Parkplatz
- Streckenpunkt/Karte
- Telefon
- E-Mail/Internet
- Öffnungszeiten/Termine
- Start/Ziel
- Streckenpunkt

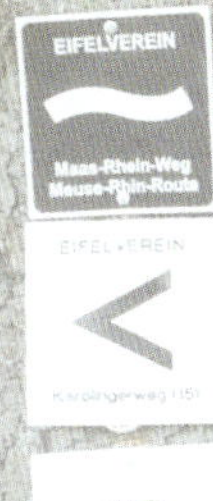


- Höhenangaben auf Wegniveau
- Entfernungsangaben: Hauptstrecke inkl. empfohlener Abstecher (circa-Angaben), GPS-Daten: kürzeste Strecke
- Zeitangaben
  Dauer = reine Wanderzeit ohne Pausen und Abstecher bei mittlerem Tempo (3,5 km/h)
- Koordinatenangaben nach UTM (Angaben Umkreis; Abweichung +/-, je nach Messpunkt)

# Inhalt



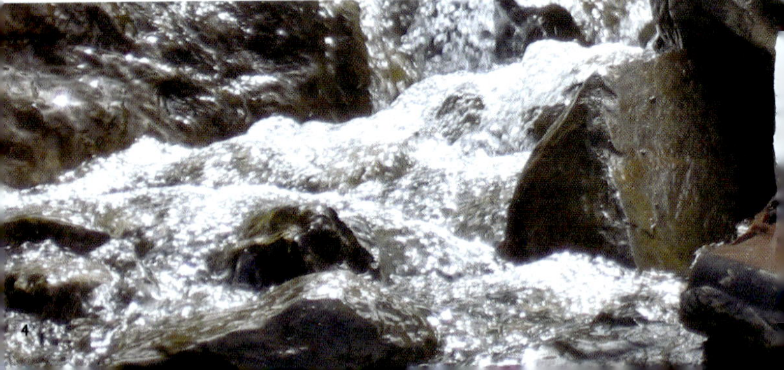

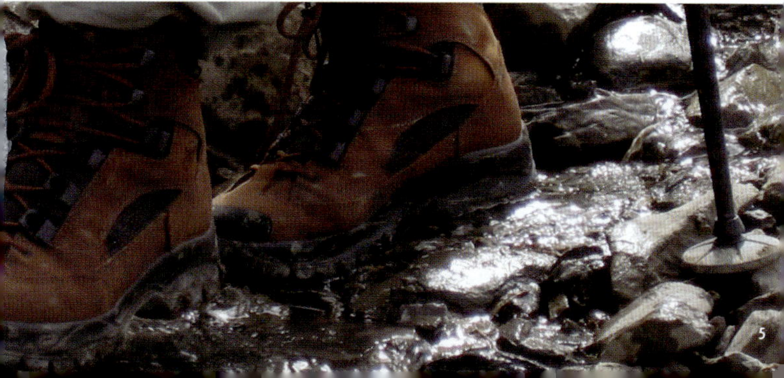

# EINFACH HIMMLISCH GEFÜHRT

Alle Routen zum Download für GPS, PC, Pocket PC und zum Einbinden in Google Earth©: Als Buchkäufer können Sie alle beschriebenen Touren als Navigationsdatei für moderne GPS-Empfänger und Pocket-Navigationsgeräte über unsere Internetseite www.wander-touren.com gratis herunterladen. Sie müssen sich dazu persönlich anmelden und mit einer prüfbaren Adressangabe legitimieren. Die Nutzung der urheberrechtlich geschützten Daten und Karten ist ausschließlich Buchbesitzern gestattet. Zur Legitimation werden bei der Erstanmeldung personenbezogene Daten erhoben. Diese Daten werden nicht ohne ausdrückliche Zustimmung an Dritte weitergegeben oder zu Werbezwecken genutzt. Sie dienen lediglich der Nachvollziehbarkeit der Download-Berechtigung. Auf Wunsch können Sie einen Newsletter bestellen, der über Neuigkeiten, Updates und Streckenänderungen informiert. Beachten Sie bitte auch die Bedienungs-Hinweise unter FAQ – bzw. GPS-Hilfe auf der Internetseite sowie die Allgemeinen Geschäfts- und Nutzungsbedingungen der ideemedia GmbH, www.ideemediashop.de

## ▶ NEU

Download der Übersichtskarten als PDF-Datei zum Ausdrucken für unterwegs. Sie benötigen dazu Adobe Acrobat© auf Ihrem PC sowie eine Anmeldung wie beschrieben. Die Tour-Codes am Kapitelanfang führen auch zum Karten-Download.

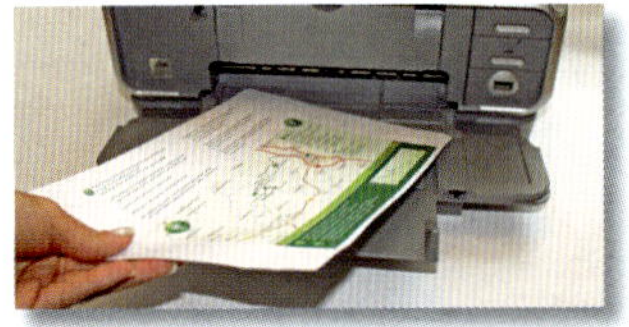

## ▶ SCHRITT 1

Als Buchkäufer auf unserer Internetseite www.wander-touren.com registrieren. Sie erhalten Ihre Freischaltung per Mail, die Sie rückbestätigen müssen. Danach können Sie mit dem Download beginnen. Beachten Sie: Die Freischaltung ist nur bei Angabe einer vollständigen und nachvollziehbaren E-Mail-Adresse möglich. Sollten Sie keine E-Mail von uns erhalten, schauen Sie bitte in Ihrem Spam-Filter nach bzw. überprüfen Sie nochmals Ihre eingegebene E-Mail-Adresse auf Vollständigkeit.

## ▶ SCHRITT 2

Tour-Code eingeben. Die Tour-Codes finden Sie auf der Anfangsseite jeder Etappe. Sie haben die Wahl zwischen dem .ovl-Format (für die digitalen Karten der Landesämter) oder dem .gpx-Format (für gängige PC-Kartenprogramme und GPS-Empfänger, GPS-Handgeräte wie Garmin oder Pocket PC) sowie dem .kml-Format (für Google Earth©).

SCHÖNERES WANDERN

# EIFELSTEIG

## 330 km von Aachen nach Trier

Ulrike Poller und Wolfgang Todt

Auf den Spuren der Römer durch die nördliche Eifel zu malerischen Burgen des Mittelalters und in romantische Fachwerkstädte: Der Eifelsteig verbindet die Kaiserstadt Aachen mit der Römerstadt Trier. Dazwischen liegen 330 abwechslungsreiche Kilometer mit herrlichen Ausblicken auf eine durch Wasser, Wiesen und Wälder geprägte Landschaft. Ulrike Poller und Wolfgang Todt haben den Eifelsteig erstmals nach der endgültigen Wegeführung in der kompletten Länge Meter für Meter erschlossen und geben viele nützliche Tipps, damit auch bei fehlenden Markierungen kein Wanderer vom richtigen Weg abkommt.

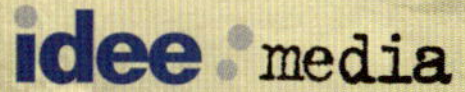

Beachten Sie die Bedienungsanleitung Ihres Gerätes bzw. von Google Earth©. Speichern Sie die Daten auf einer Festplatte zwischen.

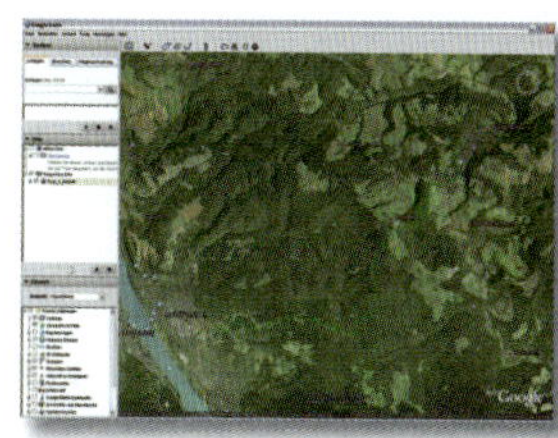

Routen einfach eintragen: www.earth.google.de

### ▶ SCHRITT 3

Tour auf Ihr Navigationssystem/auf Ihr Kartenprogramm übertragen und los geht's. Beachten Sie zum Übertragen die Hinweise in der Gebrauchsanleitung Ihres GPS-Empfängers bzw. fragen Sie bei technischen Problemen die Hotline Ihres Gerätelieferanten.

### ▶ AKTUELLE INFOS

Wichtige Informationen finden Sie auf unserer Internetseite www.wander-touren.com. Die Routen können mit der Zusatzsoftware GPS-Trans (wird mit PC-Karten wie Top 50 ausgeliefert) bzw. Easy-GPS (www.easygps.com) oder Routeconverter (www.routeconverter.de) auf viele verfügbare Empfänger geladen werden. Hinweis: Nicht alle GPS-Empfänger unterstützen die neuen Formate. Bitte fragen Sie in diesem Fall Ihren Hersteller, ob es Konvertierungsprogramme gibt. Alternativ können die Zielpunkte in viele Navigationsgeräte über die angegebenen Koordinaten eingegeben werden.

### ▶ ALLGEMEINE HINWEISE

Bei der ersten Anmeldung können Sie ein Passwort frei wählen. Bitte merken Sie sich exakt die Schreibweise (Groß- und Kleinschreibung sowie Leertasten beachten!). Ihr Passwort kann nach der Anmeldung nicht rekonstruiert werden. Bei einer Fehleingabe haben Sie keinen System-Zugang mehr. Sollten Sie Ihr Passwort vergessen haben, können Sie unter www.wander-touren.com selbst ein neues Passwort anfordern. Ihren **Benutzernamen** entnehmen Sie bitte der Rückmail, die zur Freischaltung führt.

Alle Daten wurden auf Fehlerfreiheit geprüft und werden bei Änderungen der Wegführung nach Verfügbarkeit aktualisiert. ideemedia übernimmt keine Haftung für mögliche Abweichungen, Vollständigkeit, Verfügbarkeit und Einsatz auf allen verfügbaren Navigations-Modellen. Sollte ein Gerät das Laden von Zusatzdaten nicht ermöglichen, wenden Sie sich auch in diesem Fall bitte an den Hersteller. Beachten Sie bitte: Zur Anzeige der Routen benötigen Sie eine digitale Kartengrundlage, die mit Navigationsgeräten geliefert wird oder ggf. getrennt erworben werden muss.

# Vortour Von Aachen nach Kornelimünster

## Pilger, Pferde, Printen

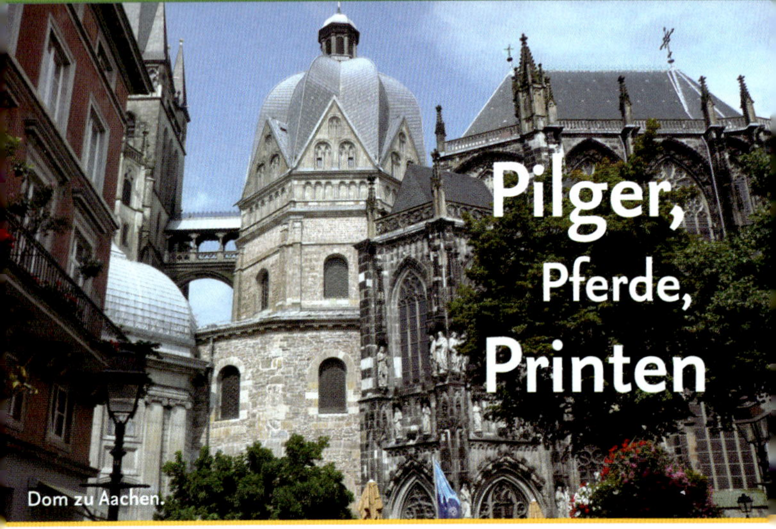

Dom zu Aachen.

- **Start:** Aachen, Domplatz
- **Ziel:** Kornelimünster, Marktplatz
- **Länge:** 11,5 km
- **Dauer:** 3 Std. 20 Min.
- **Höchster Punkt:** 290 m
- **Steigung:** 165 m
- **Gefälle:** 85 m
- **Anspruch:** ✶✶
- **Tour Download:** ESXVHPXV

- **Anfahrt:** Aachen ist über die A 4 oder die A 44 zu erreichen. Mit der Bahn kann man direkt zum Hauptbahnhof Aachen reisen.
  Nach Kornelimünster gelangt man am einfachsten über die A 44, Abfahrt Aachen/Brand und ab da über die B 258.
  Zwischen Kornelimünster und Aachen verkehren mehrere Buslinien der AVV in gutem Takt.
- **Taxi:** Aachen: ✆ 0241/5591500, ✆ 0241/21000,
- **Tourist-Info:** Aachen Tourist Service e.V. ✆ 0241/1802960 oder -61

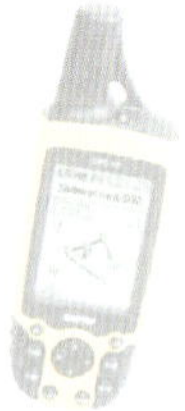

GPS-Koordinaten*

*nach UTM

- **Start:** Aachen, Dom Ost 294393, Nord 5628772
- **Ziel:** Kornelimünster, Marktplatz Ost 301171, Nord 5623417
- **Aussichtspunkte:**
  **P3:** Abzweig ins Gillesbachtal Ost 295630, Nord 5627278
  **P5:** Hitfeld Ost 297385, Nord 5624672
  **P6:** Queren K 11: Bierstrauchweg Ost 298564, Nord 5624108

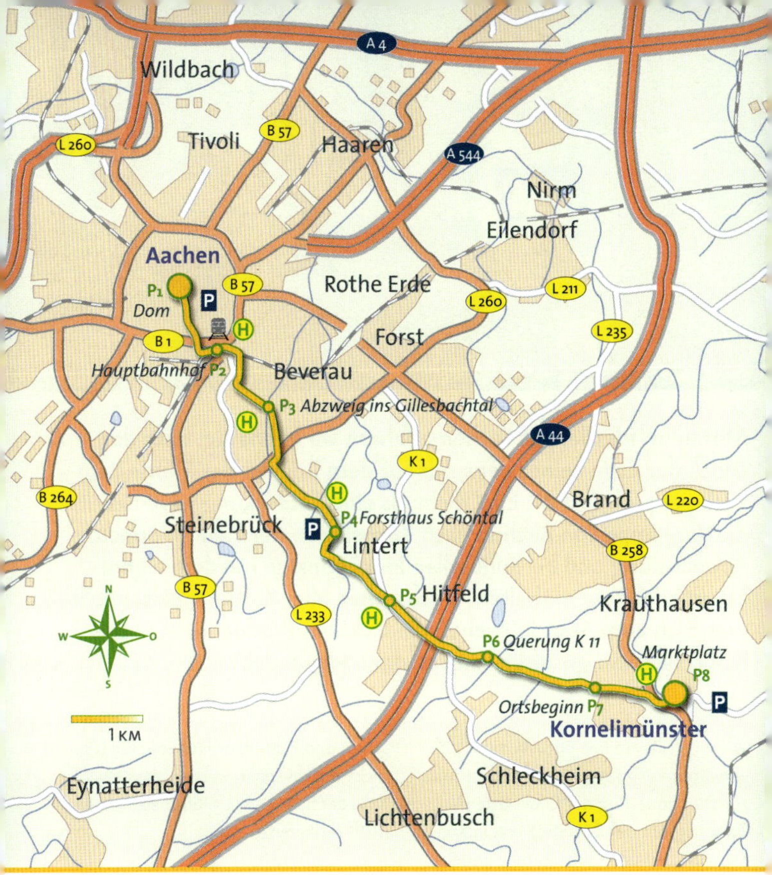

A 4
Wildbach
L 260
Tivoli
B 57
Haaren
A 544
Nirm
Eilendorf
Aachen
P1
Dom
B 57
Rothe Erde
L 260
L 211
B 1
Forst
L 235
Hauptbahnhof P2
Beverau
P3 Abzweig ins Gillesbachtal
A 44
K 1
B 264
P4 Forsthaus Schöntal
Brand
L 220
Steinebrück
Lintert
B 258
B 57
P5 Hitfeld
L 233
Krauthausen
N
W
O
S
P6 Querung K 11
Marktplatz
P8
Ortsbeginn P7
Kornelimünster
1 KM
Eynatterheide
Schleckheim
Lichtenbusch
K 1

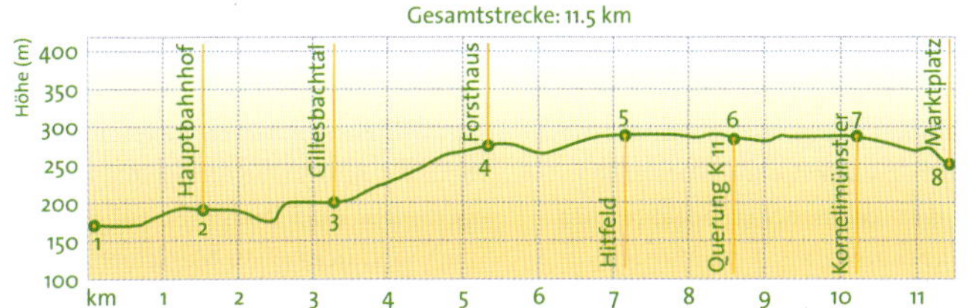


**P1:** Aachen, Dom **P2:** Aachen, Hauptbahnhof **P3:** Abzweig ins Gillesbachtal **P4:** Forsthaus Schöntal **P5:** Hitfeld **P6:** Querung K 11: Bierstrauchweg **P7:** Ortsbeginn Kornelimünster **P8:** Kornelimünster, Marktplatz

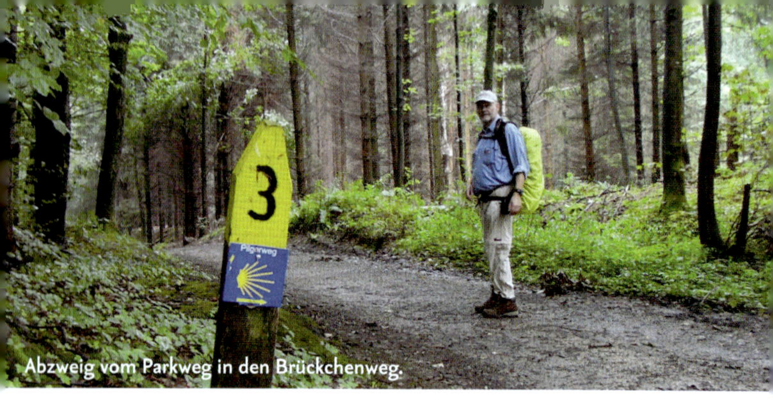

Abzweig vom Parkweg in den Brückchenweg.

**Mitten im Pferdeland Aachen erfahren wir leibhaftig, dass das Glück der Erde keineswegs nur auf dem Rücken der Pferde liegt – auch per pedes ist die Eifel mehr als eine Entdeckung wert! Bereits die Voretappe von Aachen nach Kornelimünster kann in puncto Abwechslung und bei kulturellen Höhepunkten mit dem eigentlichen EifelSteig mithalten. Doch neben aller Kultur & Natur sollte man sich zum Start in Aachen die leckeren Printen nicht entgehen lassen. So gestärkt, kann es dann losgehen!**

Wo sonst, als am beeindruckenden, altehrwürdigen Dom zu Aachen sollte man zur Durchquerung der Eifel starten? Zwar beginnt der EifelSteig erst in Kornelimünster, aber die kulturelle Bedeutung Aachens gebietet es, die Stadt Karls des Großen nicht einfach außen vor zu lassen. Die „Voretappe" von Aachen nach Kornelimünster verläuft durch das Stadtzentrum, zunächst ohne Markierung. Nach dem Gillesbachtal begleiten uns dann aber zuverlässig die Markierung des Pilgerweges sowie weitere lokale Markierungen. Noch eine Bemerkung zum Wegformat: Trotz reizvoller Landschaft und kultureller Höhepunkte soll nicht verschwiegen werden, dass etwa 80% der heutigen 11.5 Kilometer auf Asphalt verlaufen.

Unmittelbar vor dem Dom zu Aachen [P 1] beginnen wir mit der Wanderung nach Kornelimünster. Über die Kleinmarschierstraße gelangen wir zum Alexianergraben. Wir nutzen die Ampel und laufen geradeaus die Franzstraße entlang bis zum eindrucksvollen Marschiertor, das vom „Schnitzenden Pennsoldaten" bewacht wird. Wir queren hinter dem Tor die Lagerhausstraße und laufen geradeaus bergan, bis es links in die Zollamtstraße geht. Diese bringt uns nach [1.4 km] zum **Hauptbahnhof von Aachen [P 2]**. Wir wenden uns vom Bahnhofsvorplatz Richtung Taxistand und laufen durch die Hackländerstraße bis zur Eisenbahnbrücke an der Kurbrunnenstraße. Hier nutzen wir links die Ampel und queren die Straße. Dann wenden wir uns nach rechts und laufen unter der Eisenbahn durch. Bald stehen wir an der Rehaklinik „An der Rosenquelle" und laufen dort geradeaus in die Dammstraße.

Links beginnt der Kurgarten, und wir nutzen die Gelegenheit, durch die gepflegte Anlage parallel zur Dammstraße zu laufen. Zusätzlich lädt das Café und Restaurant zum Verweilen ein. Kaum haben wir den Kurgarten hinter uns gelassen, wenden wir uns links auf der Michaelstreppe bergan. Oben laufen wir um die Kirche herum und biegen dann in die Zeisestraße ab. Das Marienhospital bleibt rechts liegen, und wir queren auf Höhe einer Tankstelle die Karl-Marx-Allee.

Geradeaus bringt uns der Branderhofer Weg zur nahen **Gartensiedlung [P 3]**. Hier biegen wir nach [3.3 km] rechts auf den Wilhelm-Pitz-Weg in das idyllische Gillesbachtal ab. Wir genießen die neue Umgebung, die uns mit üppigem Grün umfängt. Das leise Murmeln des Gillesbachs drängt die städtische Betriebsamkeit schnell in den Hintergrund. Kurz nach Querung des Baches treffen wir wieder auf die Karl-Marx-Allee, halten uns links und überwinden nach [4.1 km] per Ampel auch die breite Adenauer Allee. Danach wandern wir geradeaus auf dem Kornelimünsterweg bergan. Wir passieren die Gallwitz Kaserne und dürfen am Ortsende auf Höhe des Waldfriedhofes auf einen tollen Naturweg wechseln. Dieser verläuft im lichten Wald zwischen Straße und Waldfriedhof und bringt uns nach [5.3 km] und leichtem Höhengewinn zur Waldkreuzung beim **Forsthaus Schöntal [P 4]**, welches mit einem Biergarten zur Einkehr lockt. Wir biegen aber rechts auf den geteerten Wildparkweg tiefer in den Wald ab. Schon 300 m später treffen wir an einer Waldkreuzung

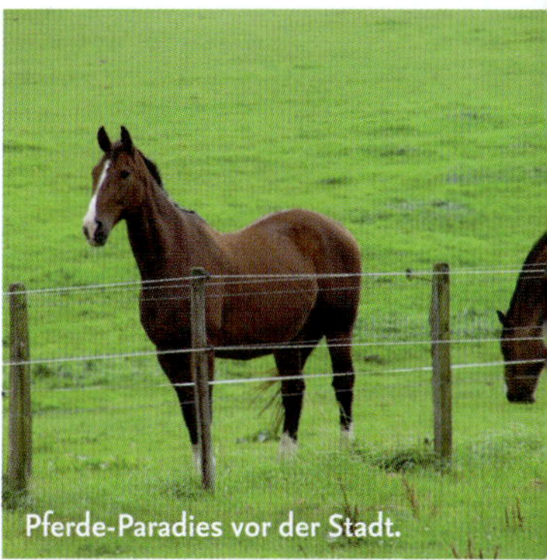
Pferde-Paradies vor der Stadt.

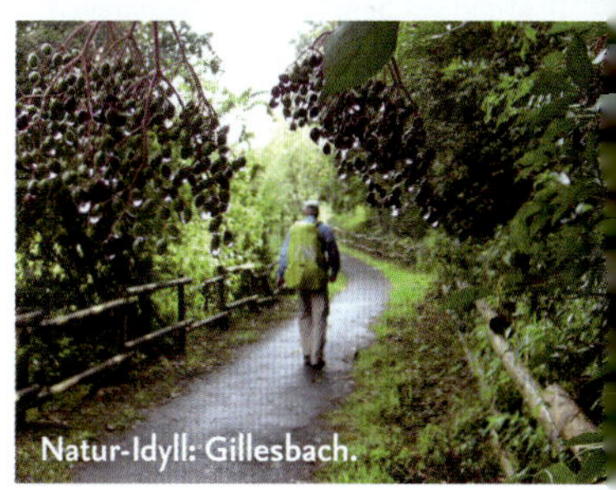
Natur-Idyll: Gillesbach.

ein und wenden uns scharf links auf den naturbelassenen Waldweg, der mit Nr. 3 und dem Pilgerweglogo markiert ist. Diese beiden Logos begleiten uns zunächst durch den sehr abwechslungsreichen Wald – vorbei am Beversbach – und ohne Richtungswechsel schließlich in das freie Terrain kurz vor Hitfeld. Die weiten Flächen der Pferdeweiden führen uns einmal mehr vor Augen, welche Bedeutung Aachen und seine Umgebung im Reitsport haben.

Nach [7.1 km] treffen wir am Ortsrand von Hitfeld auf die **K 1 [P 5]**. Wir wenden uns nach rechts und laufen nun auf breitem Gehweg neben der Straße durch die zerstreute Siedlung und zur Unterführung der A 44. 200 m später ist Aufmerksamkeit beim Queren der K 11 gefordert, danach laufen wir rechts durch die kleine Siedlung Eich. Am Ende der Häuser biegen wir nun mit Pilgerweg und zwei Eifelvereinswegen nach links ab. Herrlich breitet sich vor uns der Ausblick auf die hügelige Umgebung aus. Wir treffen nach [8.5 km] auf die Niederforstbacher Straße, laufen etwa 60 m unmittelbar neben der Straße nach links, bevor wir sie queren [P 6] und auf dem Teerweg **„Bierstrauch"** die Tour fortsetzen.

Zunächst geht es etwas abwärts zum Holzbach und einmal mehr erhaschen wir durch die dichten Hecken Blicke auf die umgebenden Pferdekoppeln. Wir queren den Rollefbach und laufen nun wieder bergan, immer wieder ergeben sich tolle Ausblicke nach Norden. Wir passieren nach [9 km] eine kleine Kapelle und ein Hofgut, folgen aber stets weiter dem „Bierstrauch". Nach einem letzten kurzen Aufstieg mündet unser Wanderweg nach [10 km] unmittelbar vor dem Ortsschild von Kornelimünster auf die **Oberforsterstraße [P 7]**.

Wir laufen nach links und passieren die eindrucksvolle Benediktinerabtei von Kornelimünster. Uralte Lindenbäume säumen den Gehweg und sorgen für Auflockerung der städtischen Bebauung. Nach [10.9 km] haben wir den alten Bahnhof von Kornelimünster erreicht und biegen nach links auf den alten Bahndamm ab. Dieser dient mittlerweile als Freizeitweg und bringt uns elegant über die Iternbergstraße. Doch bereits nach 150 m verlassen wir den alten Bahndamm wieder und biegen nach links ab. Über den Schulberg steigen wir recht steil hinab ins Indetal. Unterwegs bewundern wir die tolle Aussicht auf die Stadt und die Propstei.

Im Indetal angekommen, nutzen wir die Brücke und erreichen nach [11.5 km] das Zentrum der kleinen Gemeinde. Hier, direkt an der sehenswerten Propsteikirche beginnt der EifelSteig, dessen erster Wegweiser uns hier am **Markplatz [P 8]** begrüßt. Nun kann das Abenteuer EifelSteig beginnen!

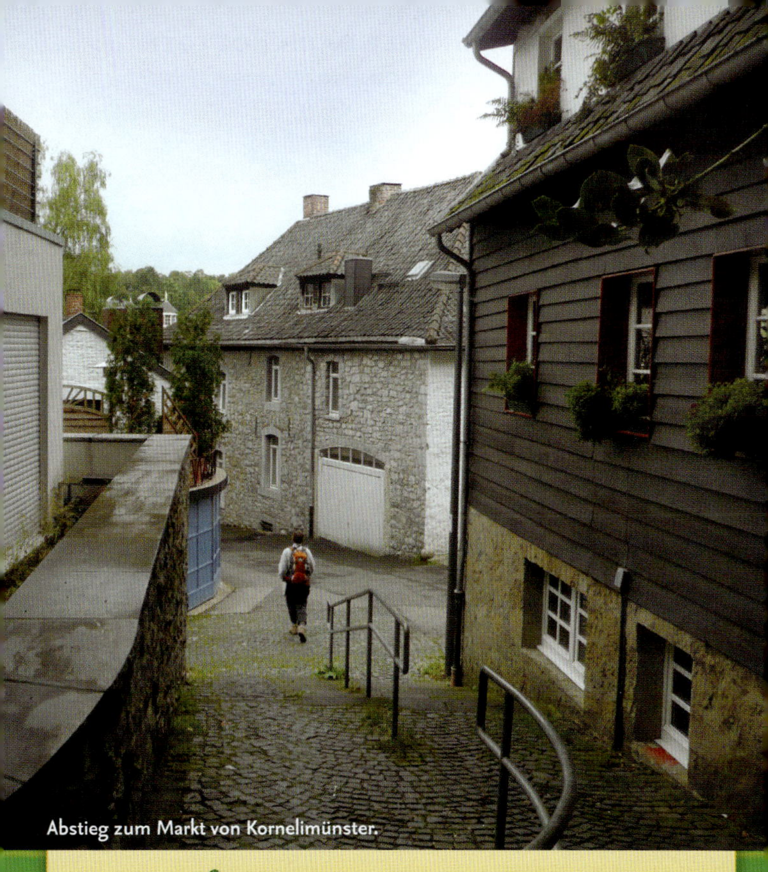

Abstieg zum Markt von Kornelimünster.

## Vortour Infos

**Aachen:** Zahlreiche Einkehrmöglichkeiten; nähere Infos unter @ www.aachen.de
Café Restaurant Napoleon, Korneliusmarkt 54–56, 52076 Aachen-Kornelimünster
✆ 02408/4779 @ www.cafe-napoleon.de ⊙ Mo.–Sa. 11.30–23 Uhr, So. 11–23 Uhr, Do. Ruhetag

**Aachen:** Zahlreiche Übernachtungsmöglichkeiten; nähere Infos unter @ www.aachen.de
Design-Hotel Zur Abtei, Napoleonsberg 132, 52076 Aachen-Kornelimünster
✆ 02408/925500 @ www.zur-abtei.de

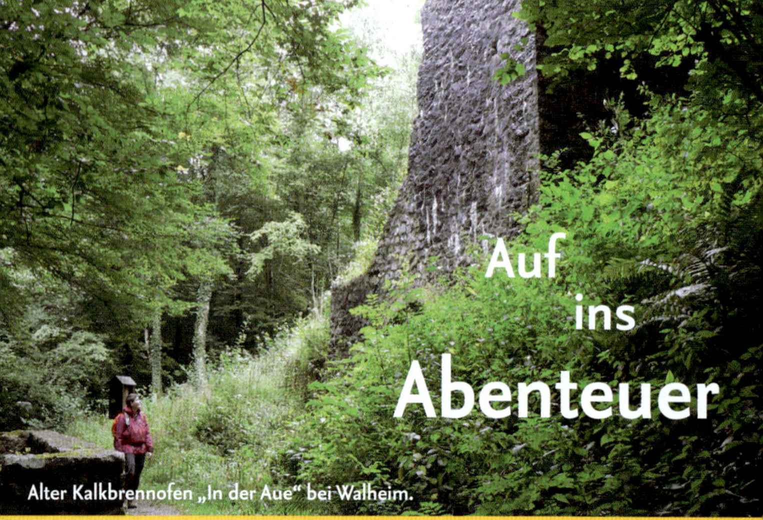

# Auf ins Abenteuer

Alter Kalkbrennofen „In der Aue" bei Walheim.

- **Start:** Kornelimünster, Marktplatz
- **Ziel:** Roetgen, Alter Bahnhof
- **Länge:** 13.9 km
- **Dauer:** 4 Std.
- **Höchster Punkt:** 457 m
- **Steigung:** 355 m
- **Gefälle:** 196 m
- **Anspruch:** ✶✶
- **Tour Download:** ESX1HP15

- **Anfahrt:** Nach Kornelimünster gelangt man am einfachsten über die A 44, Abfahrt Aachen/Brand und ab da über die B 258.
  Roetgen erreicht man aus fast allen Richtungen am besten über die B 258. Aus Nordosten bietet sich auch die L 238 zur Anfahrt an.
- **Taxi:** Taxi Simons, Roetgen: ✆ 02471/8800
- **Tourist-Info:** Aachen Tourist Service e.V., ✆ 0241/1802960 oder 61
  Roetgen-Touristik e.V. ✆ 02471/8478
  Gemeindeverwaltung Roetgen ✆ 02471/180

**GPS-Koordinaten*** 

- **Start:** Kornelimünster, Marktplatz Ost 301171, Nord 5623417
- **Ziel:** Roetgen, Alter Bahnhof Ost 300956, Nord 5614454
- **Aussichtspunkte:**
  **P5:** Trichterbrennöfen Ost 301180, Nord 5620587
  **P8:** Rastplatz am NSG Struffelt Ost 303281, Nord 5616798
  **P11:** Zugang nach Roetgen (Rommelweg) Ost 301787, Nord 5614936

*nach UTM

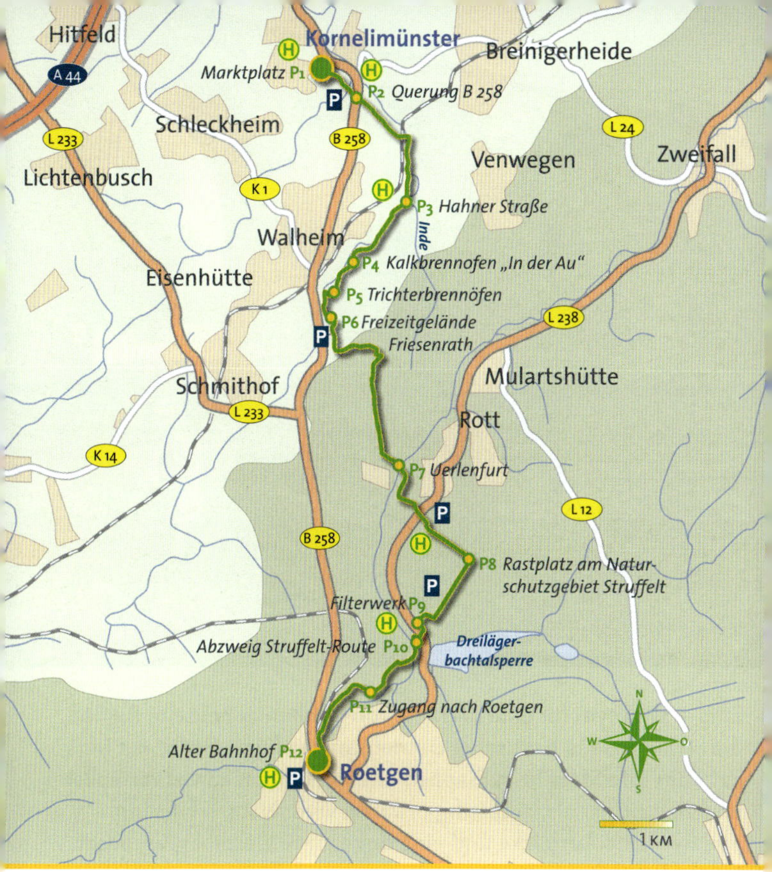

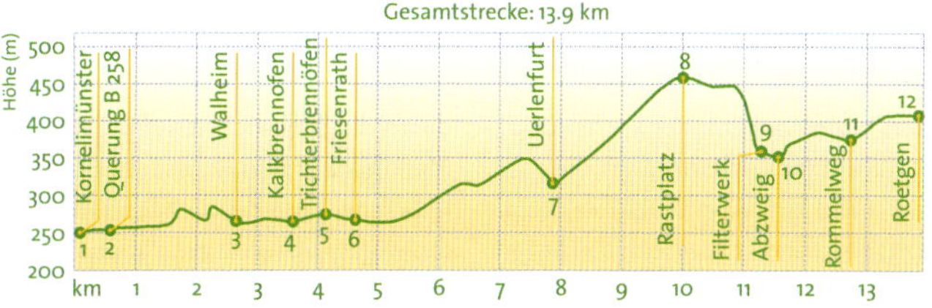


**P1:** Kornelimünster **P2:** Querung B 258 **P3:** Walheim: Hahner Straße **P4:** Kalkbrennofen „In der Au“ **P5:** Trichterbrennöfen **P6:** Freizeitgelände Friesenrath **P7:** Querung Vichtbach „Uerlenfurt“ **P8:** Rastplatz am NSG Struffelt **P9:** Filterwerk Dreilägertalsperre **P10:** Abzweig Struffelt Route **P11:** Zugang nach Roetgen (Rommelweg) **P12:** Alter Bahnhof Roetgen

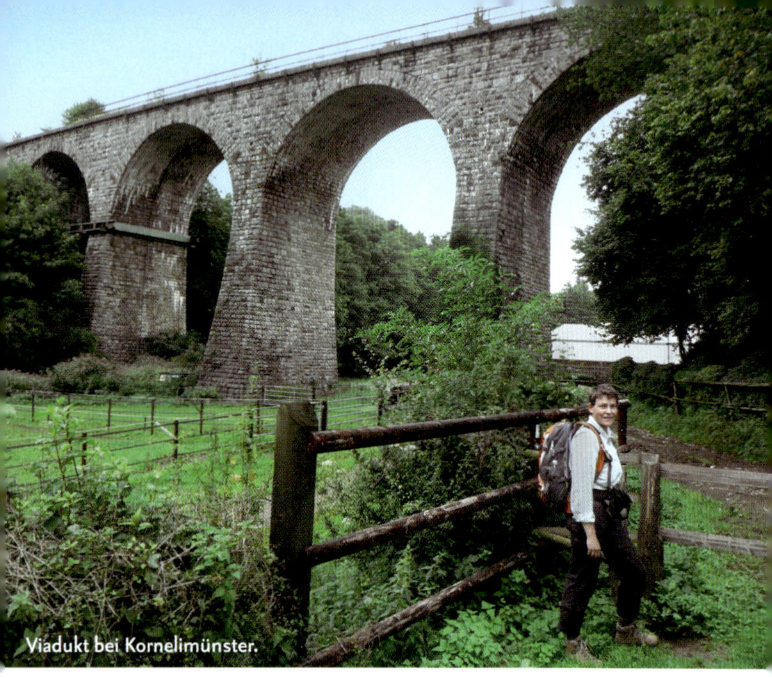

Viadukt bei Kornelimünster.

**Eifel – Synonym für eine oft raue, von Winden gebeutelte Region, die etwas abseits hektischer Betriebsamkeit liegt. Doch was wir auf dem EifelSteig in 15 Etappen erleben dürfen, ist viel reizvoller und vielseitiger als landläufig erwartet wird: Naturerfahrung pur, herrliche Ausblicke und eine ungeahnte Vielzahl grandioser Landschaften!**

Vor den Toren Aachens, der altehrwürdigen Kaiserstadt, schnüren wir die Wanderstiefel zum Abenteuer EifelSteig! Knapp 320 km und 15 Tagesetappen liegen vor uns, und wir sind sehr gespannt auf die Erlebnisse, Höhepunkte und Anregungen, die auf unserer Tour bis Trier quer durch die Eifel vor uns liegen. Vom **Marktplatz [P 1]** in Kornelimünster, direkt neben der beeindruckenden Kirche, starten wir zur ersten Tagesetappe, die uns bis Roetgen an der Grenze zu Belgien führen wird. Wir queren die Inde per Fußgängersteg und folgen dem munteren Flüsschen nach links. Die Anliegerstraße „Unter den Weiden" verläuft unmittelbar am Fluss und bringt uns nach nur [0.5 km] zu einem weiteren Steg. Wir queren die Inde erneut und laufen zur nahen **B 258**, die wir mit entsprechender Vorsicht ebenfalls überwinden [P 2]. Nun liegt ein herrlicher Uferrandweg vor uns. Hier kann es bei längeren oder heftigen Niederschlägen schon einmal eng werden mit der Trennung von Bachbett und Wanderweg. Doch wir lassen uns nicht verdrießen und frönen der Nähe zu Natur und Wasser.

Vor uns ragt weithin sichtbar ein mächtiges Viadukt der längst stillgelegten Vennbahn auf. Wir nähern uns, nun etwas weiter von der Inde entfernt, auf Wiesenweg und Weidepfad dem Bauwerk. Unmittelbar davor passieren wir eine Pferdekoppel und schwenken nach links auf einen schmalen Pfad. Achtung: Wir müssen den Weidezaun per Viehsperre passieren, und allzu große Rucksäcke passen nicht durch die eng bemessenen Holzpfosten!

Nachdem wir diesen Parcours gemeistert haben, unterschreiten wir das Viadukt und passieren auf ansteigendem Pfad einen großen Pferdehof. Dieser erste von zahlreichen Anstiegen bis Trier bringt uns nach [1.7 km] auf das Niveau der alten Gleise und gewährt einen herrlichen Blick in das nun tief unter uns liegende Indetal. Wir folgen kurzzeitig dem Verlauf der alten Bahnstrecke, tauchen bald in ein kleines Wäldchen ein und steigen wieder ab

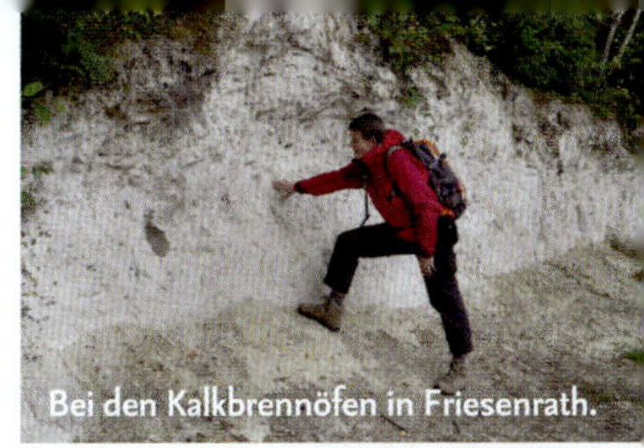

Bei den Kalkbrennöfen in Friesenrath.

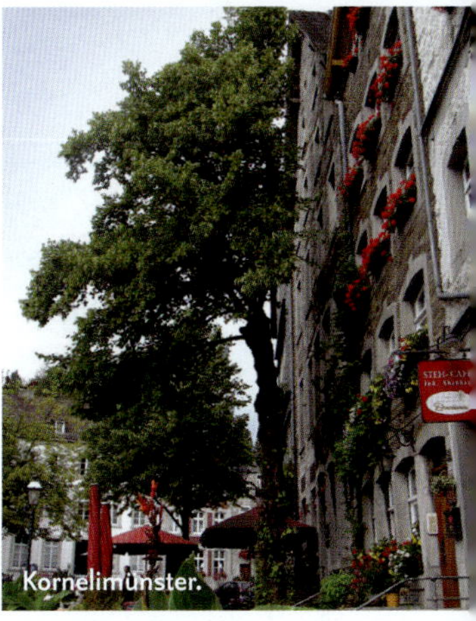

Kornelimünster.

ins Tal. Der nächste Anstieg lässt nicht lange auf sich warten, und nach Querung eines Baches, der per Tunnel den Bahndamm passiert, geht es auf steiler Treppe wieder aufwärts. Oben gibt es eine Bank zum Verschnaufen und eine tolle Aussicht.

Nun sehen wir vor uns die ersten Häuser von Walheim. Über wenig genutzte Straßen erreichen wir nach [2.7 km] die **Hahner Straße** [P 3] und biegen nach rechts ab. Nur 100 m später queren wir die Straße und per Steg auch die Inde.

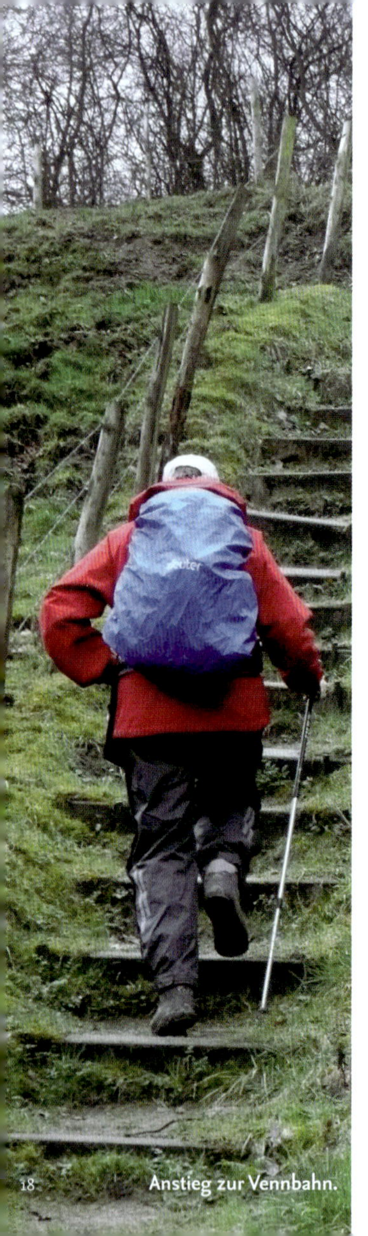
Anstieg zur Vennbahn.

Auf einem Fußweg folgen wir der Inde weiter flussaufwärts. Erst kurz vor dem Dorfende geht es wieder zurück auf die Hauptstraße. Doch gleich nach der Bushaltestelle wenden wir uns nach links und lassen Walheim endgültig hinter uns.

Wenige Hundert Meter später stehen wir im Urwald! Lianen hängen von den nieder gewachsenen Laubbäumen und geben dem Wald eine dschungelartige Atmosphäre. So nah kann Exotik sein! Bei [km 3.6] wird es dann historisch, denn wir haben die Reste der **Kalkbrennöfen „In der Au"** erreicht [P 4]. Wir folgen dem idyllischen Pfad, der unmittelbar neben dem Fluss verläuft. Schließlich wenden wir uns über eine Brücke ans andere Ufer und wandern am ehemaligen Steinbruch entlang. Nur einige Schritte später klären uns Tafeln über monumentale, teils rundliche Bauwerke vor uns auf: Wir stehen an den **Trichterbrennöfen der Kalkwerke Walheim** [P 5]! Von hier führt uns der EifelSteig zum nahen Parkplatz. Dort wenden wir uns nach links und laufen schnurstracks abwärts zur Inde, die wir nach [4.6 km] erneut queren. Nun befinden wir uns im ausgedehnten **Freizeitgelände von Friesenrath** [P 6], das ebenfalls in einem alten Steinbruch untergebracht ist. Spielplatz, Grillhütte, Imbiss, hier kann man problemlos einen ganzen Tag verbringen! Wir passieren den Imbiss und wandern mit einigen Richtungsänderungen nach Friesenrath. An der kleinen Kapelle halten wir uns links und folgen dem Fluss zum Ortsende. Dort biegen wir scharf links in den Wald ab. Der breite Waldweg lässt den hiesigen Wanderparkplatz rechts liegen und steigt allmählich an. Der Hochwald umschließt uns, und wir können uns der Ruhe des Waldes hingeben. Eine schöne Waldwiese gibt mit etwas Glück und zur richtigen Tageszeit Gelegenheit, Rotwild beim Äsen zu beobachten. Schließlich stößt unser Forstweg auf einen querenden, geteerten Wirtschaftsweg. Wir halten uns rechts und können nur 100 m später nach **[6.4 km]** an einer Schutzhütte eine Pause einlegen. Dann folgen wir dem Teerweg bis zum nahen Kitzenhaus. Dort macht der EifelSteig einen Versatz: Erst rechts, dann gleich wieder links und schon wandern wir auf breitem Forstweg unmerklich bergan. Fichten- und Mischwald wechseln sich ab, und wir bleiben unserer Richtung treu. Erst nach **[7.6 km]** dürfen wir den Abzweig nach links auf einen schmalen Weg hinab zum Vichtbach nicht verpasssen. Dort erwartet uns an der Uerlenfurt **[P 7] ein massiver Steg**, sodass wir trockenen Fußes ans andere Ufer gelangen.

Ein kurzer Aufstieg zur Königsberger Straße, dann geht es auf der anderen Seite mit einem urigen Waldweg weiter zügig aufwärts. Wir bewegen uns nun am Westrand von Rott, das wir aber selbst nicht betreten. In Sichtweite zum Ortsschild erreichen wir die L 238 an einem Wanderparkplatz. Nachdem wir die Straße gequert haben, beginnt auf breitem Waldweg der Aufstieg zum nahen Naturschutzgebiet Struffelt. Mischwald und immergrüne Ilexbüsche begleiten uns. Nach **[9.9 km]** erreichen wir an einer markanten Wegkreuzung **[P 8] einen Rastplatz mit Sinnesbänken**. Hier stößt auch die Struffelt-Route zu uns. Gemeinsam wenden wir uns nach rechts und betreten das Kerngebiet des Naturschutzgebietes Struffelt. Was für ein Kontrast zur bisherigen Strecke! Als Vorgeschmack auf die nächste EifelSteigetappe durch das Hohe Venn geht es nun auf engem Bohlenweg durch das schützenswerte Gebiet.

Leider währt diese Passage nur etwa 600 m, dann wandern wir wieder auf normalem Weg durch typischen Eifelmischwald abwärts. Nach einigen Richtungswechseln erreichen wir die Dammkrone der Dreilägerbachtalsperre und wenden uns nach rechts. Gleich nach dem Tor führt der EifelSteig auf steilem Serpentinenpfad (Trittsicherheit!) hinab zur L 238. Wir queren die Straße und den Vichtbach und biegen am **Filterwerk** nach links ab **[P 9]**.

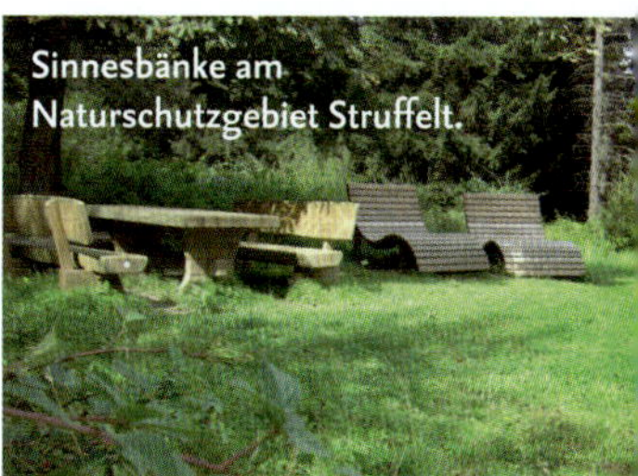
Sinnesbänke am Naturschutzgebiet Struffelt.

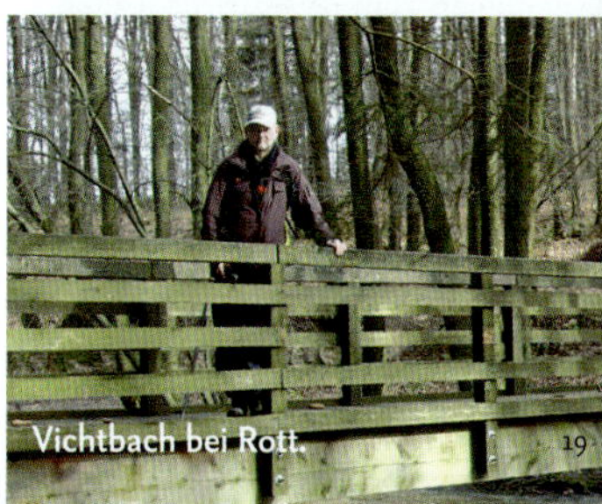
Vichtbach bei Rott.

Nur 200 m später verlässt uns bei [km 11.6] die **Struffelt-Route [P 10]**. Wir folgen dem breiten Forstweg weiter aufwärts und biegen an der nächsten Kreuzung scharf links ab.

Der Weg führt noch immer aufwärts, doch am nächsten Wegweiser biegen wir halb links auf einen fast eben verlaufenden Waldweg. Auch hier kann es nach längerem Regen nass und matschig sein. Doch mit etwas Trittsicherheit erreichen wir sicher den Waldrand. Herrlich breiten sich vor uns die weiten, offenen Wiesen und Weiden aus. Unser Blick schweift auf das nahe Tagesziel Roetgen, das sich nun in immer neuen Perspektiven zeigt. Im Tal mäandriert der Vichtbach, und wir passieren bei [km 12.8] **die erste Möglichkeit, nach Roetgen abzubiegen [P 11]**. Wir schlagen noch einen Bogen und folgen dem EifelSteig daher halb rechts auf schmalem Pfad bergan.

Dieser Abschnitt begeistert uns wegen des urwüchsigen Waldes und des munteren Bachs, der den Pfad begleitet. Schließlich verlassen wir endgültig den Wald und finden uns bei großartiger Panoramasicht auf freiem Feld wieder. Parallel zur alten Bahnstrecke wandern wir nun bis zum Tagesziel, dem alten **Bahnhof von Roetgen [P 12]**, wo wir nach 13.9 sehr abwechslungsreichen Kilometern eintreffen.

## 1 Infos

**Kornelimünster:** Café Restaurant Napoleon, Korneliusmarkt 54–56, 52076 Aachen-Kornelimünster ✆ 02408/4779 ⓘ www.cafe-napoleon.de ⏲ Mo.–Sa. 11.30–23 Uhr, So. 11–23 Uhr, Do. Ruhetag
■ **Roetgen:** Zum Hövel, Hauptstraße 107, 52159 Roetgen ✆ 02471/2290
⏲ Mo.–Fr. ab 16.30 Uhr. Sa. ab 12 Uhr, So. ab 10 Uhr, Di. Ruhetag

**Kornelimünster:** Hotel Zur Abtei, Napoleonsberg 132, 52076 Aachen-Kornelimünster ✆ 02408/5011
@ www.zur-abtei.de
■ **Roetgen:** Landgasthof und Hotel Gut Marienbildchen, Münsterbildchen 3, 52159 Roetgen ✆ 02471/2523
ⓘ www.gut-marienbildchen.de
■ Wellness Hotel Alte Post, Saunadorf Roetgen-Therme, Postweg 8, 52159 Roetgen ✆ 02471/12030 ⓘ www.roetgen-therme.de

**Freizeitgelände Friesenrath:** Der EifelSteig bringt uns mitten rein in das weitläufige Freizeitgelände zwischen Walheim und Friesenrath. In einem alten Steinbruch laden Grillhütte und Rastplatz zum gemütlichen Picknick ein.

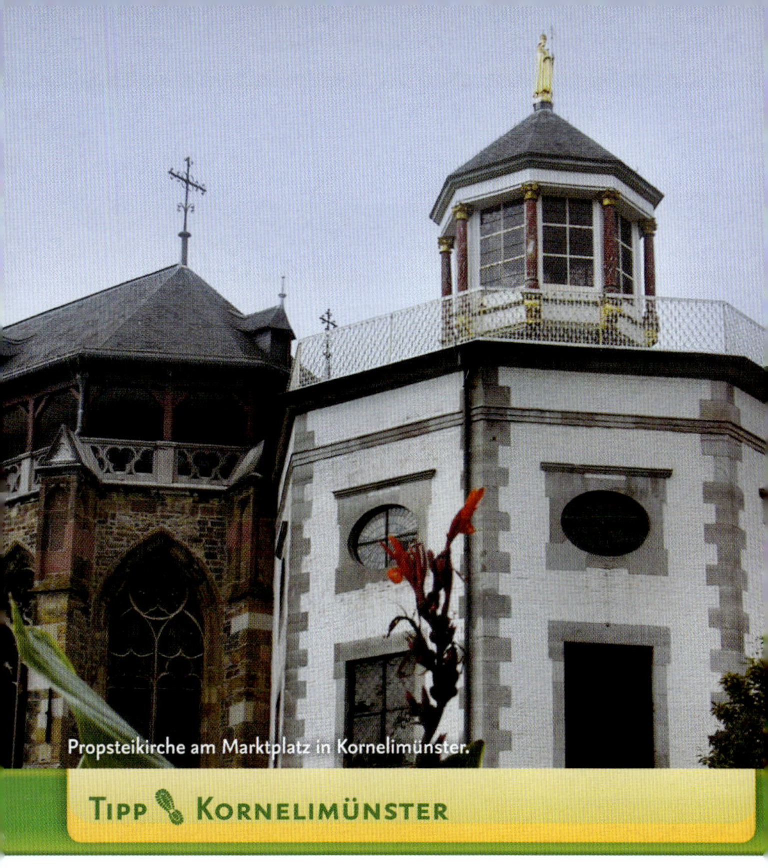

Propsteikirche am Marktplatz in Kornelimünster.

## Tipp Kornelimünster

Die Wurzeln von Kornelimünster, das seit 1972 zu Aachen gehört, reichen bis in die Römerzeit zurück. Vor gut 2.000 Jahren gründeten die Römer in der Nähe des heutigen Ortes einen Tempel (Varneum). Im Indetal selbst kreuzten sich damals zwei Heerstraßen. Das Wahrzeichen Kornelimünsters, die Benediktinerabtei, wurde 814 bis 817 von Kaiser Ludwig dem Frommen erbaut und kann somit auf stolze 1.200 Jahre zurückblicken. Die sehenswerte Abteikirche erfuhr im Laufe der Jahrhunderte immer wieder Erweiterungen um den karolingischen Gründungsbau herum und stellt heute ein einmaliges kulturgeschichtliches Bauwerk dar. Sie wurde unter Napoleon säkularisiert (1802) und dient seitdem der Gemeinde als Pfarrkirche.

# 2 Von Roetgen nach Monschau

## Grenzgänge(r) im Hohen Venn

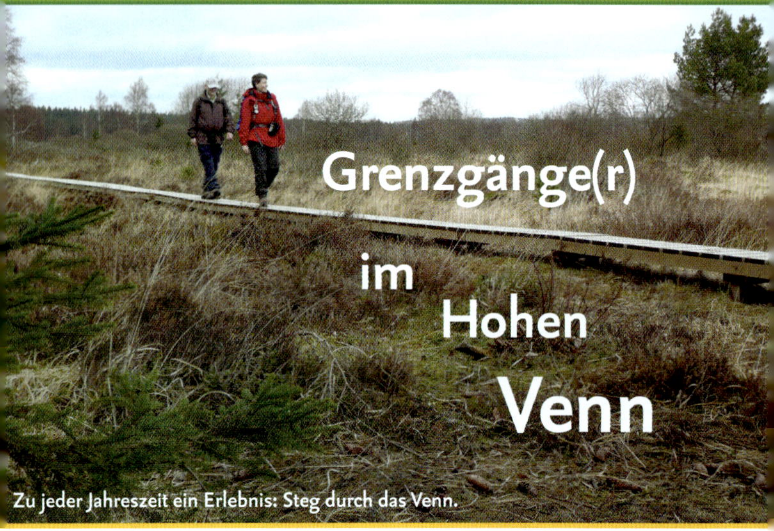

Zu jeder Jahreszeit ein Erlebnis: Steg durch das Venn.

- **Start:** Roetgen, Alter Bahnhof
- **Ziel:** Monschau-Zentrum, Rurbrücke
- **Länge:** 19.5 km (Natur-Route), 17.5 km (Ganzjahres-Route)
- **Dauer:** 5 Std. 40 Minuten/bzw. 5 Std.
- **Höchster Punkt:** 652 m
- **Steigung:** 334 m
- **Gefälle:** 345 m
- **Anspruch:** ***
- **Tour Download:** ESX2HP14

- **Anfahrt:** Roetgen erreicht man aus fast allen Richtungen am besten über die B 258. Aus Nordosten bietet sich auch die L 238 zur Anfahrt an. Monschau liegt an der B 258 und lässt sich so gut aus Osten oder Norden anfahren.
- **Taxi:** Taxi Simons, Roetgen: ✆ 02471/8800
- **Tourist-Info:** Roetgen-Touristik e.V. ✆ 02471/8478
  Gemeindeverwaltung Roetgen ✆ 02471/180
  Monschau Touristik GmbH ✆ 02472/80480

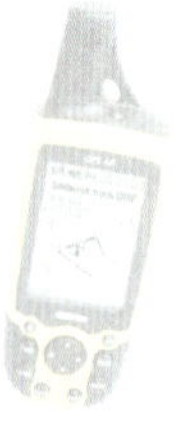

GPS-Koordinaten*

*nach UTM

- **Start:** Roetgen, Alter Bahnhof Ost 300956, Nord 5614454
- **Ziel:** Rurbrücke in Monschau Ost 304594, Nord 5603905
- **Aussichtspunkte:**
  **P9:** Steling Ost 302796, Nord 5606702
  **P11:** Aussichtsturm und Palsen Ost 301971, Nord 5605580
  **P14:** Burg Monschau Ost 304489, Nord 5603842

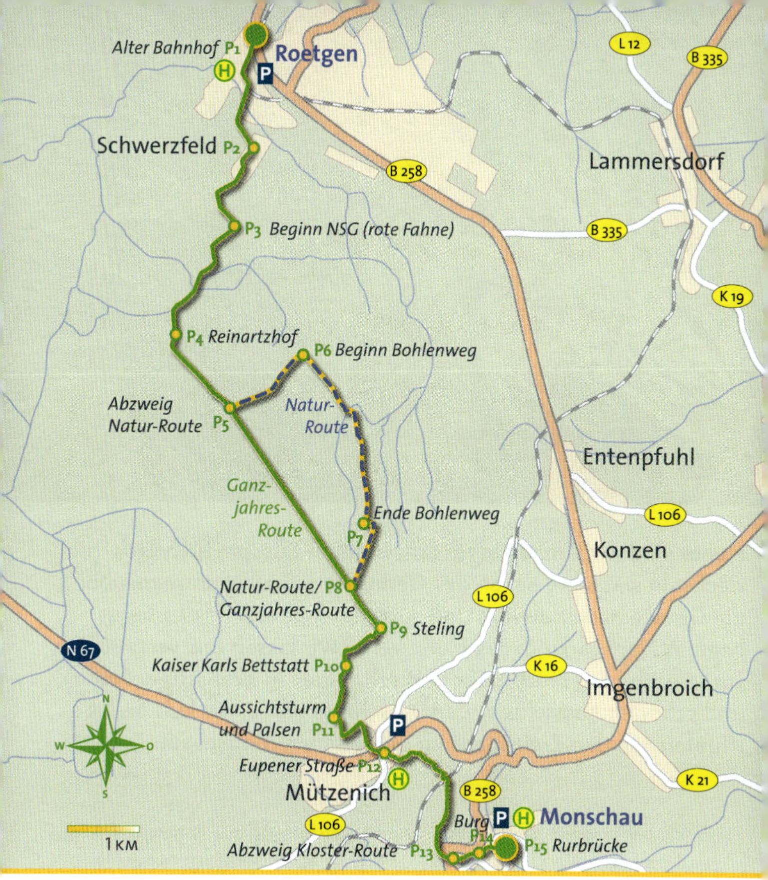

Alter Bahnhof P1
Roetgen
Schwerzfeld P2
Lammersdorf
P3 Beginn NSG (rote Fahne)
P4 Reinartzhof
P6 Beginn Bohlenweg
Abzweig Natur-Route P5
Natur-Route
Entenpfuhl
Ganzjahres-Route
Ende Bohlenweg P7
Konzen
Natur-Route/ P8 Ganzjahres-Route
P9 Steling
Kaiser Karls Bettstatt P10
Imgenbroich
Aussichtsturm und Palsen P11
Eupener Straße P12
Mützenich
Burg P14
Monschau
Abzweig Kloster-Route P13
P15 Rurbrücke
L 12
B 335
B 258
K 19
L 106
N 67
K 16
K 21
1 KM

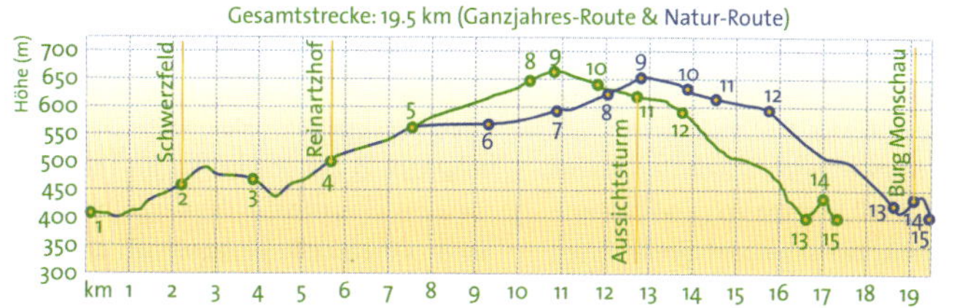


**P1:** Roetgen: Alter Bahnhof **P2:** Schwerzfeld **P3:** Beginn NSG (rote Fahne) **P4:** Reinartzhof **P5:** Trennung Natur-Route/Ganzjahres-Route **P6:** Beginn Bohlenweg **P7:** Ende Bohlenweg **P8:** Vereinigung Natur- und Ganzjahres-Route **P9:** Steling **P10:** Kaiser Karls Bettstatt **P11:** Aussichtsturm und Palsen **P12:** Mützenich Eupener Straße **P13:** Abzweig Kloster-Route **P14:** Burg Monschau **P15:** Rurbrücke in Monschau

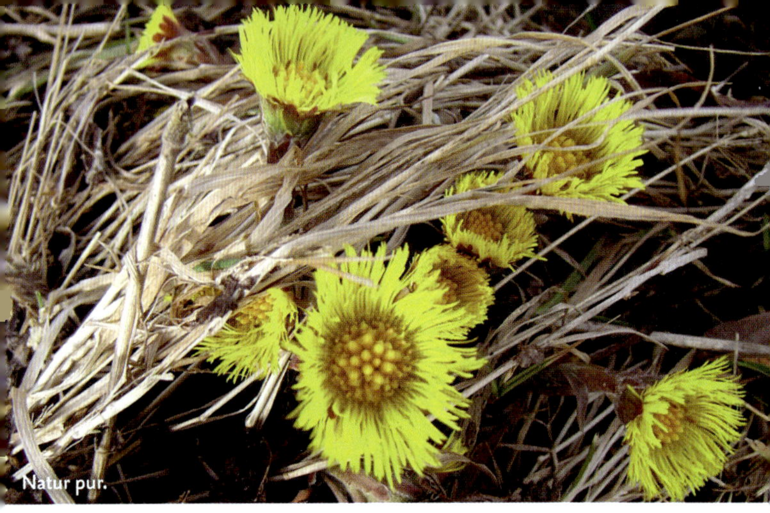
Natur pur.

**Heute sind wir Grenzgänger im vereinten Europa: Mehrfach wechseln wir, ohne davon das Geringste mitzubekommen, über die Grenze nach Belgien. Und auch der Höhepunkt des Tages liegt im Nachbarland: das Hohe Venn! Wir lassen uns verzaubern vom berühmten Hochmoor und schwelgen in großartiger Natur und schönen Aussichten. Zum Abschluss gibt es als kulturelles i-Tüpfelchen den Zieleinlauf im malerischen Monschau!**

Zwei Dinge als Vorbemerkung: 1. Generell müssen wir auf der heutigen EifelSteig-Etappe Folgendes beachten: Die Wegführung durch das Hohe Venn ist noch nicht endgültig, da sie an den geplanten Ardennen-Steig angebunden werden soll. Infolgedessen setzt die Markierung ab Schwerzfeld bis zum Steling aus. 2. Da einige Wege durch das Hohe Venn zeitweise gesperrt werden, beschreiben wir eine meist auf befestigten Wegen laufende Ganzjahres-Route sowie eine reizvollere Natur-Route, die aber während der Sperrzeiten (oft im Frühsommer und bei Brandgefahr) nicht begangen werden kann.

**Am alten Bahnhof in Roetgen** legen wir [P 1] los zur internationalsten aller EifelSteig-Etappen. Wir queren die viel befahrene B 258 und laufen am Thermen-Hotel vorbei zur Wintergrünstraße. An deren Ende passieren wir das Viadukt der Vennbahn und schwenken sofort links auf einen Feldweg. Wir queren die Weser und laufen auf schmalem

Feldweg zwischen den von Hecken gesäumten Weiden hindurch. Einige Richtungswechsel überstehen wir, vom EifelSteig-Logo und der Markierung NW geleitet.

Nach [2.1 km] treffen wir in **Schwerzfeld [P 2]** auf den vorerst letzten EifelSteig-Wegweiser. Auf den kommenden 10 km durch belgisches Territorium sucht man noch vergeblich nach dem EifelSteig-Logo (In Belgien ist es ein gelb-grüner Strich!). Wir wenden uns auf der Anliegerstraße nach rechts, laufen aber in der nahen Kurve geradeaus in den Wald hinein. Leicht rechts führt uns nun ein schöner Waldpfad mit der rotweißen Markierung des NW-Weges nach Südwesten. Himmelhohe Buchen und buschige, immergrüne Ilex-Hecken mit den dekorativen roten Beeren bilden einen eindrucksvollen, natürlichen Kontrast. Bald wandelt sich der Hochwald, das Unterholz wird dichter, die Bäume niedriger. Wir wandern nun unmittelbar entlang der Grenze auf einem sehr engen Pfad. Linker Hand öffnet sich bald die Vegetation und gibt den Blick auf die Wiesen und Weiden frei. Nach [3 km] endet unser Naturpfad, und wir biegen links auf einen befestigten Feldweg ab. Nach links schweift der Blick bis zu den Häusern von Schwerzfeld.Schließlich endet unser Feldweg an einem querenden Teerweg: Hier biegen wir nach rechts und vertrauen uns der blauen Raute an [P 3]. Wir passieren den Fahnenmast am Rand des **Naturschutzgebietes**: Weht hier die rote Fahne, so sind die auf den Infotafeln rot gestrichelt dargestellten Wanderwege in der Kernzone des Schutzgebietes gesperrt. Wanderer müssen dann auf geteerte Alternativrouten ausweichen.

Wir wandern auf dem Teerweg tiefer in den Wald, an einem Querweg geht es links weiter. So gelangen wir nach [4.4 km] zur Brücke über den Steinbach. Die blaue Raute biegt hier nach links, wir folgen geradeaus über die Brücke dem gelben Balken. Auch an der nächsten Weggabelung bleiben wir der gelben Markierung treu und wenden uns weg vom Teerweg nach links. Nach [5.7 km] erreichen wir die ehemaligen **Reinartzhöfe [P 4]**. Infotafeln und Rasthütte laden zum Verweilen ein.

Anschließend folgen wir weiter der gelben Markierung, auch an der nächsten Kreuzung ändert sich das beim Abbiegen nach links nicht. Nun geht es kerzengerade und leicht ansteigend durch den Mischwald. Nach [7 km] bietet erneut eine Schutzhütte Gelegenheit zum Pausieren. Wir laufen weitere 750 m geradeaus, bis wir den Rand des offenen Kernbereichs des Hohen Venns erreichen. **Hier trennen sich die beiden Wegvarianten [P 5]**.

## ▶ Ganzjahres-Route

**[P 5] bis [P 8]**

Diese folgt weiterhin geradeaus dem befestigten Weg. Vorbei an Arnoldskreuz

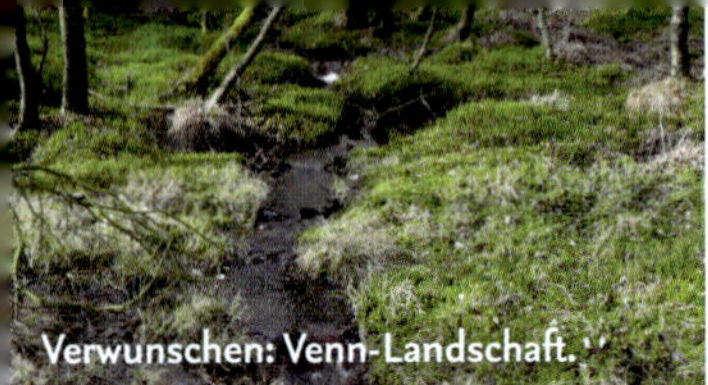

Verwunschen: Venn-Landschaft.

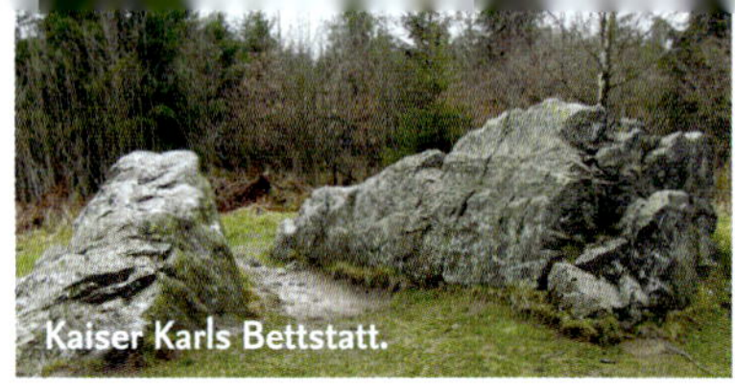

Kaiser Karls Bettstatt.

und Bifingerkreuz wandern wir zwischen der gesperrten Zone D (rechts) und der bedingt zugänglichen Zone B. Weit schweift der Blick über die herrliche Venn-Landschaft. Nach [9.6 km] verlassen wir das offene Venn und wandern auf geschottertem Weg durch den Wald geradeaus bergan. Auf halber Höhe trifft von links ein Waldweg auf den **Schotterweg** [P 8]: Hier mündet die Natur-Route nach [12.1 km] auf die um 2 km kürzere Ganzjahres-Route [10.1 km].

## ▶ Natur-Route

**[P 5] bis [P 8] (bei roter Fahne nicht begehbar):** Wer es naturnäher möchte und nichts gegen zwei zusätzliche Kilometer hat, der biegt an der **Weggabelung** [P 5] am Fahnenmast links auf den mit blauer Raute markierten Wiesenweg. Dieser führt am Rand des Kernbereichs B durch den „Hahnestreck" und ermöglicht uns einen direkten Kontakt zur einmaligen Venn-Landschaft. Bei [km 9.4] wird es dann richtig abenteuerlich: Wir biegen nach rechts auf den mit roter Raute markierten **Bohlenweg** durch die Zone B ab [P 6]. Der Holzsteg ist für einen Wanderer gerade breit genug und bringt uns zunächst noch durch typischen Birkenwald. Dicke Sternmoospolster verleihen dem Boden sattgrüne Tupfer, überall gluckert und plätschert Wasser. Dann weichen die Bäume zurück, und der Steg führt uns nun mitten durch die offene, schutzbedürftige Landschaft des Hohen Venn! Tief beeindruckt von der herrlichen, unberührten Natur, genießen wir die Wanderung im Naturschutzgebiet. Nach [10.2 km] lädt eine Bank zur Pause ein. Doch der Bohlenweg verläuft noch weitere 800 m durch das Venn. Erst **bei [km 11] endet der Steg** [P 7], und wir biegen mit der roten Raute nach links auf einen Teerweg. Lange müssen wir nicht auf dem Asphalt laufen, denn nach 200 m schwenken wir auf den ersten nach rechts abbiegenden, unmarkierten Waldweg. Diesem folgen wir geradeaus durch üppigen Tannenwald bergan, bis er bei [km 12.1] links auf einen geschotterten Wanderweg und damit auf die **Ganzjahres-Route** trifft [P 8].

Nun geht es auf gemeinsamer Route mit der blauen Raute bergan, der Gipfel ruft! Doch der Aufstieg zum 658 m hohen **Steling** ist nicht dramatisch. Oben angekommen [P 9], empfängt uns ein EifelSteig-Wegweiser, und wir biegen nach rechts ab. Nur 250 m später lohnt an der nächsten Wegkreuzung – vor allem bei klarem Wetter – der Abstecher zum 300 m entfernten Eifelblick. Der EifelSteig selbst setzt sich nach rechts fort und verläuft

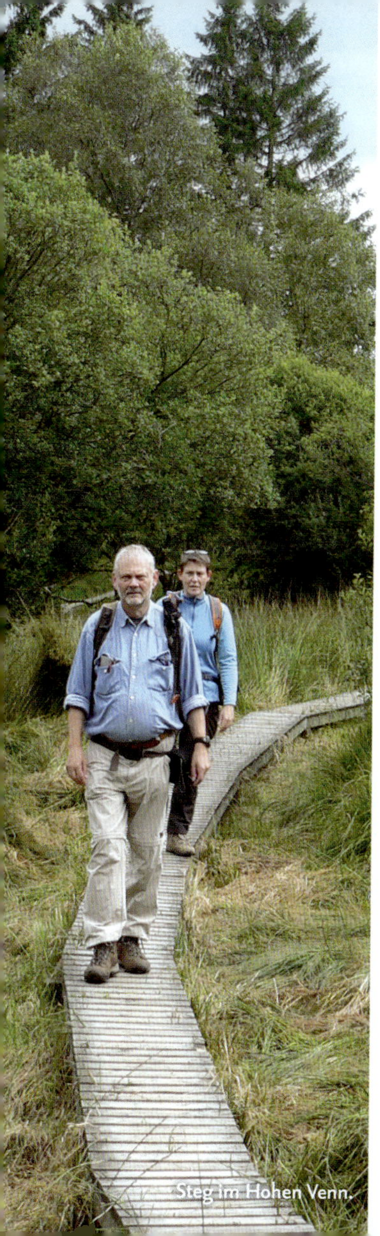
Steg im Hohen Venn.

auf urigem, wurzelübersätem Weg am Waldrand entlang. Mit leichtem Gefälle erreichen wir eine Weggabelung und halten uns etwas rechts. 50 m später biegen wir an einer Schutzhütte nach rechts und haben die nächste Attraktion erreicht: Wir stehen nach **[13.9 km]** an **Kaiser Karls Bettstatt [P 10]**! Doch so richtig einladend zum Mittagsschlaf sind die mächtigen Quarzitblöcke nicht. Daher folgen wir dem EifelSteig weiter abwärts und dürfen nach weiteren 50 m den Abzweig nach links auf einen sehr engen Pfad nicht verpassen. Bald mündet der Pfad auf einen geschotterten Wanderweg, der am Waldrand entlang zum nahen Aussichtsturm am Brackvenn führt. Vom Turm **[P 11]** hat man u. a. den benachbarten „**Palsen**", ein Relikt aus der Eiszeit, gut im Blick. Wieder auf dem Boden, wandern wir zum nahen Ortsrand von Mützenich. Über „Im Brand" laufen wir bis zum Abzweig des Naturwegs „Renertzgasse". Diese bringt uns abwärts zur querenden Straße „Im Zäunchen". Hier halten wir uns links, passieren die Zufahrt zu den Sportplätzen und queren nach **[15.8 km]** die Eupener Straße (L 214; **P12**).

Noch folgen wir der schmalen Teerstraße ans Südende des Ortes, doch kaum sind wir von „In den Benden" auf die „Liechejass" (Leichengasse) links abgebogen, wandelt sich der Untergrund wieder zum Naturweg. Hecken begleiten uns abwärts zum Laufenbach, an dem wir nun talwärts entlangwandern. Dabei wechseln wir immer wieder die Seite, queren auch einen geteerten Wirtschaftsweg und stoßen schließlich auf den hohen Bahndamm der Vennbahn. Wir laufen 50 m nach rechts, nutzen die Unterführung und wenden uns auf der anderen Seite nach links. Schnell haben wir diese Teerpassage hinter uns, denn ein Wegweiser verweist uns rechts auf einen Wiesenweg. Nach [17.7 km] dürfen wir den Abzweig vom mittlerweile wieder befestigten Weg nach rechts über einen Steg nicht übersehen. Nun führt uns der EifelSteig wieder als herrlicher Pfad hangparallel bzw. leicht abwärts Richtung Bundesstraße. Die letzten Meter hinab zur B 258 geht es in Serpentinen. Nach Querung der Straße schützen uns Leitplanken auf den gut 100 m, die wir nun nach rechts abwärts neben der Straße wandern müssen. Während nach [18.7 km] auf der anderen Straßenseite die **Kloster-Route** ansteigt, folgen wir dem EifelSteig nach links [P 13] per Pfad hinab zur Felsenbrauerei von Monschau.

Nach Durchschreiten des Betriebsgeländes lassen wir uns nicht zur Einkehr verführen, denn noch trennen uns gut 700 m vom Ziel. So wenden wir uns links mit „Unterer Kalk" wieder bergan und erreichen nach [19.2 km] den eindrucksvollen Esselsturm [P 14], das Tor zur **Monschauer Burg.** Einfach grandios ist der Ausblick von der Mauer hinab auf die grau schimmernden Schieferdächer der uralten Tuchmacherstadt. Nach kurzer Stippvisite im Burghof kehren wir zum Esselsturm zurück und laufen über die Schiefertreppe des Schlossbergs hinab in die Altstadt. Dort, mitten im historischen Zentrum von Monschau, endet nach [19.5 km] diese herrliche Etappe an der **Rurbrücke** [P 15].

## 2 Infos

**Monschau:** Venngasthof zur Buche, Im Brand 39, 52156 Monschau-Mützenich ✆ 02472/1497 ⓘ www.venngasthof-zurbuche.de
■ Schnabuleum, Laufenstraße 118, 52156 Monschau ✆ 02472/909840 ⏲ Mo.–So. 11.30–14.30 Uhr, 17.30–21.30 Uhr

**Monschau:** Hotel Lindenhof, Laufenstr. 77, 52156 Monschau ✆ 02472/4186 ⓘ www.lindenhof.de
■ Bürgerhaus Monschau, Stehlings 8, 52156 Monschau ✆ 02472/803657 ✆ 0151/19402257

**Felsenkeller:** Brauerei-Museum Monschau: Ein besonderes Erlebnis, das sich zudem trefflich mit dem Wandern kombinieren lässt, ist der Besuch im Brauerei Museum Monschau. Beim Rundgang durch die Brauerei erhält man Einblick ins Sudhaus und in Gär- und Lagerkeller. St. Vither Str. 20–28, 52156 Monschau ✆ 02472/3018 ⓘ www.brauerei-museum.de ⏲ Di.–So. 11–20 Uhr, zwischen Weihnachts- und Osterferien (NRW) Fr.–So. 11–22 Uhr

■ **Senfmühle Monschau:** Nicht nur Liebhaber der scharfen Paste sollten den Abstecher zur historischen Senfmühle unternehmen! Die seit 1882 inzwischen in 4. und 5. Generation als Familienbetrieb geführte Mühle produziert auch heute noch leckere, kalt gemahlene Senfspezialitäten.Laufenstraße 118, 52156 Monschau ✆ 02472/2245 ⓘ www.senfmuehle.de

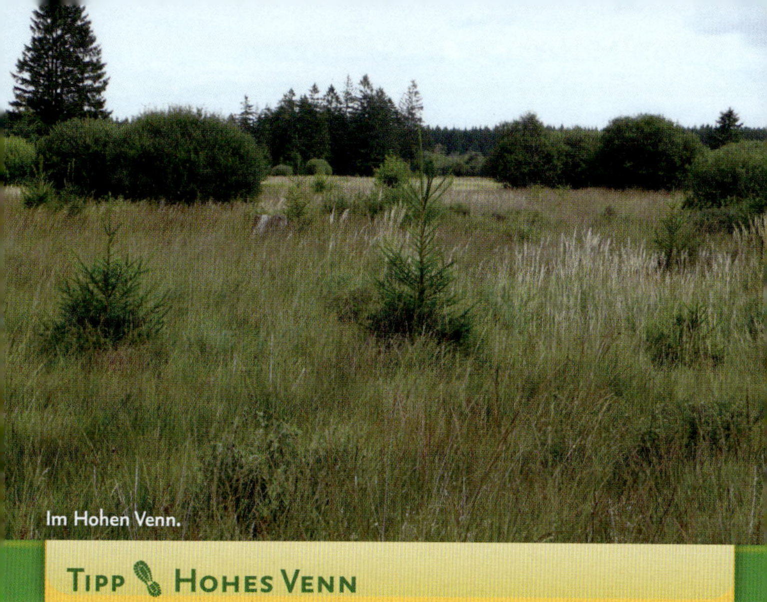
Im Hohen Venn.

## Tipp Hohes Venn

Das Hohe Venn erstreckt sich von der deutsch-belgischen Grenze tief nach Belgien und ist eines der größten Hochmoore Mitteleuropas. Das einzigartige Naturschutzgebiet, das der EifelSteig auf Etappe 2 zwischen Roetgen und Monschau quert, ist in verschiedene Zonen eingeteilt und steht unter strengem Schutz. Im nahezu baumlosen Kerngebiet haben Wanderer lediglich in den „B"-Zonen freien Zugang. Es besteht strikte Wegepflicht, doch wer will schon freiwillig die Wege und Holzstege verlassen und im sumpfigen Moor laufen? In Zone C darf man sich nur im Rahmen offizieller Führungen bewegen, und D-Zonen sind vollkommen gesperrte Bereiche. Vor allem in den Frühjahrsmonaten, aber auch im Sommer wird der Zugang zu vielen Venn-Wanderwegen durch das Hissen roter Fahnen geperrt.

Diese Maßnahme dient dem Schutz brütender Vögel und empfindlicher Pflanzen, soll aber auch die Brandgefahr im Venn minimieren und muss strikt beachtet werden. Allerdings kann man auch zu solchen Sperrzeiten auf bestimmten, meist befestigten Wegen das Hohe Venn passieren. Da der Kernbereich des Venns wenig Orientierungspunkte bietet (und sich daher auch erfahrene Wanderer leicht verirren können), sollte man unbedingt eine aktuelle Wanderkarte dabei haben (Wanderkarte Hohes Venn, 1:25.000, ISBN9-789-05934113-5, erhältlich unter anderem in der Tourist Information Monschau).

# 3 Von Monschau nach Einruhr

## Fachwerk, Flüsse, Felsen

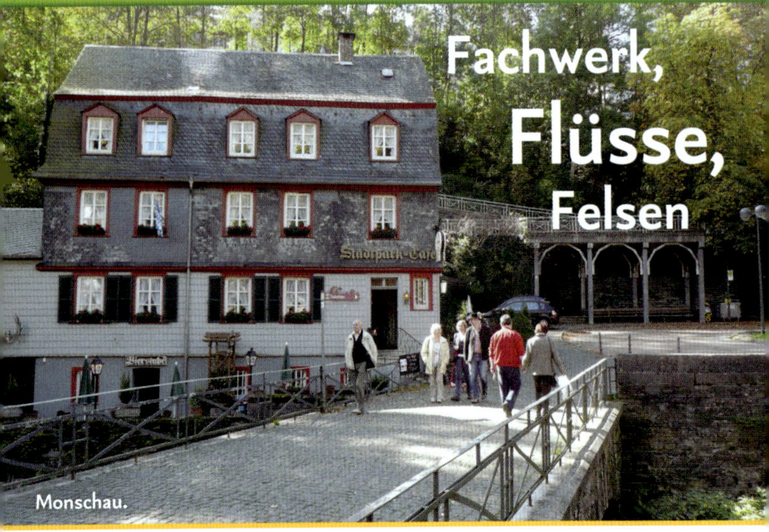

Monschau.

- **Start:** Monschau-Zentrum, Rurbrücke
- **Ziel:** Einruhr, Bushaltestelle „Am Obersee
- **Länge:** 24 km
- **Dauer:** 6 Std. 50 Min.
- **Höchster Punkt:** 547 m
- **Steigung:** 695 m
- **Gefälle:** 812 m
- **Anspruch:** ✱✱✱✱
- **Tour Download:** ESX3HP13
- **Anfahrt:** Monschau liegt an der B 258 und lässt sich so gut aus Osten oder Norden anfahren. Einruhr erreicht man dagegen am besten über die B 266, die genau am Ort vorbeiführt.
- **Taxi:** Taxi Simons, Simmerath: ✆ 02473/929272
- **Tourist-Info:** Monschau Touristik GmbH: ✆ 02472/80480
  Rursee-Touristik GmbH, Einruhr: ✆ 02485/317
  Rurberg: ✆ 02473/93770

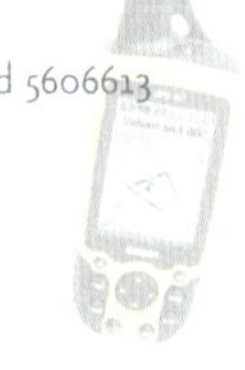

GPS-Koordinaten*

*nach UTM

- **Start:** Rurbrücke in Monschau Ost 304594, Nord 5603905
- **Ziel:** Einruhr, Bushaltestelle „Am Obersee" Ost 314516, Nord 5606613
- **Aussichtspunkte:**
  **P2:** Eifelblick Ost 304727, Nord 5603652
  **P4:** Monschau-Höfen Ost 305354, Nord 5601678
  **P9:** Aussicht ins Rurtal Ost 310246, Nord 5604798

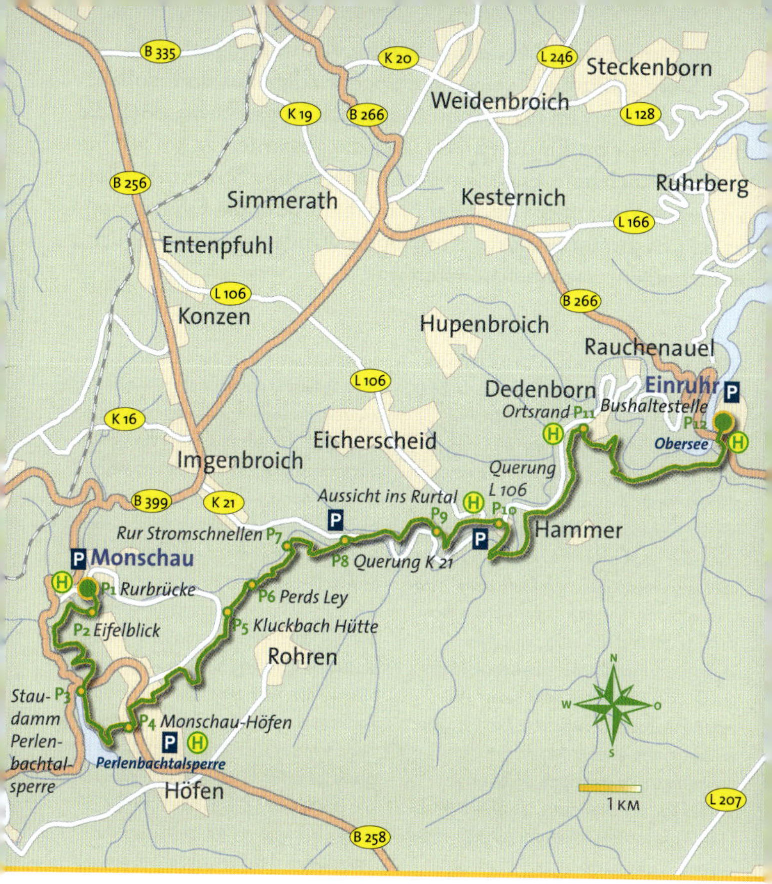

B 335
K 20
L 246
Steckenborn
Weidenbroich
K 19
B 266
L 128
B 256
Simmerath
Kesternich
Ruhrberg
L 166
Entenpfuhl
L 106
Konzen
B 266
Hupenbroich
Rauchenauel
L 106
Dedenborn
Einruhr
Ortsrand P11
Bushaltestelle
P12
Obersee
K 16
Eicherscheid
Querung L 106
Imgenbroich
B 399
K 21
Aussicht ins Rurtal
P9
P10
Hammer
Rur Stromschnellen P7
Monschau
P8 Querung K 21
P1 Rurbrücke
P6 Perds Ley
P5 Kluckbach Hütte
P2 Eifelblick
Rohren
N
W
O
S
Stau-damm Perlen-bachtal-sperre P3
P4 Monschau-Höfen
Perlenbachtalsperre
Höfen
1 KM
L 207
B 258

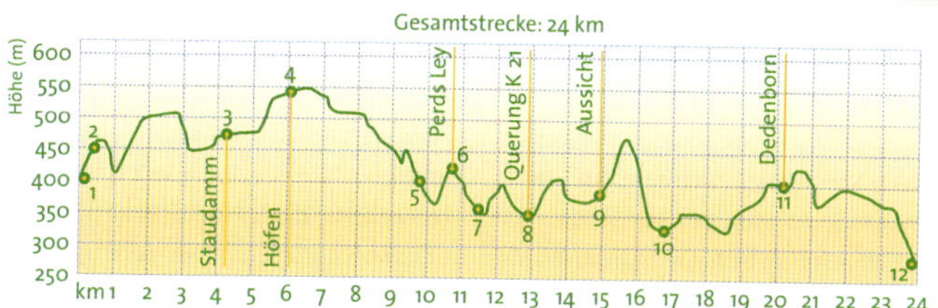


**P1:** Rurbrücke in Monschau **P2:** Eifelblick **P3:** Staudamm Perlenbachtalsperre **P4:** Monschau-Höfen **P5:** Kluckbach Hütte **P6:** Perds Ley **P7:** Rur Stromschnellen **P8:** Querung K 21 **P9:** Aussicht ins Rurtal **P10:** Querung L 106 in Hammer **P11:** Ortsrand Dedenborn **P12:** Einruhr, Bushaltestelle „Am Obersee"

**Wasser und Felsen, Weite und Wälder, Kultur und Natur, der EifelSteig schöpft auf seiner 3. Etappe wirklich aus dem Vollen! Schon der Start im idyllischen Monschau ist großartig, doch die heutige Tour bis Einruhr bleibt über die gesamten 24 km auf hohem bis höchstem Erlebnisniveau. Urwüchsige Stromschnellen an den Rurmäandern oder Panoramablick über die Eifelkuppen – es ist uns am Ende dieses einmaligen Wandertages unmöglich zu entscheiden, was am schönsten war!**

Mitten im alten, sehenswerten **Zentrum von Monschau** [P 1] legen wir zur dritten EifelSteig-Etappe los! Wir folgen der Rurstraße über die muntere Rur, biegen dann rechts in die Obere Mühlengasse ab. Allerdings geht es schon 50 m später wieder rechts ins Hussjejässje. Hier darf man sich nicht irritieren lassen und sollte brav zum vermeintlichen Ende der kurzen Gasse laufen. Direkt vor dem Ende biegt der EifelSteig dann links auf einen idyllischen Pfad ab, der uns schnell über die Dächer von Monschau bringt und eine tolle Aussicht beschert. Bald stoßen wir auf einen querenden Weg, halten uns rechts und gelangen bereits nach [0.5 km] zum ersten tollen **Ausblick** [P 2]. Nur 100 m später lohnt der Abstecher zur kleinen Kapelle neben dem Pfad, denn hier kann man auch die gegenüberliegende Burg auf Augenhöhe betrachten.

Nach so viel Aussicht genießen wir es, durch lockeren Wald oberhalb der Stadt nach Westen zu wandern. Ein Wasserfall bietet Erfrischung, bevor sich unser Waldpfad absenkt und uns an der St. Ursula Schule vorbei erneut ins Rurtal führt. Doch noch vor dem Fluss biegen wir direkt vor dem Parkdeck scharf nach links aufwärts ab. Schnell gewinnen wir wieder an Höhe und freuen uns an dem herrlichen Naturpfad. Sehr abwechslungsreich präsentiert sich der Wald: Fichten, dann wieder Mischwald oder gar reine Birkenbestände geben eventueller Langeweile keine Chance. Dazu immer wieder tolle Felsformationen, die zum Teil prima Aussichten ins Tal bieten. Nach einem strammen Abstieg stoßen wir nach [3.2 km] im Tal auf den Perlenbach und die erste Einkehrmöglichkeit. Uns zieht es aber weiter, und so halten wir uns links, laufen parallel zum plätschernden Bach und unterqueren die Brücke der B 258. Noch einige kleine Schlenker und wir haben den **Staudamm der Perlenbachtalsperre** [P 3] erreicht. Etwa 1,4 km folgen wir dem Ufer des Trinkwasserspeichers, bevor wir mit scharfer Kehre bergan Richtung Nationalparktor aufsteigen. Hier besteht Anschluss zur Kloster-Route und zur Narzissen-Route. Nach [5.5 km] weicht der Wald zurück, und wir sehen vor uns die von wunderschönen, hohen Buchenhecken umgebenen Höfe und Häuser von **Monschau-Höfen** [P 4].

Vorbei am Nationalpark-Infozentrum laufen wir an der Hauptstraße nach links, nutzen den Zebrastreifen an der Kirche und biegen rechts in die Schmiedegasse ab. Tolle Hainbuchenhecken umgeben die Häuser, auch als wir uns links in die Triftstraße wenden. Schon 50 m später halten wir uns wieder rechts und biegen auf die Pferdebahn ab. Nach **[6.8 km]** dürfen wir den Asphalt wieder gegen Naturbelag tauschen und folgen den Schildern des „Heckenweges" rechts in die freien Wiesen und Weiden. Auch an der nächsten Wegverzweigung bleiben wir dem Heckenweg treu und laufen leicht abwärts durch die herrliche Landschaft. Weit schweift unser Blick über die Eifelkuppen. Schließlich taucht unser Feldweg wieder in den Wald ein, wo er in einen von links kommenden Weg mündet. Wir wenden uns scharf nach links und laufen etwa 150 m, bevor der EifelSteig mal wieder pfadig wird und nach rechts abwärts zum Bach führt.

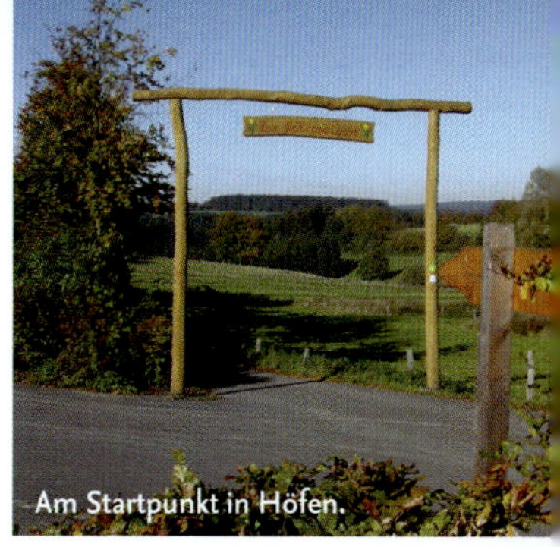
Am Startpunkt in Höfen.

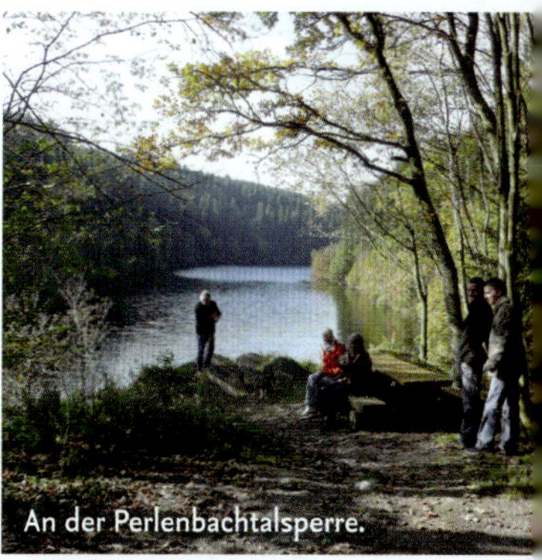
An der Perlenbachtalsperre.

Nach **[8.4 km]** endet der Pfad am breiten Waldweg, der uns nach weiteren 50 m zu einer großen Kreuzung bringt. Hier wandern wir nach links und erreichen bald die **Kluckbach Hütte [P 5]**. Dort erklären ein tolles Modell und einige Informationstafeln alles zur Köhlertradition der Region. Wir queren den Kluckbach und laufen am linken Ufer des quirligen Baches abwärts. Durch den sehr abwechslungsreichen Wald gelangen wir an die Mündung des Kluckbachs in die Rur. Wir wenden uns nach rechts, nutzen den Holzsteg über den Bach und beginnen nun einen sehr

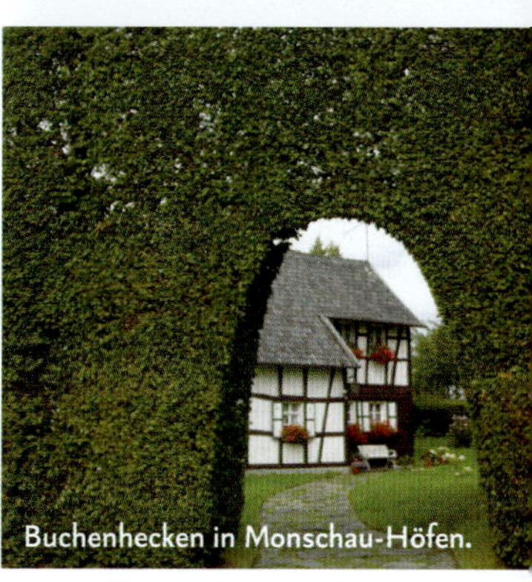
Buchenhecken in Monschau-Höfen.

steilen, aber zum Glück nicht langen Aufstieg. Rechts bleibt eine Weidefläche zurück, der idyllische Pfad schwenkt nach Nordosten. Auf halber Hanghöhe geht es durch tollen Mischwald, und tief unter uns vernehmen wir das Rauschen der Rur. Nach [10.7 km] weist ein Wegweiser auf den nur 80 m neben dem Weg liegenden Superausblick **„Perds Ley“** [P 6] hin. Nach diesem kurzen Abstecher setzen wir die Wanderung halb links auf dem breiten Waldweg fort und verlieren kontinuierlich an Höhe.

Nicht verpassen dürfen wir am Beginn einer großen Wiese die scharfe Kehre nach links. Wir laufen zunächst am Wiesenrand bergab, betreten dichten Fichtenwald und nutzen den ersten nach rechts führenden Querweg. Der anfängliche Waldweg mausert sich schnell zum tollen Pfad, der unmittelbar an der Rur entlangführt. Immer stärker schwillt das Rauschen des Flusses an, der uns nach [11.5 km] sogar mit wildromantischen **Stromschnellen** [P 7] begeistert.

Nach diesem Höhepunkt wird der Weg bald wieder etwas breiter und entfernt sich von der Rur. Stetig geht es nun bergan, einige Querwege ignorieren wir. Schließlich dürfen wir den Wald verlassen, und eine herrliche Buchenallee führt uns weiter bergan durch die umgebenden Weiden. Erst als der Alleeweg an einer Bank auf einen Teerweg trifft, biegen wir nach links ab und marschieren auf einem herrlich weichen Wiesenweg voran. Langsam senkt sich der Weg wieder ab, und nachdem wir das Wasser schon lange haben rauschen hören, können wir den Fluss auch wieder direkt in Augenschein nehmen. Am anderen Ufer erinnert ein altes Mühlengebäude an die Nutzung der Rur zur Energiegewinnung. Nach [12.9 km] stoßen wir auf die K 21 und gelangen per **Straßenbrücke** [P 8] ans andere Ufer. Dort geht es sofort nach rechts und wieder dürfen wir direkt an der Rur entlangwandern. Doch lange währt der direkte Kontakt zum Fluss nicht, denn es geht stetig bergan und bald schon fließt die Rur tief unter uns. Wir passieren den Abzweig der Heckenland-Route, die über Eicherscheid nach Dedenborn führt. Nach einer Passage durch Fichtenwald ändert sich die Vegetation, halbhoher Mischwald umfängt uns und fantastische Felsformationen zeigen uns wieder ein ganz neues Bild der Eifel. Besonders toll wird es an einem **Aussichtsplatz mit Bank** [P 9], der uns einen besonders schönen Blick ins Rurtal gewährt.

Noch völlig im Bann des einmalig schönen Waldes, erreichen wir nach [15 km] die L 106. Für 50 m folgen wir der Straße nach links bergan, dann dürfen wir links auf einem steil ansteigenden Waldpfad weiterwandern. Immer enger und steiler krabbeln wir bergan, bis wir unmittelbar vor der Böschung der L 106 rechts auf einen steil abwärts führenden Waldweg abbiegen. Nach [16 km] queren wir die L 106 und setzen unseren Abstieg ins Tal geradeaus fort. Bald öffnet sich rechter Hand der Wald, wilde Wiesen begleiten uns. Nach dem ersten Haus von Hammer beschreibt unser Weg, nun befestigt, eine Rechtskurve und führt uns am Friedhof wieder zur L 106. Wir laufen nach links, **queren** auf Höhe des Hotels **die Straße [P 10]** und biegen direkt nach dem Gebäude rechts zur Rur hinab ab. Der Campingplatz bleibt rechts liegen und wir nutzen die Brücke über die Rur. Links befindet sich das Bistro des Campingplatzes. Wir halten uns nun halb rechts und dürfen durch einen fantastischen Hohlweg leicht aufwärts zum deutlich hörbaren Riffelsbach laufen. Eine Holzbrücke hilft uns beim Queren und 100 m später biegen wir an einer Bank scharf nach links ab. Höhenparallel geht es nun auf halber Hanghöhe zurück zum Rurtal, das sich hier recht breit präsentiert. Immer wieder haben wir eine echte Logenaussicht auf das weite Tal. Im majestätischen Hochwald queren Bäche, eine echte Quelle am Wegesrand verspricht Erfrischung für müde Wanderer. Langsam verlieren wir an Höhe und nähern uns den ausgedehnten Weiden im Talgrund.

Nach **[18.6 km]** bleiben die üppigen Weideflächen hinter uns, denn wir steigen nach Dedenborn auf breitem Weg bergauf. Bald sind wir mitten im Hochwald, der uns stetig, aber gemächlich wieder auf über 400 m Höhe führt. Schließlich öffnet sich der Wald, grandios breitet sich vor uns der Blick über das Tal aus!

Am **Ortsrand** von Dedenborn mündet nicht nur die Heckenland-Route, sondern es ist noch einmal Aufmerksamkeit gefragt **[P 11]**: Gleich nach dem ersten

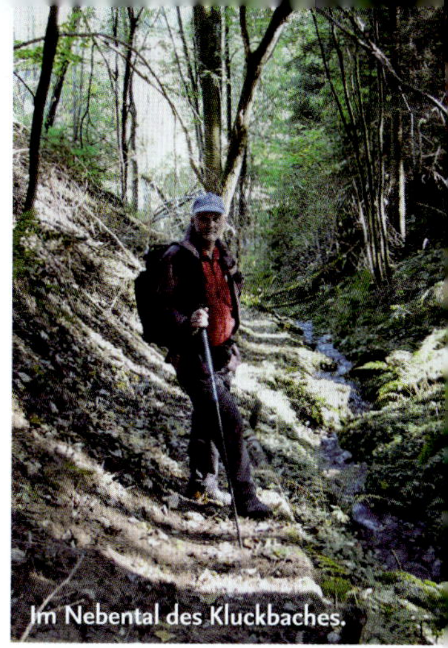

Im Nebental des Kluckbaches.

Haus biegen wir nach **[20.4 km]** bei der ersten Möglichkeit scharf nach rechts auf den Teerweg ab, nach 20 m geht es links zu einem dann wieder rechts abbiegenden Feldweg. Diesem folgen wir, bis oberhalb eine Scheune auftaucht. Hier wenden wir uns gleich nach links auf einen geschotterten, später naturbelassenen Feldweg. Der bringt uns durch ein lockeres Wäldchen, und wir wandern bei toller Panoramasicht wieder nach Dedenborn. Dort treffen wir auf die Waldstraße, folgen ihr nach links, bis wir am Briefkasten des Hauses Nummer 33 scharf rechts auf einen Fußweg abbiegen. Zunächst noch befestigt, bald aber auf einem Feldweg geht es abwärts zu einer Wegkreuzung an einem Kreuz. Hier schwenken wir rechts auf einen herrlichen Wiesenweg. Und wieder erfreut uns der EifelSteig mit großartigen Panoramablicken Richtung Obersee.

Einzelne Bäume auf den Weiden geben der Szenerie einen erhebenden Charakter. Der Wiesenweg bringt uns zum Wald, wo eine sagenhaft schöne Pfadpassage auf uns wartet. Fast 700 m dürfen wir dem tollen Pfad durch den Hochwald folgen, bis wir links auf den breiteren Panoramaweg abbiegen. Dieser macht seinem Namen alle Ehre, denn mehrere großartige Ausblicke auf das Rurtal, aber auch wunderschöne Felsen bereichern diesen Abschnitt der Wanderung.

Besonders grandios ist der mit Informationstafel bestückte Aussichtspunkt „Wolfshügel", der uns nicht nur den Obersee, sondern auch Einruhr in ganzer Schönheit präsentiert. Nach **[23.3 km]** treffen wir voller Eindrücke auf eine Waldkreuzung, an der von rechts die Rur-Olef-Route mündet. Wir biegen links ab und folgen dem EifelSteig auf engem Pfad zum Teil recht steil abwärts. Auch hier säumen Aussichtspunkte den Weg, der uns schließlich ans Ufer der Talsperre bringt. Hier wenden wir uns nach rechts, queren die B 266 und beenden diese grandiose Etappe an der Bushaltestelle in **Einruhr** [P 12] nach **[24 km]**.

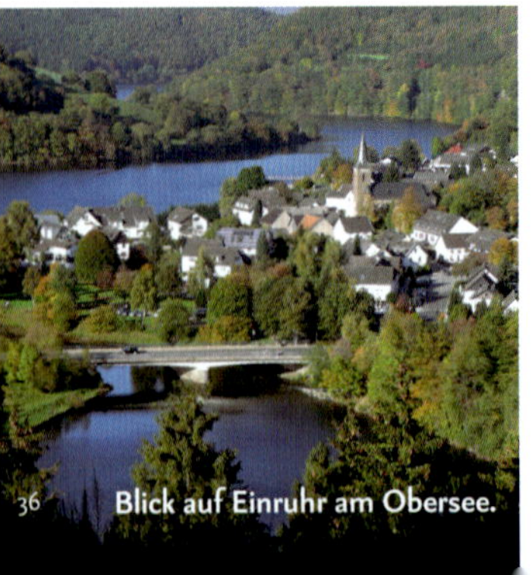

Blick auf Einruhr am Obersee.



## 3 Infos

**Monschau:** Hotel und Restaurant Perlenau, Perlenau 1, 52156 Monschau-Perlenau ✆ 02472/2228 ⓘ www.perlenau.de ⏲ Mo.–Fr.: 12–14.30 Uhr und ab 18 Uhr, Sa., So. u. feiertags: ab 12 Uhr
■ Monschau-Höfen: mehrere Einkehrmöglichkeiten

**Monschau:** Schlosscafé und Hotel Royal, Stadtstr. 4–6, 52156 Monschau ✆ 02472/98770
**Einruhr:** Sonnenhof, Am Hostertberg 41, 52152 Simmerath-Einruhr ✆ 02485/250
■ Pension Michels, Zum Obersee 2, 52152 Simmerath-Einruhr ✆ 02485/1435
■ Pension-Gästehaus Pleus, Rurstr. 34, 52152 Simmerath-Einruhr ✆ 02485/756

**Römische Glashütte:** Hier kann man live dabei sein, wenn aus rotglühender Glasmasse filigrane Kunstwerke oder Gebrauchsgegenstände von der Vase bis zum Weinglas entstehen. Burgau 15, 52156 Monschau ✆ 02472/8025785
■ **Geologie zum Anfassen:** Etwas ziemlich Ungewöhnliches gibt es nahe der heutigen Tour am Südrand von Dedenborn zu entdecken. Das eher unscheinbare Grauwackengestein weist hier eine in Deutschland sehr seltene „Mullion-Struktur" auf. Darunter versteht man Felsstrukturen, die durch Tektonik entstanden sind und in ihrer Form den aus gotischen Kirchen bekannten Pfeilerbündeln ähneln.
■ Eine filigrane Brückenkonstruktion (**Victor-Neels-Brücke**) verbindet den Urftseerandweg jetzt direkt mit dem Naturschutzgebiet Vogelsang.

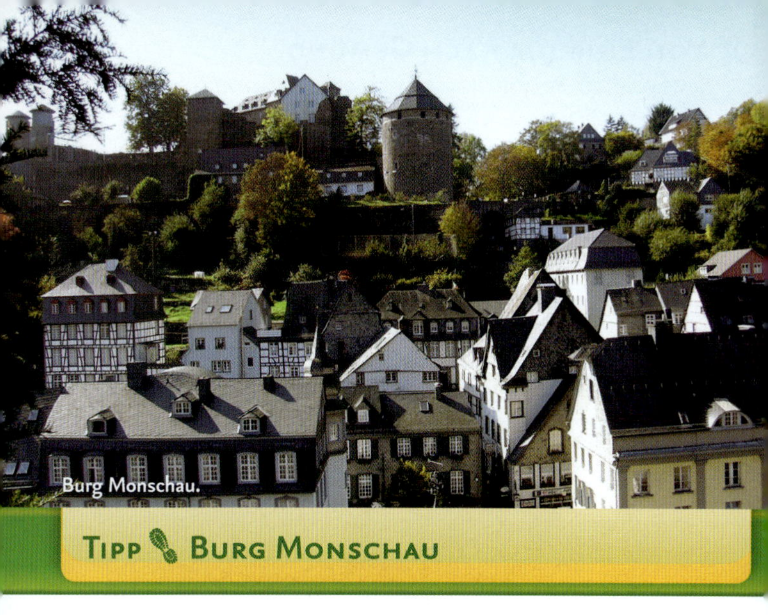
Burg Monschau.

## Tipp Burg Monschau

Hoch über der Stadt erhebt sie sich, die Burg Monschau! Noch heute ist das trutzige Bauwerk ein mächtiger Wächter über der schmucken Stadt an der Rur. Ursprünglich wurde die Burg im 13. Jahrhundert erbaut. Während des 14. Jahrhunderts kam es zur Ausweitung der Anlage, Ringmauern und Wehrgänge kamen hinzu. Doch selbst die dicksten Mauern und ausgeklügelsten Verteidigungsanlagen nutzten dem Grafen von Jülich 1543 nichts mehr, als Kaiser Karl V. nach intensivem Beschuss und anschließender Belagerung die Burg einnahm. Infolge der Eroberung kam es in Monschau zu Plünderungen, was die Stadt schwer getroffen hat. Die einst mächtige Burganlage wurde danach nur noch spärlich verbessert, 1689 vollends zerstört und schließlich von den Franzosen als sogenanntes „Nationalgut“ eingezogen.

Im 19. Jahrhundert konnten die mittlerweile privaten Besitzer den Unterhalt der riesigen Burg nicht mehr länger aufbringen und reduzierten die Steuern auf die Anlage durch Abdecken der Dächer. Nun war dem Verfall Tor und Tür geöffnet, der Niedergang zur Ruine war endgültig besiegelt. Anfang des 20. Jahrhunderts wurden dann durch die Stadt Monschau erste Maßnahmen zur Sicherung und Instandhaltung der Burg getroffen. Seit den 20er-Jahren des vergangenen Jahrhunderts dient der Westflügel der Burg als Jugendherberge und trägt so zum Fortbestand der großartigen Feste bei. Jugendherberge in der Burg Monschau, Auf dem Schloss 4, 52156 Monschau ✆ 02472/2314 ⓘ www.jugendherberge.de

# 4 Von Einruhr nach Gemünd

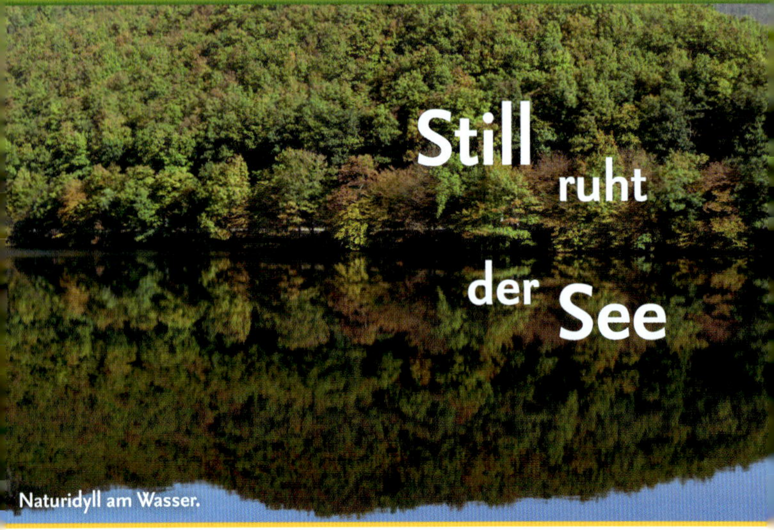

## Still ruht der See

Naturidyll am Wasser.

- **Start:** Einruhr, Bushaltestelle „Am Obersee"
- **Ziel:** Gemünd, Marienplatz
- **Länge:** 21.3 km
- **Dauer:** 6 Std. 15 Min.
- **Höchster Punkt:** 515 m
- **Steigung:** 671 m
- **Gefälle:** 619 m
- **Anspruch:** ✶✶✶✶
- **Tour Download:** ESX4HP12

- **Anfahrt:** Einruhr erreicht man am besten über die B 266, die genau am Ort vorbeiführt. Um nach Gemünd zu gelangen, nutzt man aus Westen und Osten die B 266, aus Norden oder Süden folgt man der B 265.
- **Taxi:** Taxi Simons, Simmerath ✆ 02473/929272
- **Tourist-Info:** Rursee-Touristik GmbH: ✆ 02473/93770
  Nationalpark-Tor Gemünd: ✆ 02444/2011

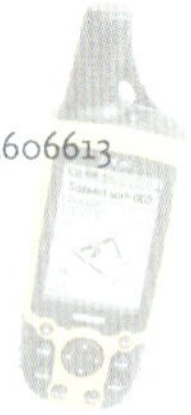

GPS-Koordinaten*

*nach UTM

- **Start:** Einruhr, Bushaltestelle „Am Obersee" Ost 314516, Nord 5606613
- **Ziel:** Gemünd, Marienplatz Ost 322780, Nord 5605517
- **Aussichtspunkte:**
  **P3:** Staudamm Urfttalsperre Ost 317261, Nord 5608733
  **P6:** Aussicht Kickley Ost 319728, Nord 5605777
  **P7:** Aussicht Modenhübel Ost 319595, Nord 5605327

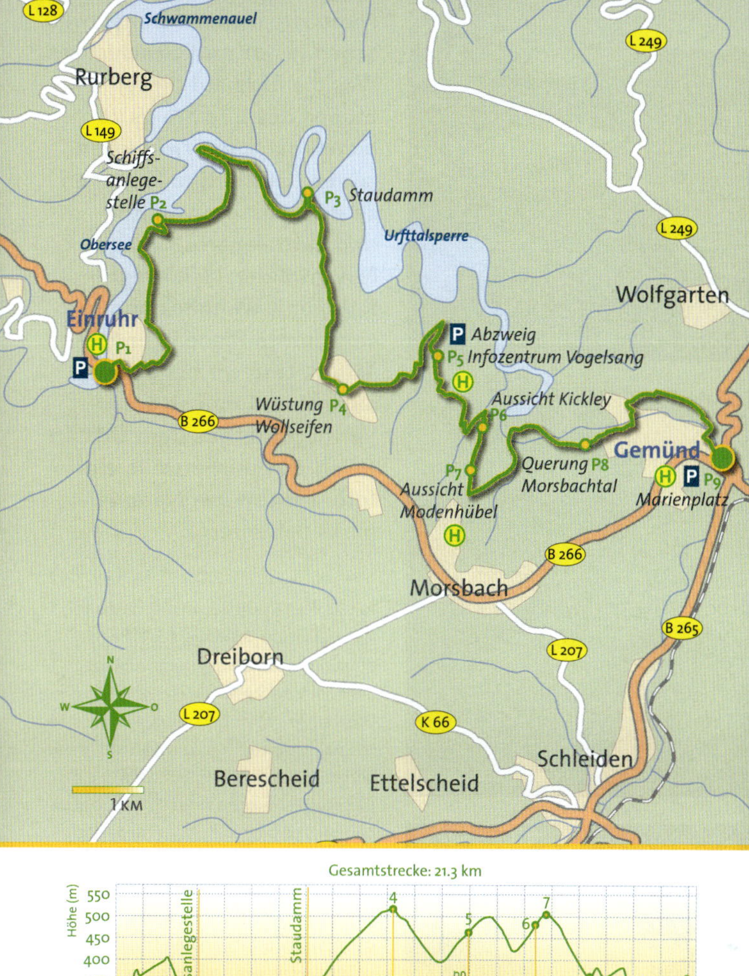




**P1:** Einruhr, Bushaltestelle „Am Obersee" **P2:** Schiffsanlegestelle **P3:** Staudamm Urfttalsperre **P4:** Wüstung Wollseifen **P5:** Abzweig Infozentrum Vogelsang **P6:** Aussicht Kickley **P7:** Aussicht Modenhübel **P8:** Querung Morsbachtal **P9:** Gemünd, Marienplatz

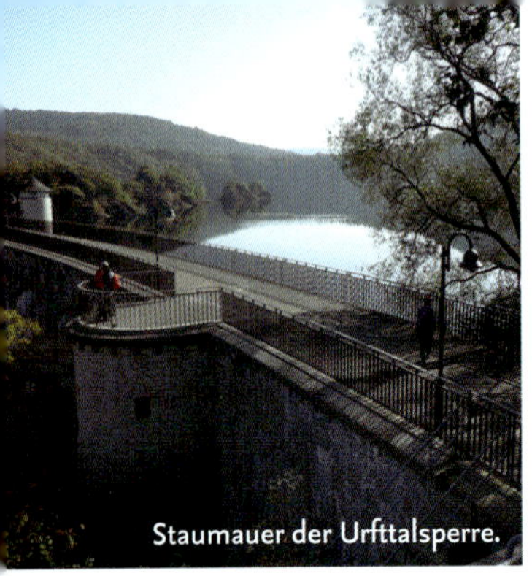
Staumauer der Urfttalsperre.

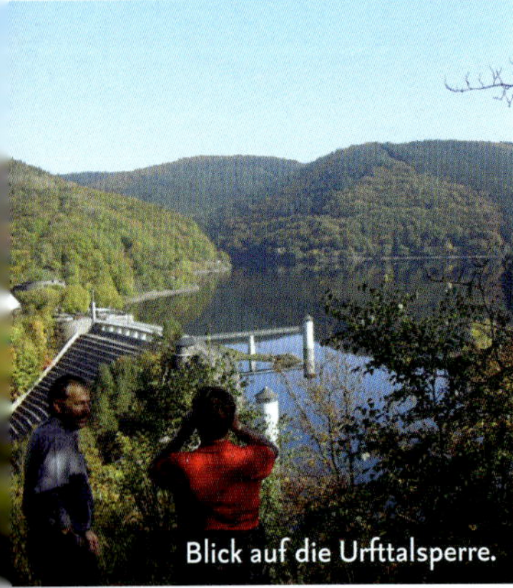
Blick auf die Urfttalsperre.

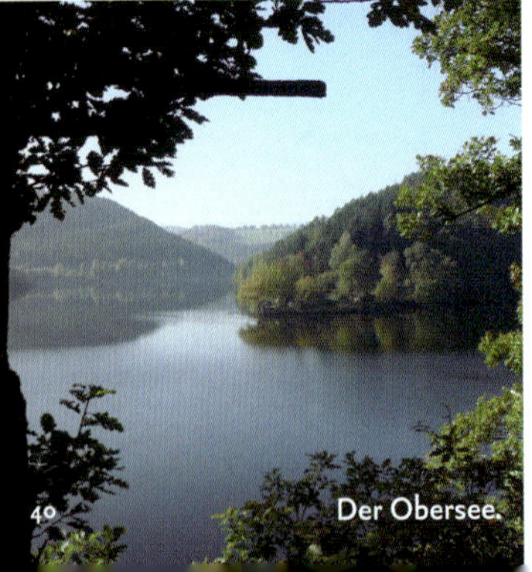
Der Obersee.



**Nationalparkwanderung zwischen Natur und Geschichte: Was die Erde auf dieser Etappe des EifelSteigs zu bieten hat, kann sich sehen lassen: Großartige Passagen an den Wässern von Rur- und Urfttalsperre, üppige Mischwälder, Heidevegetation mit Weitblick und verträumte Pfade in engen Tälern. Und wir begegnen auch einem monströsen Vermächtnis aus dem Dritten Reich, das mittlerweile ein Infozentrum des Nationalparks beherbergt.**

Am großen Parkplatz an der Bushaltestelle **„Einruhr/Am Obersee"** [P 1] beginnen wir diese wasserreiche Etappe auf dem EifelSteig. Gleich neben dem Gasthof „Alt Einruhr" bringt uns der schmale Fußweg „Konsumpättche" steil bergan zur querenden Straße Wilhelmsgarten. Hier biegen wir rechts ab, laufen bergan und biegen kurz vor dem letzten Haus links auf einen ansteigenden Wiesenpfad ab, der uns direkt am Zaun eines Wildgeheges entlangführt. Neugierig werden wir von den Hirschen beäugt, wenn wir nach [0.4 km] am oberen Zaun nach links abbiegen. Ein einmalig schönes Panorama eröffnet sich, denn unter uns breitet sich das Rurtal mit dem See aus. Bei herrlicher Sicht folgen wir dem EifelSteig durch die üppigen Weiden, biegen bald nach rechts zu einem Tannenwäldchen ab, an dessen Rand wir weiterwandern. Ein Kreuz markiert am Ende der Fichten den Abzweig nach schräg links aufwärts. Nach weiteren 100 m treffen wir an zwei Bänken auf einen querenden Wirtschaftsweg, dem wir links leicht abfallend folgen. Bald geht der Naturbelag in Teer über, der Weg beschreibt einen großen Linksbogen und eröffnet uns immer neue Panoramablicke auf Einruhr und Umgebung. Schließlich gabelt sich der Weg, wir halten uns links und laufen bis zu einer Holzhütte. Hier wenden wir uns aufwärts zum nahen Teerweg, schwenken kurz nach rechts und stehen an einem hölzernen Wegweiser. Dieser schickt uns links auf dem Schotterweg bergan. Solch wunderschön gestalteten Wegweiser aus Holz werden uns den ganzen Tag über begleiten, und so orientieren wir uns zusätzlich zum EifelSteig-Logo auch an den Hinweisen zur Urfttalsperre und nach Wollseifen.

Kontinuierlich gewinnen wir auf dem mittlerweile zum Naturweg gewandelten Weg an Höhe. Abwechslungsreicher Wald umgibt uns, mal dominieren Eichen, mal Fichten, und dann rauschen über uns wieder die großen gezackten Ahornblätter. Schließlich senkt sich die Route wieder ab, wir passieren eine Schutzhütte und treffen nach **[2.9 km]** auf den geteerten Talweg, dem wir nach rechts folgen. Gerade mal 100 m später liegt linker Hand die **Schiffsanlegestelle [P 2]**. Doch wir wollen den Obersee per pedes erkunden und laufen daher weiter auf dem befestigten Weg durch das Portal des ehemaligen Truppenübungsplatzes hindurch. Nun heißt es, immer auf den gekennzeichneten Wegen bleiben, denn im Umland der sicheren Wanderwege können im Gelände noch alte Munitionsrelikte oder Blindgänger lauern, schließlich war das Gelände bis 2005 aktiver Übungsplatz der Natotruppen.

Wir folgen dem sehr kurzweiligen Weg ohne größere Höhendifferenzen und gelangen bald wieder direkt an das Ufer des Obersees. Herrlich sind die Spiele von Licht und Wasser an sonnigen Tagen, die in ungezählten Facetten am Wegesrand zu beobachten sind. Doch auch der gesunde Mischwald trägt zu einem gelungen Wandererlebnis bei. Nach **[6.6 km]** geht es deutlich aufwärts, und der Abstand zum See wird größer. Wir gelangen zu einer Info-Tafel und machen einen kurzen Abstecher nach links: Über einen steilen Pfad erklimmen wir die letzten Höhenmeter, bis wir auf die Staumauer der **Urfttalsperre [P 3]** hinabschauen können. Hier haben wir übrigens auch Anschluss an die Buntsandstein- und an die Wasserland-Route.

Zurück an der Infotafel, beginnt nun eine der anstrengenderen Passagen des heutigen Tages: Der Aufstieg hinauf nach Wollseifen erfordert unsere Kondition. Unterwegs gibt es aber genug Ablenkung, ob am Ausblick auf den Urftsee oder weiter oben über die herrliche Landschaft der Eifel. Getreu folgen wir den Wegweisern Richtung Wollseifen und erfreuen uns an den prächtigen Ginsterbüschen, die weite Teile des Weges säumen und besonders im Frühsommer für eine leuchtend gelbe Farbenpracht sorgen.

Schließlich treffen wir nach [10.3 km] im bedrückenden Ruinendorf Wollseifen [P 4] ein. Die **Wüstung** wurde von den Truppen jahrelang als Übungsschauplatz genutzt und nimmt uns, trotz großartiger Aussicht auf die Umgebung, erst einmal die bisherige Unbeschwertheit.

Der EifelSteig führt uns dann wieder deutlich abwärts ins Tal – vorbei an diversen Relikten der militärischen Nutzung. Leuchtend rote Hagebutten oder pralle Schlehenfrüchte können auch an einem schönen Spätsommertag nur kurz von der allgegenwärtigen militärischen Geschichte ablenken. Und spätestens nach dem steilen Aufstieg zur Burg Vogelsang holt uns die Vergangenheit wieder mit mächtigen Schritten ein: Wie ein monströses Bollwerk ragen vor uns die Mauern der 1934 bis 1941 errichteten Burganlage auf. Der EifelSteig ist gnädig, führt uns rasch an einigen der Gebäude vorbei, biegt aber dann wieder in die freie Natur ab. Egal wie man zur Burg Vogelsang steht, ein Abstecher zum sehenswerten **Informa-tionszentrum** des **Nationalparks Eifel** [P 5] nach [13 km] kann nicht schaden. Und der Blick von der Aussichtsterrasse des Forums auf die Urfttalsperre ist ebenfalls sehr lohnenswert. Ansonsten folgen wir dem EifelSteig mit einigen Schlenkern durch das brachliegende Gelände und queren schließlich auch die Zufahrtsstraße. Hier holen uns die größenwahnsinnigen Baufantasien der Nationalsozialisten in Form des riesigen Eingangsportals und einiger weiterer Gebäude noch ein letztes Mal ein. Dann dürfen wir erleichtert an einem weiteren Informationsportal des Nationalparks vorbei Richtung Kickley und Gemünd wandern.

Bald wandelt sich der Wiesenweg zum schmalen Pfad und bringt uns in steilen Serpentinen zu einem munter plätschernden Bach. Wir queren ihn und steigen auf der anderen Seite nach kurzer Bachbegleitung wieder stetig bergan. Nach [15.3 km] werden wir für die Mühen unseres Aufstiegs an der sagenhaft schönen **Aussicht Kickley** [P 6] voll und ganz entschädigt: Weit reicht der Blick über das Urfttal und Gemünd. Doch noch gibt es eine Steigerung, die wir nur 500 m später an der nächsten **Aussicht**, dem **Modenhübel** [P 7], erleben. Hier haben wir von der freien Kuppe aus einen überwältigenden Panoramablick nach Gemünd und Vogelsang.

Anschließend führt uns der EifelSteig über freies Feld Richtung Morsbach. Doch nur wenige Meter vor den ersten Häusern dürfen wir den scharfen Knick nach links abwärts nicht verpassen, der uns nun gemächlich ins **Morsbachtal** hinableitet. Die Wiesen und Weiden gehen in niedrigen Mischwald über, und bald kommt von links der Morsbach als Wegbegleiter hinzu. Nach [17.5 km] queren wir den Bach [P 8] und nehmen den letzten wesentlichen Anstieg der Etappe in

Angriff. Auf weichen Waldwegen streben wir bergan und erhaschen nur ab und zu einen kurzen Blick auf die mittlerweile tief unter uns gurgelnde Urft.

So gelangen wir zu einer markanten Kreuzung mit einer uralten, urigen Eiche und freuen uns über den Wegweiser, der uns das Ziel, Gemünd, in nur 2.2 km ankündigt. Schnell biegen wir nach links ab, verlieren weiter an Höhe und erreichen ein Gestüt. Wir passieren die Anlage und laufen in der Kurve der geteerten Zufahrt einfach geradeaus auf einem Fußweg weiter, der uns oberhalb des Neubaugebietes von Gemünd bis zur Dreiborner Straße bringt. Dort biegen wir nach links ab, queren die Bruchstraße, wenden uns nach **[19.6 km]** auf der Urftstraße (K 7) nach links und queren mit der Brücke die Urft. Gleich nach der Brücke biegen wir rechts auf „In der Streng" ab. Das kleine Teersträßchen ändert bald seinen Namen in „Im Wingertchen" und endet an der Jugendherberge. Hier geht es kurz nach links aufwärts, dann dürfen wir rechts auf einen schönen Waldweg abzweigen. Dieser bringt uns im lichten Wald entlang der Hangflanke Richtung Zentrum. Unmittelbar nach dem Schwimmbad verlassen wir den Wald und laufen rechts über die Urftbrücke. Nach der Brücke folgen wir links dem Uferweg, bis wir nach **[21.2 km]** der Urft den Rücken kehren und zum **Marienplatz [P 9]** wandern, wo nach weiteren 100 m diese Etappe mitten in **Gemünd** endet.

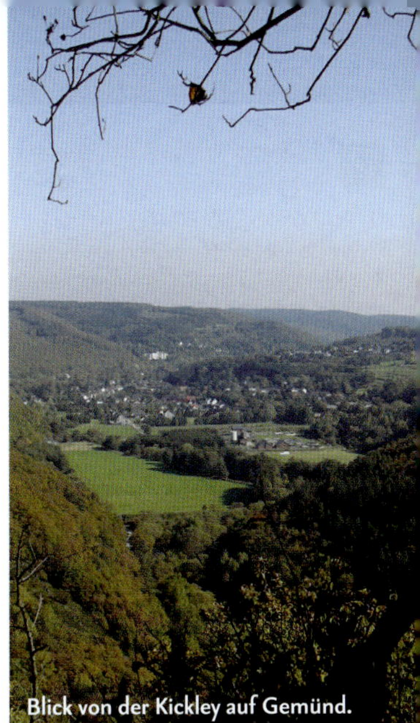
Blick von der Kickley auf Gemünd.

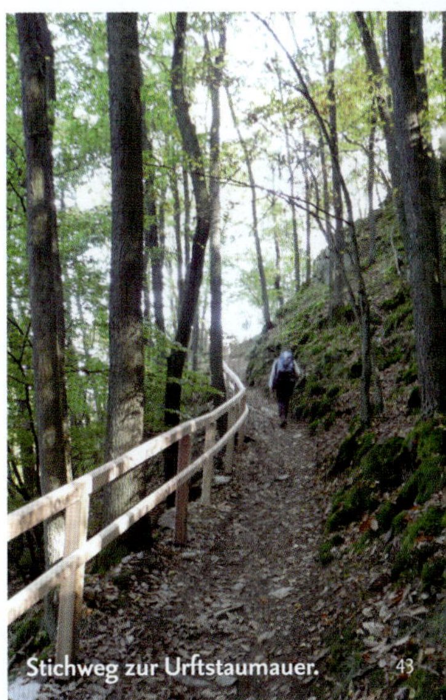
Stichweg zur Urftstaumauer.

**Schleiden:** Ausflugslokal Urfttalsperre Auf der Staumauer, 53937 Schleiden
✆ 02421/57047, 0170/7785932
⏲ zw. Nov. und Ende März Mo. u. Di. Ruhetag.
■ Restaurant am Forum, Forum Vogelsang, 53937 Schleiden ⏲ täglich 10–17 Uhr
✆ 02444/912589

**Einruhr:** Hotel-Café-Restaurant Im Fachwerkhof, Rurstr. 29, 52152 Simmerath-Einruhr ✆ 02485/1515
■ Pension Michels, Zum Obersee 2, 52152 Simmerath-Einruhr ✆ 02485/1435
■ **Gemünd:** Kurpark Hotel im Nationalpark, Parkallee 1, 53937 Schleiden-Gemünd
✆ 02444/95110
@ www.kurparkhotel-schleiden.de
■ Hotel Friedrichs, Alte Bahnhofstraße 16, 53937 Schleiden-Gemünd ✆ 02444/950950
@ www.hotel-friedrichs.de
■ Hotel & Restaurant Haus Salzberg, Am Lieberg 31, 53937 Schleiden-Gemünd
✆ 02444/494 ⏲ Restaurant: Mo. u. Di. Ruhetag.

**Nationalparktor Gemünd:** Hier erhält der Besucher tolle Informationen zum Nationalpark Eifel. Einblicke in Fauna und Flora der Region, aber auch viel Wissenswertes zur Historie des Nationalparks oder einfach nur Tipps, was man in der Umgebung alles unternehmen kann. ⏲ tgl. 10–17 Uhr Nationalpark-Tor Gemünd, Kurhausstraße 6, 53937 Schleiden
✆ 02444/2011 @ info@natuerlich-eifel.de
■ **Rheinisches Freilichtmuseum Kommern:** Beim Besuch des 80 ha großen Areals erleben Besucher hautnah, wie unsere Vorfahren gelebt und gearbeitet haben. Rheinischen Freilichtmuseum ⏲ 1.4.–31.10.: 9–18 Uhr, 1.11.–31.3.: 10–16 Uhr. Rheinisches Freilichtmuseum Kommern, Auf dem Kahlenbusch, 53894 Mechernich-Kommern
✆ 02443/99800, Besucherinfos unter:
✆ 02234/9921555 @ www.kommern.lvr.de

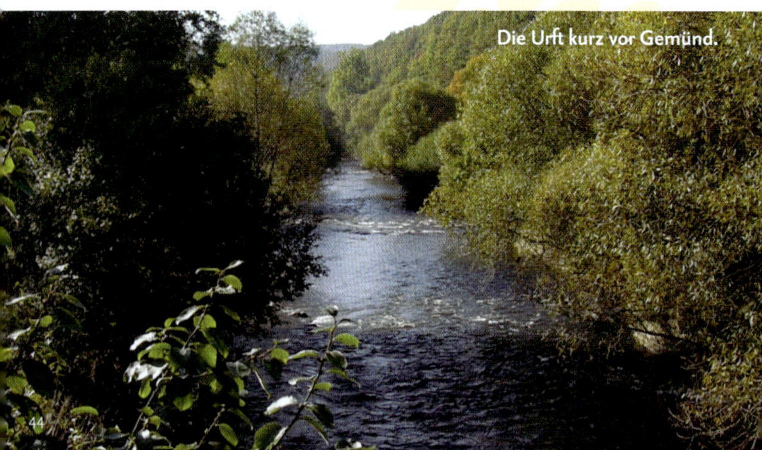
Die Urft kurz vor Gemünd.

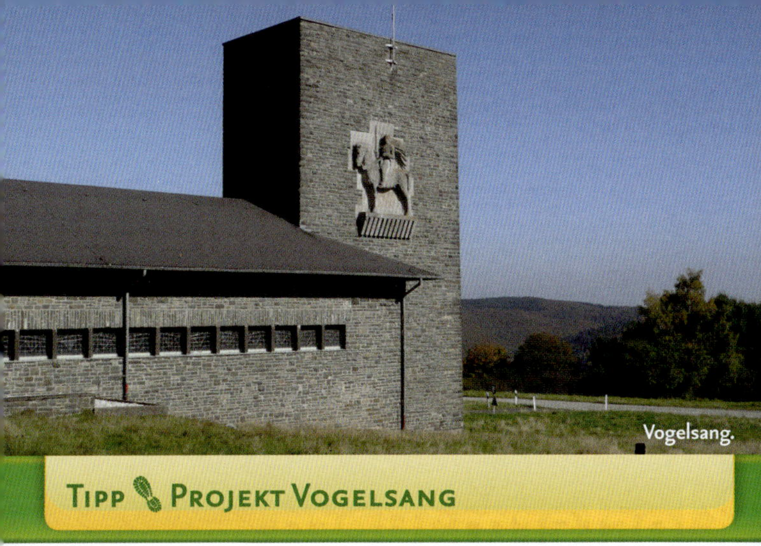

Vogelsang.

## TIPP PROJEKT VOGELSANG

Weitläufig und noch immer etwas monströs breitet sich das Gelände der ehemaligen NS Ordensburg Vogelsang auf dem Hochplateau über dem Urfttal aus und bietet einen der schönsten Blicke über das wasserreiche Kerngebiet des Nationalparks. Seit Anfang 2006 ist Vogelsang für die Öffentlichkeit zugänglich wieder und streift zunehmend die militärische Vergangenheit und Entstehungsgeschichte ab. Klar kommt man hier nie ohne eine Betrachtung des ursprünglichen Zwecks der Anlage aus, doch spätestens seit Einrichtung des Nationalpark Infozentrums in der Burg hat sich der Schwerpunkt verlagert – hin zur Natur und zu einem Ort des Erfahrens!

Neben den Informationen zur Natur im Nationalpark sollen im Forum „Adlerhof" in Zukunft auch Bildung und Begegnung großgeschrieben werden. Das Projekt „Vogelsang ip" möchte Ort der Erinnerung, Mahnung, des Austausches und des Lernens werden. Wechselnde Ausstellungen ergänzen dieses Profil. Im Infozentrum kann man sich auch für eine fachkundige kostenpflichtige Führung durch das Areal anmelden (⏲ tgl. 14 Uhr, sonn- und feiertags auch 11 Uhr). Wer hoch hinaus will, kann sich im Forum für einen der geführten Turmaufstiege anmelden. ⏲ Tägl., 13 und 16 Uhr gegen Gebühr für maximal 15 Personen ab 6 Jahre. Am Wochenende stündlich zwischen 11 und 16 Uhr. Achtung: Für die 173 Stufen sollte man ausreichend fit und schwindelfrei sein! ⏲ Öffnungszeiten Vogelsang: Winterzeit: tgl., Forum: 10–17 Uhr Gelände: 10–17.30 Uhr. Sommerzeit: tgl., Forum: 10–17 Uhr, Gelände: 8–20 Uhr. Gastronomie: tgl., 10–17 Uhr. Weitere Infos: @ www.vogelsang-ip.de

# Wasser, Wälder, Klostermauern

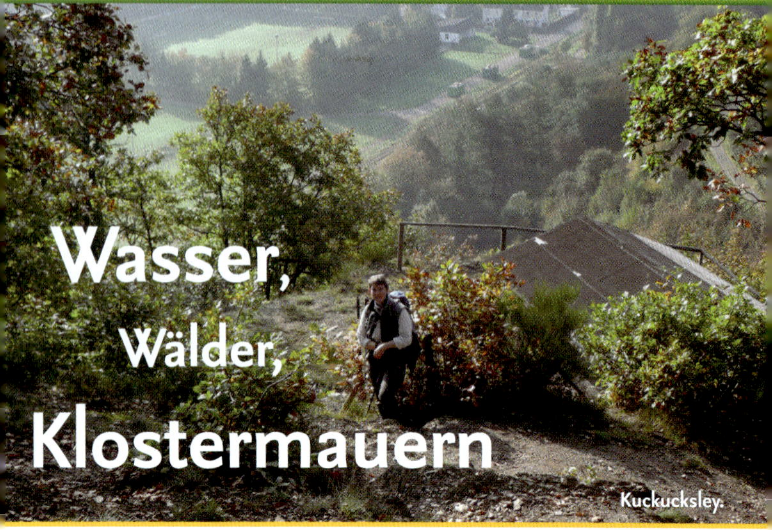

Kuckucksley.

- **Start:** Gemünd
- **Ziel:** Kloster Steinfeld
- **Länge:** 18 km
- **Dauer:** 5 Std. 10 Min.
- **Höchster Punkt:** 526 m
- **Steigung:** 519 m
- **Gefälle:** 343 m
- **Anspruch:** ✶✶✶
- **Tour Download:** ESX5HP11

- **Anfahrt:** Um nach Gemünd zu gelangen, nutzt man aus Westen und Osten die B 266, aus Norden oder Süden folgt man der B 265.
  Steinfeld erreicht man von Kall aus durch das Urfttal auf der L 204 und ab Urft über die L 22. Die L 22 und die L 204 dienen auch als Anbindung auf die südwestlich verlaufende B 258.
- **Taxi:** Taxi Goebel, Kall ✆ 02441/4273
- **Tourist-Info:** Nationalpark-Tor Gemünd: ✆ 02444/2011
  Gemeinde Kall: ✆ 02441/8880

## GPS-Koordinaten*

- **Start:** Gemünd, Marienplatz Ost 322780, Nord 5605517
- **Ziel:** Kloster Steinfeld Ost 327238, Nord 5597294
- **Aussichtspunkte:**
  **P2:** Kuckucksley Ost 322310, Nord 5603358
  **P6:** Querung L 203 Ost 325228, Nord 5597563
  **P7:** Querung K 60 Ost 325721, Nord 5596821

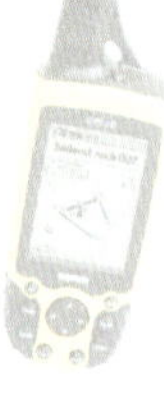

*nach UTM

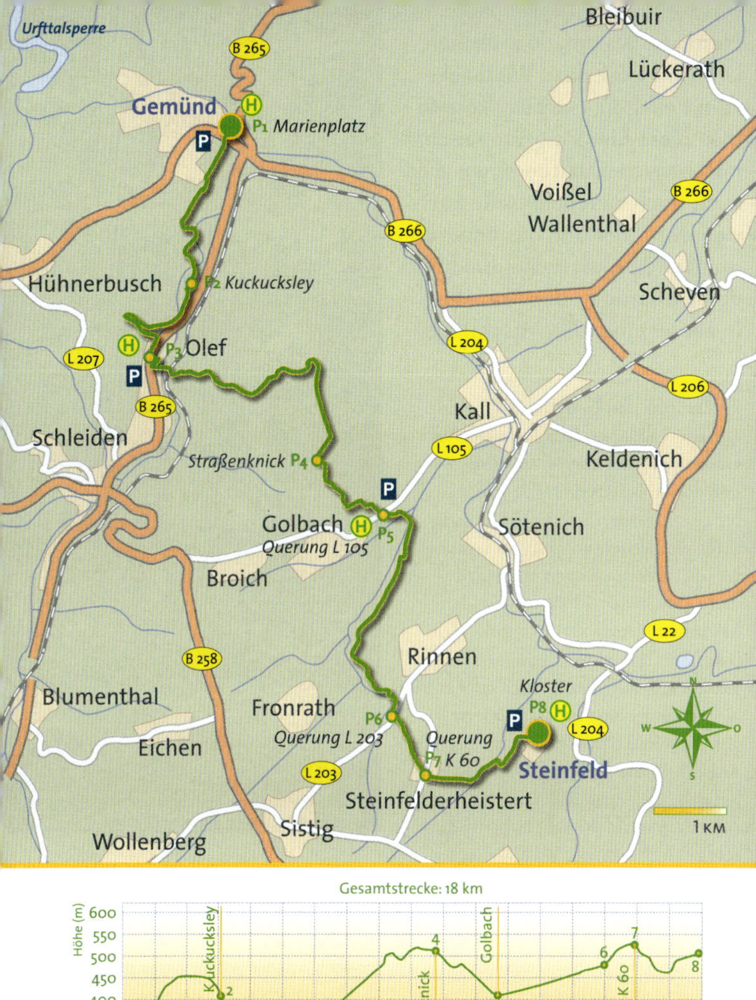


**P1:** Gemünd, Marienplatz **P2:** Kuckucksley **P3:** Querung L 203 **P4:** Straßenknick, Waldweg nach links **P5:** Golbach, Querung L 105 **P6:** Querung L 203 **P7:** Querung K 60 **P8:** Kloster Steinfeld

**Herrliche Waldpfade zwischen Urft und Olef, dazu Weitblicke vom Feinsten – so etwa könnte man diese EifelSteig-Etappe charakterisieren. Dazu kommen aber auch noch das malerische Fachwerkdorf Olef und das beeindruckende Kloster Steinfeld mit der großartigen Basilika. Alles in allem: eine tolle Mischung!**

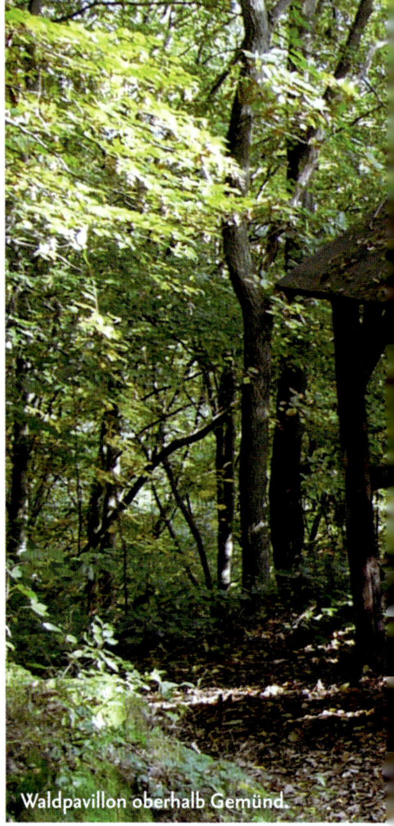
Waldpavillon oberhalb Gemünd.

Im **Zentrum von Gemünd [P 1]** beginnen wir die Etappe nach Steinfeld. Auf Höhe der Kirche queren wir die B 266 und dürfen bereits hinter dem Gotteshaus auf einen befestigten Fußweg abbiegen. Weitere 50 m später wenden wir uns auf einen engen Naturpfad und nehmen den Aufstieg durch den herrlichen Mischwald in Angriff. Nach **[1 km]** lädt uns ein Waldpavillon zur Verschnaufpause ein. Danach geht es weiter stetig bergan, bis wir unvermittelt aus dem Wald heraustreten und sich vor uns eine Wiese ausbreitet. Wir biegen auf den querenden Waldrandweg nach links ab und laufen leicht abwärts. Bald schließt sich auch der Wald wieder um uns, und wir genießen das Farbenspiel zwischen relativ niedrig gewachsenen Eichen und Buchen, die mit Heideflora am Wegesrand abwechseln. Doch wir dürfen uns nicht komplett ablenken lassen, denn nach **[2.9 km]** biegt der EifelSteig scharf links auf einen Pfad ab. In Serpentinen geht es durch den Krüppeleichenwald talwärts, und auf halber Höhe erreichen wir die Schutzhütte **Kuckucksley [P 2]** mit einem herrlichen Ausblick auf das Oleftal. Anschließend geht es auf idyllischem Serpentinenpfad weiter hinab, bis wir auf einen breiten Waldweg nach rechts wechseln. Dieser bringt uns nahe an die deutlich hörbare Bundesstraße heran, doch noch einmal entfernen wir uns vom geschäftigen Oleftal. Denn der EifelSteig schwenkt erneut ins Hinterland und umrundet ein

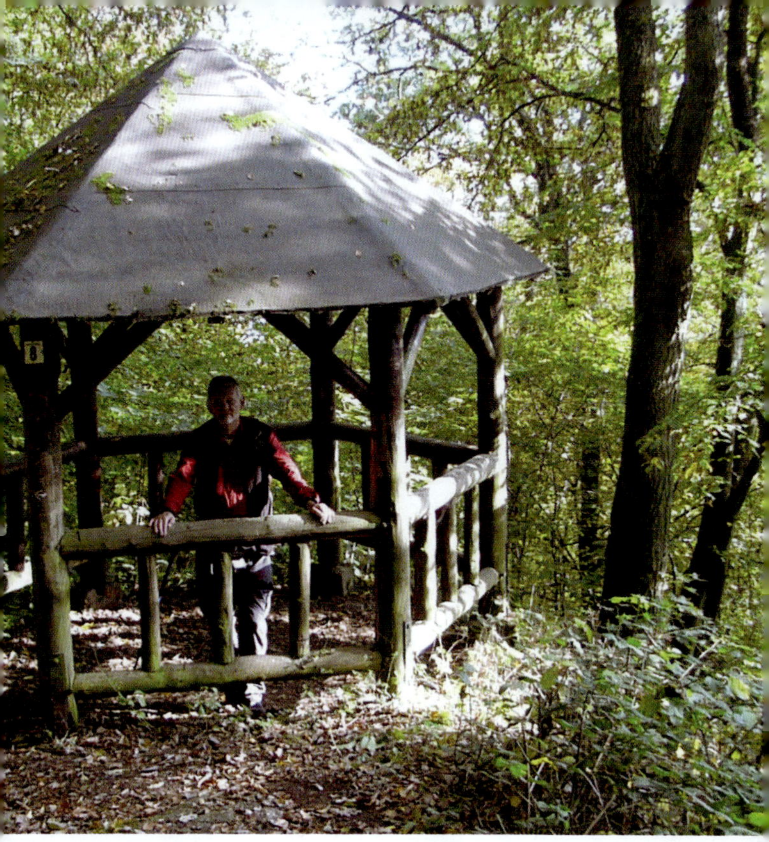

Seitental. Nach [4,5 km] haben wir den Wendepunkt erreicht und laufen nach der Querung des kleinen Baches wieder nach Osten Richtung Olef. An einem Wegweiser (hier zweigt die Rur-Olef-Route ab) biegen wir nach links ab und gelangen über einen schönen Waldpfad endgültig ins Tal der Olef. Nach kurzer Begleitung der B 265 **queren wir am Ortsrand von Olef die Straße [P 3]** und auch den Fluss. Nun geht es durch den pittoresken, kleinen Ort Olef, dessen sorgsam restaurierte Fachwerkhäuser ein echter Augenschmaus sind. Am Ende des Dorfes biegen wir links in die Straße „Blücher" ab und laufen bergan. Auf Höhe der nach links abbiegenden Straße „Sittard" wenden wir uns nach rechts und haben nach [5.9 km] wieder die freie Natur und den Wald erreicht.

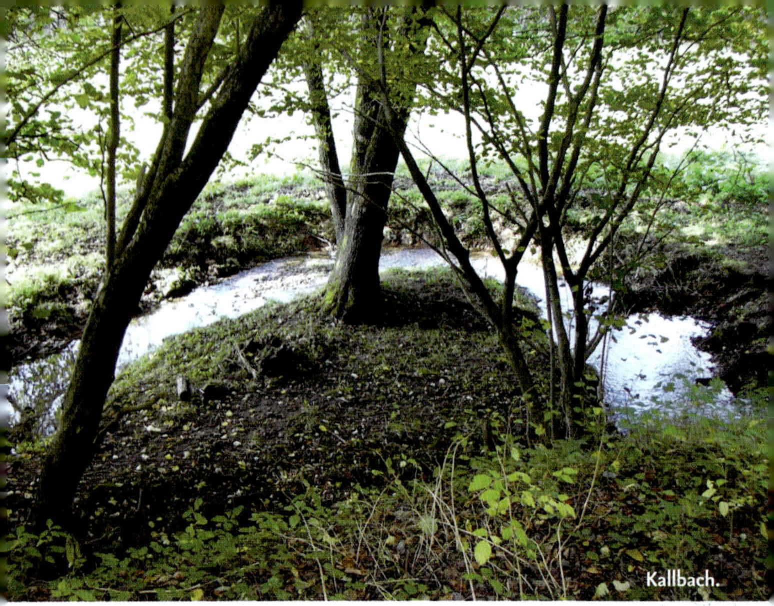

Kallbach.

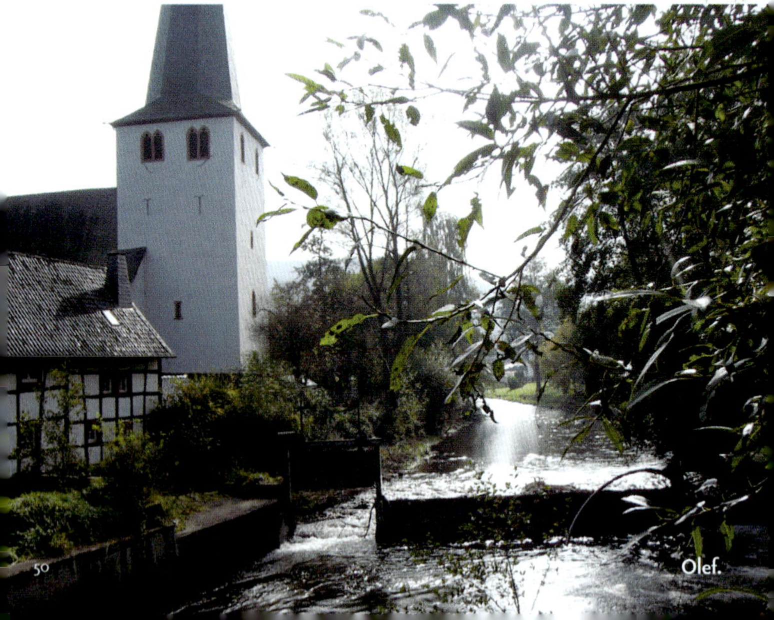

Olef.

Sehr abwechslungsreich begeistert uns die Natur mit unterschiedlichsten Waldarten – Mischwald, Fichtenwald, Hochwald, Jungwald – und dazu einem munter plätschernden Bach. Doch wir wären nicht auf dem EifelSteig, wenn nicht nach idyllischer Talpassage der obligatorisch fällige Aufstieg anstehen würde. Zunächst führt uns der Waldweg nur mäßig bergan und unterhält uns wieder mit tollen Waldeinsichten. Nach einer Linkskurve gibt es eine scharfe Kehre nach rechts, und nun steht uns ein ziemlich steiles Wegstück bevor. Doch nach **[8.4 km]** haben wir die Höhe erreicht und kommen nach einem Schwenk auf einen breiten Wirtschaftsweg auch wieder zu Atem. Der breite, geschotterte Weg führt uns nun ohne größere Höhendifferenzen südwärts. Auf dieser Passage befinden wir uns auch auf dem Pingenwanderweg (▸ EifelSteig Kompakt), der uns mit informativen Tafeln zur bergmännischen Historie der Region begleitet. An einer komplizierten Mehrfachkreuzung, an der wir uns nach rechts orientieren, verlässt uns der Pingenwanderweg kurzzeitig. Doch nachdem wir mit dem EifelSteig am **Knick der kleinen Kreisstraße** scharf nach links auf einen naturbelassenen Waldweg **[P 4]** abgebogen sind, stößt die Erlebnisschleife wieder zu uns.

Nun wird der Wegverlauf aufgelockerter, und auch der Wald wirkt wieder abwechslungsreicher und attraktiver. Weiterhin gibt es regelmäßig Tafeln des Pingenwanderweges. Aufpassen müssen wir bei **[10.2 km]**, denn hier verlassen wir den breiten Waldweg und zweigen mit dem Pingenwanderweg rechts auf einen engen Pfad ab. Wir queren einen kleinen Bach und wandern auf einem Waldweg links weiter. Mehrere Richtungswechsel meistern wir dank der guten Markierung problemlos. Schließlich verlassen wir den Wald, und folgen dem Waldrand nach links, bevor wir rechts auf freies Feld abbiegen. Noch zwei Schlenker, dann geht es hinab zur **L 105,** die wir in **Golbach queren [P 5]**.

Über die Kapellenstraße laufen wir talwärts, kürzen an der Kirche mit einem Schlenker nach links über den Spielplatz ab und folgen dann wieder der Kapellenstraße ins Tal des Kallbachs. Am Ende des Dorfes trennen wir uns endgültig vom Pingenwanderweg und freuen uns nach **[11.8 km]** auf eine herrliche Passage entlang des Kallbaches. Am rechten Ufer wandern wir durch die grandiose Landschaft, die mit einer gelungenen Mischung aus Waldparzellen, offenen Wiesen und Weiden sowie Hecken aufwartet. Nach **[14.2 km]** gelangen wir zum Treffpunkt von Sailersbach und Kallbach und laufen neben dem recht unscheinbaren Sailersbach aufwärts.

Schließlich biegen wir nach rechts. über eine Brücke und müssen aufmerksam sein, denn nur 80 m später schwenkt der EifelSteig noch vor dem kleinen Wäldchen nach links auf die Wiese. Doch der Wiesenweg wird markanter und bringt uns in einem weiten Bogen zur **Querung der L 203 [P 6]**. So nehmen wir nach **[15 km]** den Aufstieg durch die offene Landschaft zum nahen Waldrand in Angriff. Dort laufen wir fast geradeaus am Wald entlang und finden uns auf der Höhe mitten in den offenen Feldern und Wiesen wieder. Nach [15.5 km] überrascht uns der erste Ausblick zu den markanten Türmen des Klosters Steinfeld, unserem Tagesziel. Zuvor steuern wir durch die Felder auf die kleine Ortschaft Steinfelderheistert zu. Hier queren wir innerorts die K 60 [P 7] und wandern durch die Veilchenstraße abwärts.

Bald haben wir die wenigen Häuser hinter uns gelassen und genießen das Wandern in vollen Zügen. Im Tal wenden wir uns zunächst nach rechts, queren den Bach und laufen dann aber auf dem linken, talwärtigen Waldweg weiter. Den Pfad nach Steinfeld lassen wir rechts liegen. Erst an einer Bank biegen wir nach [17 km] auf einen steil ansteigenden Pfad ab. Recht stramm gestaltet sich der Aufstieg durch den majestätischen Buchenwald. Rechter Hand begleitet uns ein kleiner Bach, der sich ein tiefes Bett gegraben hat. Fast am Waldrand angelangt, schwenkt der Pfad nach links, und so dürfen wir nun ohne weiteren Anstieg nahe am Waldrand zum Endspurt ansetzen.

Nach [17.7 km] verlassen wir den Wald und laufen an der Bruchsteinmauer des Klosters entlang ins Zentrum des Ortes. Dort beenden wir unmittelbar vor dem eindrucksvollen Areal des Klosters Steinfeld [P 8] nach [18 km] die heutige Etappe.

## 5 Infos

**Kall-Steinfeld:** Zur alten Abtei, Hermann-Josef-Straße 33, 53925 Kall-Steinfeld ✆ 02441/77177 ⏲ Mo.Ruhetag

**Gemünd:** Kurpark Hotel im Nationalpark, Parkallee 1, 53937 Schleiden-Gemünd ✆ 02444/95110 ⓘ www.kurparkhotel-schleiden.de
■ Hotel Friedrichs, Alte Bahnhofstraße 16, 53937 Schleiden-Gemünd ✆ 02444/950950 ⓘ www.hotel-friedrichs.de
■ Hotel & Restaurant Haus Salzberg, Am Lieberg 31, 53937 Schleiden-Gemünd ✆ 02444/494 ⏲ Restaurant: Mo. und Di. Ruhetag.
**Kall-Steinfeld:** Margaretenhof, Hallenthaler Str. 15, 53925 Kall-Steinfeld ✆ 02441/4219 ⏲ Do. Ruhetag
■ Gästehaus am Kloster, Franziskus-Jordan-Haus, Hermann-Josef-Straße 4 53925 Kall-Steinfeld ✆ 02441/889131

**Olef:** Der EifelSteig führt mitten durch die Gemeinde, die reichlich mit sorgfältig restaurierten Fachwerkhäusern gesegnet ist. Erstmals erwähnt wird Olef Mitte des 13. Jahrhunderts. Schon damals soll es hier eine Kirche und ein Kloster gegeben haben, was Olef zur ältesten Pfarrei der Eifel macht. Mitten im Ort zeugen noch Schienen von der ursprünglich dampfbetriebenen Oleftalbahn von Gemünd nach Hellenthal. Eine Fahrt mit dem historischen Schienenbus ist heute zu bestimmten Terminen zwischen Schleiden und Kall möglich. Infos ⓘ www.oleftalbahn.de

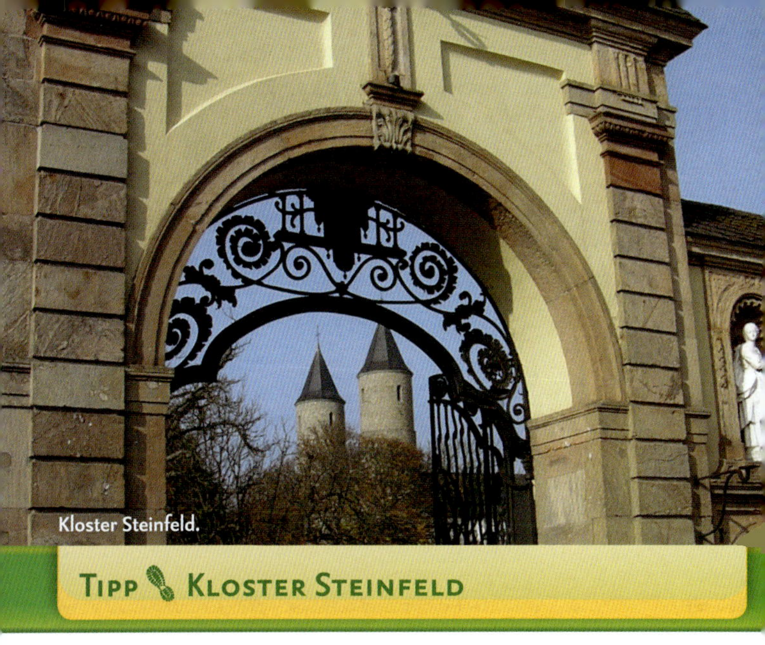
Kloster Steinfeld.

## TIPP KLOSTER STEINFELD

Das wohl besterhaltene Klosterensemble des Rheinlandes ist Zielpunkt dieser Eifel-Steig-Etappe. Die Wurzeln von Kloster Steinfeld liegen im frühen Mittelalter, denn schon um 930 wurde hier erstmals eine Kirche geweiht. 1070 ist die erste Klosteransiedlung überliefert, seit 1130 wird das Kloster nach den Regeln der Prämonstratenser geführt. Schon 1184 erhielt Kloster Steinfeld den Status einer Abtei, der erst 1802 – während der Säkularisation – aufgehoben wurde. Bis 1923 ging es danach abwärts, bis die Salvatorianer den Klosterkomplex übernahmen. Heute beherbergt Kloster Steinfeld ein Gymnasium mit Internat. Im Gästehaus des Klosters werden Besinnungstage abgehalten. Die sehenswerte romanische Basilika des Klosters stammt aus dem Jahr 1142 und zählt zu den ältesten Gewölbekirchen in Deutschland.

Herrlich sind besonders die aus dem 12.-15. Jahrhundert stammenden Wandfresken. Die Kirche ist auch Grabmal für den 1940 heiliggesprochenen Hermann-Josef, den „Mönch von Steinfeld“, der 1240 starb. Berühmt ist auch die aus dem Jahr 1727 stammende Orgel von Balthasar König. Die regelmäßig stattfindenden Konzerte in der Basilika stoßen auf reges Interesse. Die Kirche ist zugänglich. Führungen nach Vereinbarung an der Klosterpforte. Salvatorianer Kloster Steinfeld, Hermann-Josef-Str. 4, 53925 Kall-Steinfeld ✆ 02441/8890 @ www.kloster-steinfeld.de

# 6 Von Steinfeld nach Blankenheim

## Den Römern auf der Spur

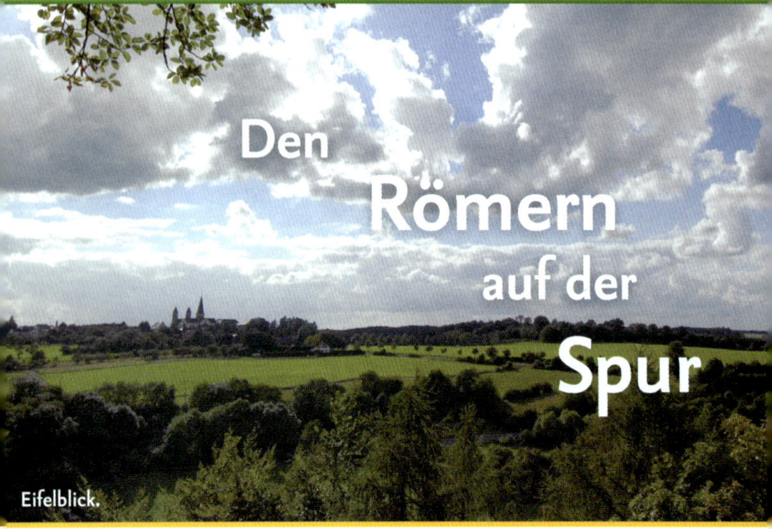

Eifelblick.

- **Start:** Kloster Steinfeld
- **Ziel:** Blankenheim, Ahrquelle
- **Länge:** 23.6 km
- **Dauer:** 6 Std. 45 Min.
- **Höchster Punkt:** 577 m
- **Steigung:** 367 m
- **Gefälle:** 397 m
- **Anspruch:** ✶✶✶✶
- **Tour Download:** ESX6HP1X

- **Anfahrt:** Steinfeld erreicht man von Kall aus durch das Urfttal auf der L 204 und ab Urft über die L 22. Die L 22 und die L 204 dienen auch als Anbindung auf die südwestlich verlaufende B 258. Blankenheim ist über die B 51 an die A 1 angeschlossen. Neben B 51 kann man auch auf der B 258 nach Blankenheim fahren.
- **Taxi:** Taxi Lippertz, Blankenheim ✆ 02449/1225
- **Tourist-Info:** Gemeinde Kall ✆ 02441/8880 Verkehrs- und Bürgerbüro Blankenheim: ✆ 02449/87222-223

- **Start:** Kloster Steinfeld Ost 327238, Nord 5597294
- **Ziel:** Blankenheim, Ahrquelle Ost 333080, Nord 5589901
- **Aussichtspunkte:**
  **P1:** Kloster Steinfeld Ost 327238, Nord 5597294
  **P3:** Eifelblick am Königsberg Ost 328033, Nord 5597198
  **P6:** Abenteuerspielplatz Ost 331747, Nord 5595396

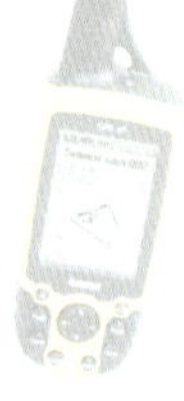

GPS-Koordinaten*
*nach UTM

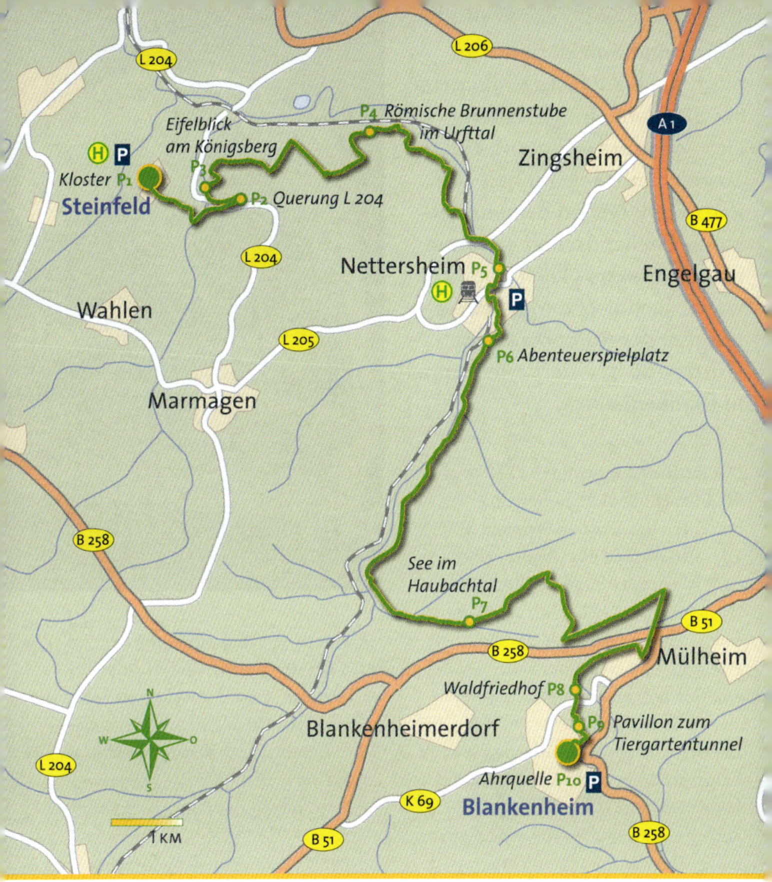

L 204
L 206
P4 Römische Brunnenstube im Urfttal
Eifelblick am Königsberg
A 1
Kloster P1
Steinfeld
P3
P2 Querung L 204
Zingsheim
B 477
L 204
Nettersheim P5
Engelgau
Wahlen
P6 Abenteuerspielplatz
L 205
Marmagen
B 258
See im Haubachtal
P7
B 51
B 258
Mülheim
Waldfriedhof P8
P9 Pavillon zum Tiergartentunnel
Blankenheimerdorf
L 204
Ahrquelle P10
K 69
Blankenheim
1 KM
B 51
B 258

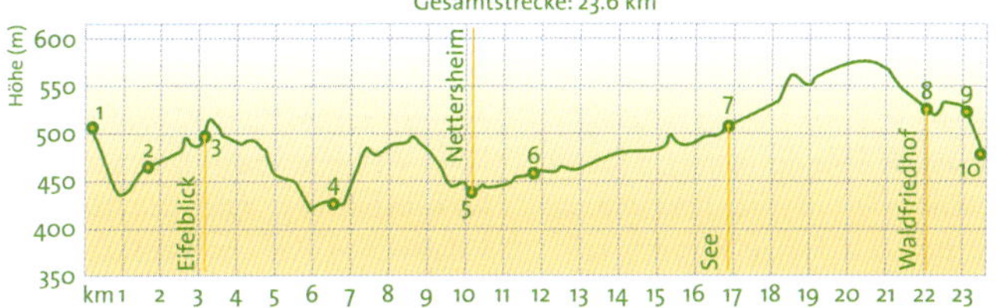


**P1:** Kloster Steinfeld **P2:** Querung L 204 **P3:** Eifelblick am Königsberg **P4:** Römische Brunnenstube im Urfttal **P5:** Nettersheim **P6:** Abenteuerspielplatz **P7:** See im Haubachtal **P8:** Waldfriedhof Blankenheim **P9:** Pavillon zum Tiergartentunnel **P10:** Blankenheim, Ahrquelle

**Gute Kondition ist heute gefragt, doch die fast 24 Kilometer bis Blankenheim gestalten sich sehr kurzweilig und bieten ausreichend Gelegenheit zum Pausieren. Neben der wunderbaren Eifellandschaft erwarten uns unterwegs gleich zwei wassertechnische Meisterleistungen: der Römerkanal im Urfttal und der Tiergartentunnel in Blankenheim.**

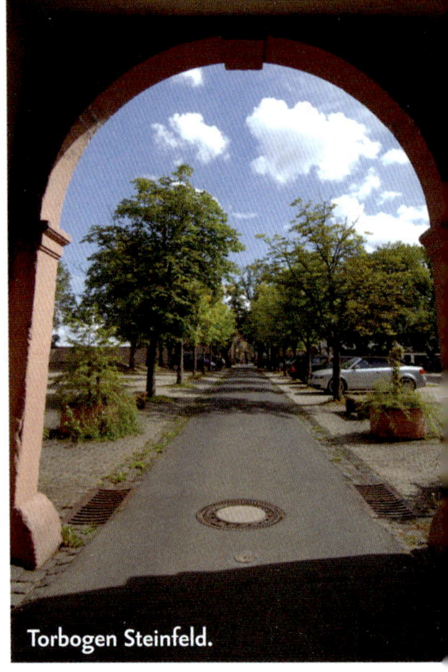

Torbogen Steinfeld.

Der Einstieg zur heutigen EifelSteig-Etappe befindet sich unmittelbar vor den Toren des **Klosters Steinfeld [P 1]**. Vom Parkplatz P1 aus wenden wir uns der Hallenthaler Straße zu und laufen talwärts. Schnell haben wir am Hotel Margaretenhof das Ende der Ortschaft erreicht und biegen links in den Wald ein. Den beschrankten Waldweg verlassen wir aber schon nach 40 m, denn der EifelSteig biegt rechts auf einen Pfad ab. Durch schön gewachsenen Hochwald folgen wir dem Waldpfad, der leider auch als Reitweg genutzt wird und daher bei feuchter Witterung oft matschig ist. Nach [800 m] haben wir den Talgrund erreicht und kreuzen einen breiten Waldweg. Wir behalten die Richtung bei und gelangen mit einem kleinen Holzsteg auf die andere Seite des munteren Baches. Nun wenden wir uns nach links und laufen bis zur L 204. Fast unmittelbar vor der Straße biegen wir nach rechts ab und laufen parallel zur stark frequentierten Landstraße leicht bergan. Auch hier teilen wir uns den Weg wieder mit Reitern. Nach [1.7 km] **queren** wir die **L 204 [P 2]** und wenden uns auf der anderen Seite vom dortigen Parkplatz nach links in den Wald. Zunächst noch pfadig, bald aber auf angenehm breitem Waldweg setzen wir zur Umrundung des Königsbergs an.

Bei [km 2.7] weisen die Logos rechts bergan auf einen Pfad. Nach kurzem Anstieg werden wir am **Eifelblick auf dem Königsberg [P 3]** mit einer tollen Aussicht auf das Kloster Steinfeld belohnt. Wieder auf dem Hauptweg, folgen wir dem EifelSteig durch den abwechslungsreichen Wald und meistern diverse Richtungswechsel dank der Logos problemlos. Nach [3.6 km] lassen wir den Wald vorerst hinter uns und wandern erst am

Waldrand, dann nach einem Schwenk nach rechts gänzlich über freies Feld und lassen den Blick in die Ferne schweifen. Wir nähern uns wieder dem Wald und wenden uns nach einem kleinen Wäldchen an einer markanten Kreuzung nach links. Schon 50 m später biegen wir auf einen etwas urwüchsigen Waldweg nach rechts ab, der uns gemächlich ins Tal führt. Dort biegen wir nach **[5 km]** links auf den Talweg ab. Nur wenige Meter, nachdem uns ab einer Einmündung der Wanderweg „Archäologie Entdecken" begleitet, macht ein hölzerner Wegweiser auf eine archäologische Attraktion aufmerksam: Gleich neben dem EifelSteig erkennen wir im Unterholz die Reste einer römischen Straße.

Anschließend laufen wir noch immer leicht abwärts ins nahe Urfttal. Nach **[6 km]** erreichen wir das Tal, durch das nicht nur die idyllische Urft fließt, sondern wo auch eine gut ins Landschaftsbild eingepasste regionale Bahnstrecke verläuft. Wir wenden uns dem breiten Wanderweg nach rechts zu, auf dem uns nun auch der Römerkanalwanderweg begleitet. Nicht verpassen dürfen wir wenig später den Abzweig vom breiten Hauptweg hinab ins Tal, denn dort erwartet uns ein besonderer kulturhistorischer Leckerbissen: **der Römerkanal [P 4]**! Der noch heute wasserführende Kanal ist offen zugänglich und wird an diversen Tafeln anschaulich erläutert. Sogar eine römische Brunnenstube ist rekonstruiert wordenund kann besichtigt werden.Doch auch die Landschaft der herrlichen Urftauen begeistert uns.

Nach der Flusspassage trifft unser Auenpfad bei **[km 6.9]** wieder auf den Hauptweg. Hier wenden wir uns nach rechts und laufen über den Parkplatz direkt auf den Hang zu. Dort folgen wir einem Pfad aus dem Urfttal bergan. Mit einigen Schlenkern erreichen wir wieder das Plateau und wechseln vom majestätischen Buchenhochwald mal wieder an den Waldrand und später sogar auf freies Feld. Die Wanderung durch die offene Weidelandschaft ist eine schöne Abwechslung zum Waldaufstieg und bringt uns dem nächsten Zwischenziel, Nettersheim, deutlich näher.

Noch einmal geht es durch ein kleines Wäldchen abwärts, dann treffen wir auf den befestigten Talweg der uns erst unter die Brücke der L 205, und schließlich zu den ersten Häusern von Nettersheim führt. Wir behalten die Richtung bei,

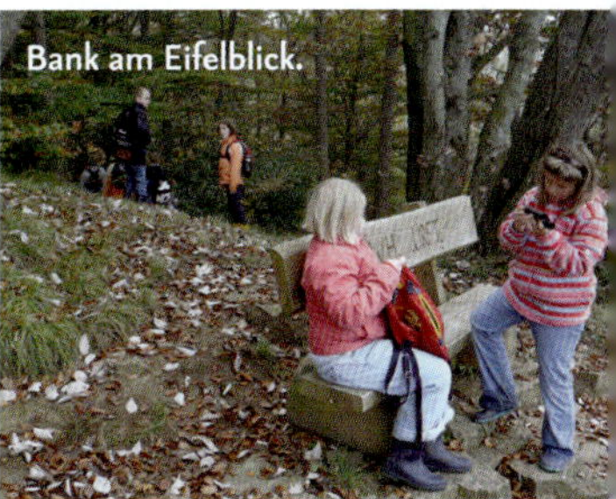

**Bank am Eifelblick.**

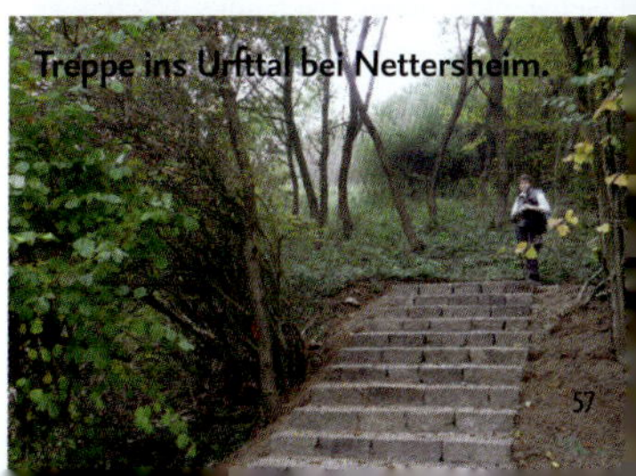

**Treppe ins Urfttal bei Nettersheim.**

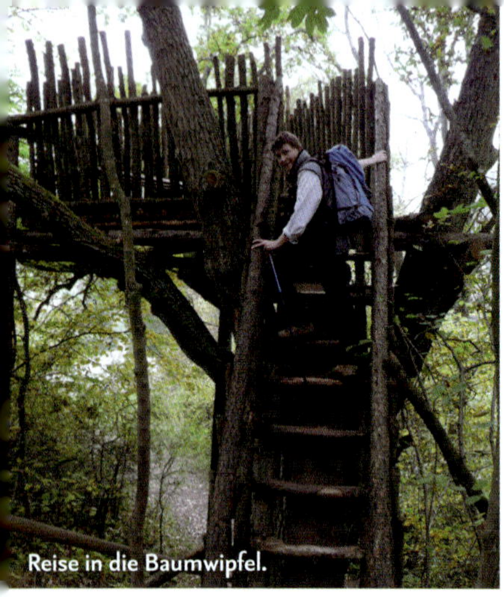
Reise in die Baumwipfel.

alte Mühle und Werkhäuser mit einer Ausstellung zur Geologie der Region und vor allem eine Reise zu den Baumwipfeln verlocken zur Entdeckung! Klar, dass auch wir „EifelSteiger" keine dieser Erlebnisstationen auslassen. Zum Glück bietet der Abenteuerspielplatz nach [11.8 km] auch einen Rastplatz zum Ausruhen.

Mit frischen Kräften treffen wir am Römerweiher ein (hier gibt es einen 500 m langen Abstecher zum Matronenheiligtum) und setzen unsere Wanderung auf dem fast ebenen Weg immer an der schmalen Urft entlang nach Süden fort. Nach [12.9 km] weitet sich das Tal und links zieht eine Felswand des alten Steinbruchs „Steinrütsch" unsere Aufmerksamkeit auf sich. Hier verabschieden sich auch „Archäologie Entdecken" und Erlebnisweg. Wir wenden uns leicht links, folgen aber weiterhin dem Haupttal mit der fast schon mäandrierenden Urft.

Meist am Rand des hohen Mischwaldes wandern wir die Urft flussaufwärts. Abwechslung verspricht nach [15.3 km] der Abzweig vom breiten Weg: Wir laufen leicht rechts hinab zu einigen Trittsteinen, die uns über ein kleines Nebental bringen. Der folgende kurze Aufstieg bringt ganz neue Vegetation mit sich: Niedrige, säulenförmige Hainbuchen und herrliche Ginster begleiten uns, bis wir auf einen weichen, querenden Grasweg treffen. Hier biegen wir nach

wobei die Talstraße geradeaus in die Steinfelder Straße übergeht. Abwärts geht es ins Zentrum der Gemeinde, wo wir uns an der Apotheke links zum Fluss wenden. Wir sehen am anderen Ufer den Bahnhof. An der Straßenbrücke [P 5] überqueren wir die Urft und laufen am Fluss entlang. So erreichen wir das Holzinformationszentrum und die Touristinformation. Hier beginnt auch der lohnenswerte Erlebnispfad von **Nettersheim**, der uns nun einige Kilometer begleitet.

Wir gelangen an eine Kreuzung und schwenken scharf nach links. Nach [11.3 km] queren wir die Bahngleise und biegen rechts auf den Kaninweg ab. Nur 200 m später erwartet uns die erste Station des Erlebnisweges: Links des Weges erheben sich alte Kalkbrennöfen. Nun geht es Schlag auf Schlag: Eine

rechts und erreichen schnell wieder den von Fichten durchsetzten Mischwald. Dann nehmen wir Abschied von der Urft, die hier gemeinsam mit der Bahntrasse nach Süden verläuft, während wir mit dem Haubach und dem EifelSteig ostwärts laufen. Wieder erwartet uns eine gelungene Mischung aus offener Brachlandschaft und Wald. Nach **[17.1 km]** sorgt zusätzlich **ein kleiner See [P 7]** für Abwechslung. Anschließend folgen wir dem fast schnurgerade verlaufenden, breiten Schotterweg gemächlich bergan. Rechter Hand erfreut uns ein üppiger Schwarzerlenbestand, der deutlich auf den feuchten Untergrund der fast verlandeten Talaue hinweist. Bei **[km 18.2]** bleiben auch die Erlen zurück, denn wir laufen an einer Kreuzung rechts durch dichten Fichtentann bergan. Am Beginn eines kleinen Sturmbruchfeldes geht es dann wieder nach rechts, und bald liegt der weite, offene Talgrund des oberen Haubachtals vor uns.

Nach Kreuzung des hier schon sehr unscheinbaren Bachlaufs wenden wir uns links auf einen Teerweg, der zunächst von Streuobstbäumen gesäumt ist. Später wechselt die offene Landschaft wieder mit dichtem Wald. Nach **[20.4 km]** biegen wir an einer großen Kreuzung nach rechts und queren gut 600 m später die belebte B 51 per Brücke. Gleich nach der Brücke haben wir das Gewerbegebiet von Blankenheim erreicht. Doch noch steht eine schöne Waldpassage an. Bei erster Gelegenheit halten wir uns rechts auf einem Forstweg und wechseln an einer Bank nach wenigen Metern noch einmal nach rechts auf einen Waldweg. Dieser bringt uns nahe an den der B 51 zugewandten Waldrand. Im Tal erwartet uns ein Infohaus zu den Wasserleitungsprojekten des Grafen von Blankenheim.

Im Folgenden dürfen wir auf herrlichem Waldpfad nach Süden wandern, der uns nach **[22.1 km]** am **Waldfriedhof [P 8]** zu zwei lokalen Straßen bringt. Wir queren die beiden nahe zusammenliegenden Straßen und laufen zum Waldrand. Dort folgen wir dem Tiergartentunnelweg und entdecken im Wald mehrere Fragmente des mittelalterlichen Wasserleitungssystems des Grafen von Blankenheim. Zum Abschluss dieses Ausflugs in die Historie gibt es in einem **Pavillon [P 9]** Reste der hölzernen Leitungen zu besichtigen und Informationstafeln zu lesen. Danach zieht es uns aber mit aller Kraft zum Etappenziel.

Wir wandern zur nahen Burg Blankenheim, in der heute die Jugendherberge untergebracht ist. Der EifelSteig umrundet das Areal rechts herum und steigt auf einem Treppenpfad in die verwinkelte Altstadt. Wir halten uns zunächst rechts, biegen dann aber scharf links auf einen unscheinbaren Fußweg abwärts und stehen bei **[km 23.5]** unvermittelt vor der schön gefassten **Ahrquelle [P 10]**. Von hier sind es nur noch 100 m, bis am Curtius-Schulten-Platz inmitten der hübschen Fachwerkhäuser diese lange Etappe in Blankenheim endet.

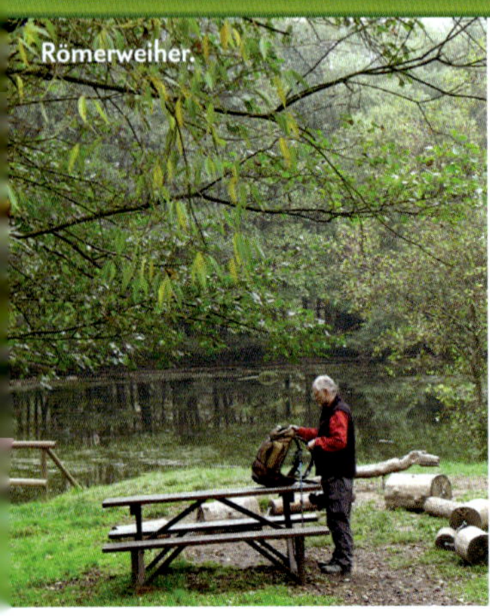
Römerweiher.

**Nettersheim:** Restaurant Portofino, Bahnhofstraße 24, 53947 Nettersheim ✆ 02486/800693 ⏲ Do. Ruhetag
■ Bistro Landlust, Klosterstr. 3, 53945 Blankenheim ✆ 02449/9179190 ⏲ Ruhetage: Sommer: Mi., Winter: Di & Mi.

**Steinfeld:** Margaretenhof, Hallenthaler Str. 15, 53925 Kall-Steinfeld ✆ 02441/4219 ⏲ Do. Ruhetag
■ Zahlreiche Übernachtungsmöglichkeiten in **Blankenheim**, z.B.: Hotel Finkenberg, Giesental 2, 53945 Blankenheim ✆ 02449/1073 ⓘ www.hotel-finkenberg.de
■ Hotel-Restaurant Kölner Hof, Ahrst. 22, 53945 Blankenheim/Ahr ✆ 02449/1405 od. 91960 ⓘ www.hotel-koelner-hof.de

Hoch hinaus geht es im **Hochseilgarten Nettersheim**! Unterschiedlich hohe Seilstrecken ermöglichen Klettererfahrung verschiedener Schwierigkeitsgrade. Ob auf der 100 m langen Seilrutsche wie Tarzan durch den Wald oder Grenzerfahrung auf dem „Pamper Pole", hier kommt jeder ab 10 Jahren auf seine Kosten!
Anmeldung im Naturzentrum Nettersheim ✆ 02486/1246 ⓘ www.nettersheim.de
Weitere Infos: Markus Berg ✆ 02449/9184080

■ Im Stadtkern von Blankenheim lädt das **Eifelmuseum** zur Entdeckungstour ein. Untergebracht in zwei Fachwerkhäusern, widmet sich das Museum den zahlreichen Facetten der Region Eifel. Naturthemen zu Geologie, Flora und Fauna, aber auch Kulturhistorisches von der frühesten Siedlungsgeschichte bis hin zu Römern und Franken – die ganze wechselvolle Geschichte der Eifel ist hier sorgfältig dokumentiert und aufbereitet. Besonderes Augenmerk wird auf die Lebens- und Arbeitsbedingungen der Bauern um 1900 gelegt. Diese Abteilung des Museums wird durch die im Gildehaus untergebrachte Ausstellung zum Handwerk ergänzt.
Eifelmuseum, Ahrstraße 57, 53945 Blankenheim ✆ 02449/95150
ⓘ www.eifelmuseum-blankenheim.de
⏲ Januar und Februar: Sa., So.: 14–17 Uhr
März und Apr.: Di.–So.: 14–17 Uhr
Mai bis Sep.: Mo.–So.: 12.30–18 Uhr
Okt. bis Dez.: Di.–So.: 14–17 Uhr
24.12., 25.12., 31.12 geschlossen,
26.12. und 1.1.: 14–17 Uhr

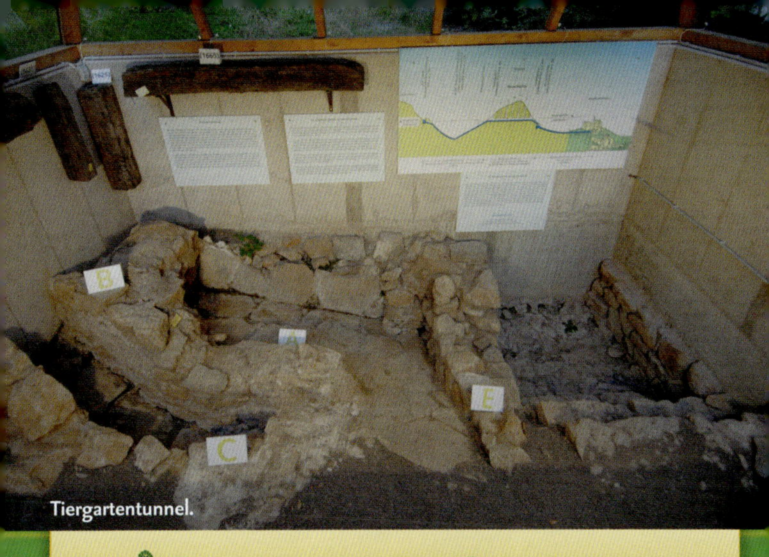

Tiergartentunnel.

## TIPP Tiergartentunnel Blankenheim

Der Tiergartentunnel bei Blankenheim stellt eine sagenhafte technische Leistung auf dem Gebiet der Bewässerungstechnik dar. Wasser war schon im Mittelalter ein wertvolles Gut, v. a. wenn es um die Versorgung einer wehrhaften Burg ging. Denn was nutzen die dicksten Mauern, wenn man bei einer Belagerung irgendwann „auf dem Trockenen" sitzt? Auch Graf Dietrich III. von Manderscheid-Blankenheim machte sich daher Gedanken, wie er die Wasserversorgung der Blankenheimer Burg, die bislang durch eine Zisterne gewährleistet war, unabhängiger gestalten könnte. Deshalb gab er Mitte des 15. Jahrhunderts schließlich den Auftrag, das Wasser einer gut 1 km entfernten Quelle per Tunnel und Rohrleitungen in die Burg umzuleiten. Erheblich erschwert wurde das visionäre Projekt dadurch, dass ein tiefer gelegenes Nebental und die Kuppe des Tiergartenberges zu überwinden waren. Angesichts der damaligen Technik vollbrachten die Ingenieure des Grafen eine wahre Meisterleistung, als es ihnen tatsächlich gelang, die Wasserversorgung der Burg per „Fernleitung" zu sichern. Der Tiergartentunnel umfasste neben hölzernen Druckrohrleitungen auch Gefällerohrleitungen und Aquäduktabschnitte. Die Reste der Leitung können an verschiedenen Stellen mit dem eigens angelegten 19 km langen „Tiergartentunnel Wanderweg" erkundet werden. Doch auch der EifelSteig führt zu einigen Relikten.

# 7 Von Blankenheim nach Mirbach

## Wunder der Wacholderheide

Kalvarienberg bei Alendorf.

- **Start:** Blankenheim, Ahrquelle
- **Ziel:** Mirbach, Erlöserkirche
- **Länge:** 17.6 km
- **Dauer:** 5 Std.
- **Höchster Punkt:** 571 m
- **Steigung:** 467 m
- **Gefälle:** 463 m
- **Anspruch:** ✱✱✱
- **Tour Download:** ESX7HPX9

- **Anfahrt:** Blankenheim ist über die B 51 an die A 1 angeschlossen. Man kann auch auf der B 258 nach Blankenheim fahren.
  Mirbach erreicht man sowohl von der nördlichen B 258 als auch von der südlichen B 421 jeweils über die L 26.
- **Taxi:** Taxi Lippertz, Blankenheim: ✆ 02449/1225
- **Tourist-Info:** Verkehrs- und Bürgerbüro Blankenheim: ✆ 02449/87222/223

- **Start:** Blankenheim, Ahrquelle Ost 333080, Nord 5589901
- **Ziel:** Mirbach, Erlöserkirche Ost 334858, Nord 5580785
- **Aussichtspunkte:**
  **P4:** Ripsdorf Ost 333340, Nord 5584141
  **P5:** Kalvarienberg Alendorf Ost 332268, Nord 5582116
  **P7:** Erlöserkirche Mirbach Ost 334858, Nord 5580785

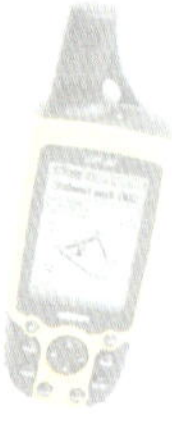

GPS-Koordinaten*
*nach UTM

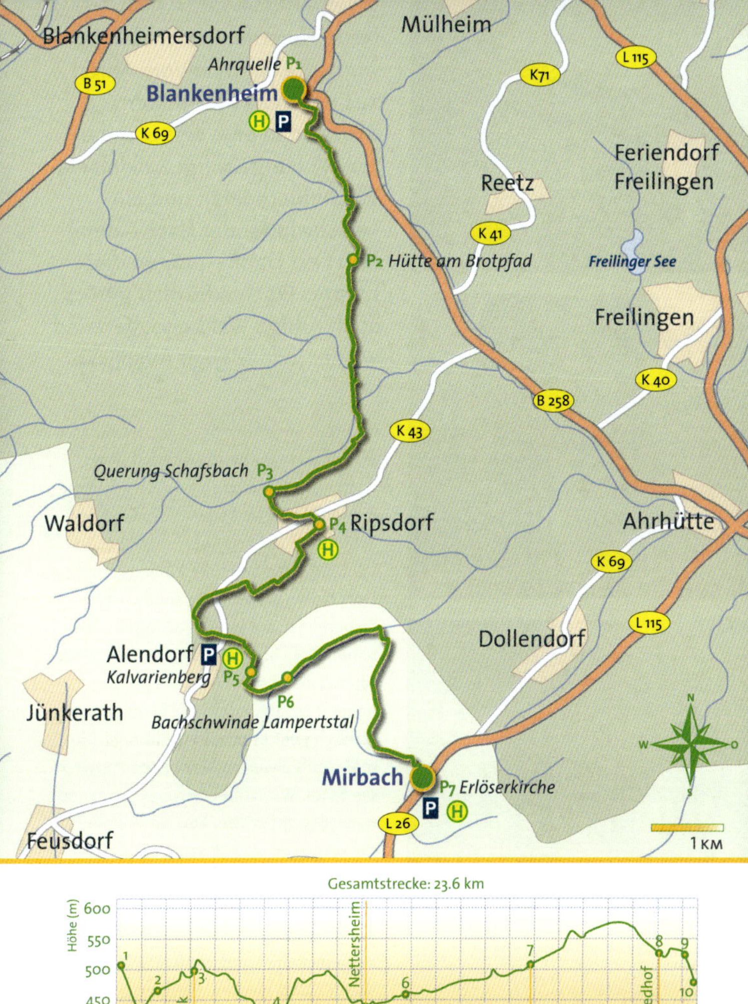


**P1:** Blankenheim, Ahrquelle **P2:** Hütte am Brotpfad **P3:** Querung Schafsbach **P4:** Ripsdorf
**P5:** Kalvarienberg Alendorf **P6:** Bachschwinde Lampertstal **P7:** Mirbach, Erlöserkirche

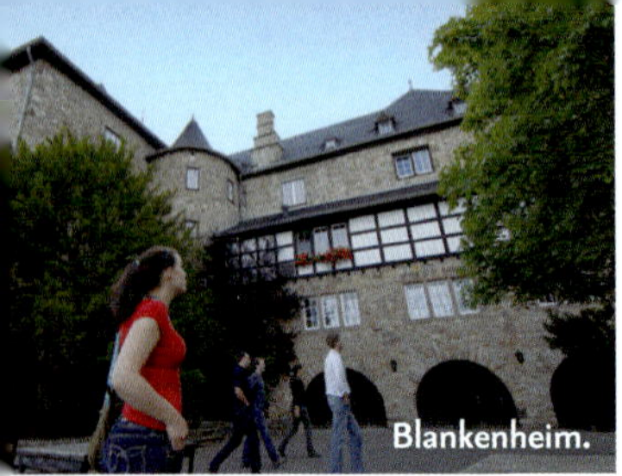

Blankenheim.

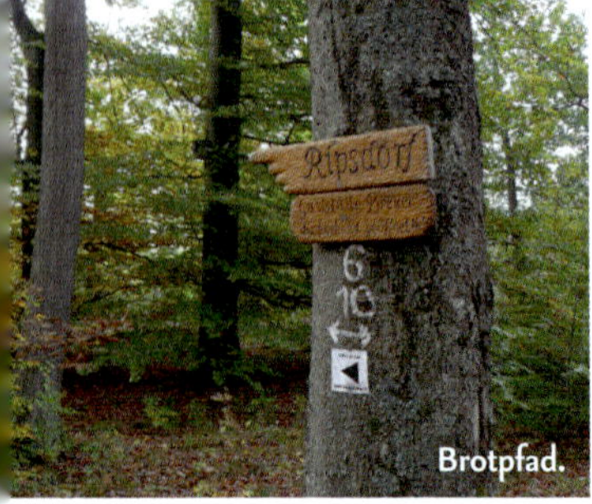



Brotpfad.

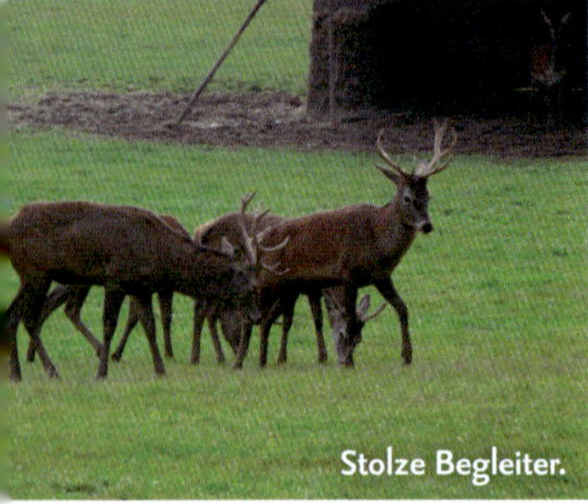

Stolze Begleiter.

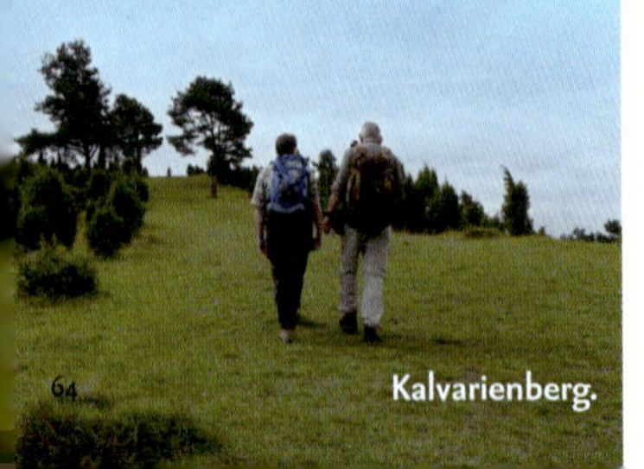

Kalvarienberg.

**Neue Facetten der Eifel lernen wir heute kennen: Vom Ahrtal aus wandern wir mit dem Brotpfad in eine bisher unbekannte Umgebung: Kalkfelsen, Wacholderheiden und ein verschwindender Bach – dem Karst sei Dank – prägen diese Etappe. Doch natürlich gibt es auch ruhige Waldpassagen und wieder jede Menge Ausblicke.**

Inmitten der pittoresken Fachwerkhäuser von **Blankenheims Altstadt [P 1]** starten wir zur letzten Eifelsteig-Etappe in Nordrhein-Westfalen. Vom Curtius-Schulten-Platz gelangen wir über „Am Lühberg" bergan in die Lühbergstraße. Dort laufen wir zum Ortsende und biegen links auf einen Fußweg in den nahen Wald ab. Hier genießen wir einen sagenhaft schönen Ausblick auf die gegenüberliegende Burg Blankenheim. Danach geht es abwärts, und noch einmal streifen wir am Nonnenbacherweg die Stadt. Wir laufen rechts bergan, und nach [800 m] schwenken wir links auf den Brotpfad und verlassen endgültig den besiedelten Bereich. Der Brotpfad, dem der Eifelsteig nun die nächsten Kilometer folgt, führt uns durch eine aufgelockerte Landschaft aus Wiesen, Weiden und Hecken. Deshalb gestaltet sich die Wanderung nun sehr kurzweilig, ständig ergeben sich neue Perspektiven, die uns beim Betrachten der Gegend erfreuen. Dank guter Beschilderung und Markierung meistern wir einige kleine

Richtungswechsel und dürfen nach Querung eines Teerweges am Waldrand dann im Wald selbst auf herrlichem, weichen Waldpfad wandern. Toll windet sich der Pfad abwärts und mündet nach [2.2 km] rechts auf einen breiten Waldweg. Dieser bringt uns ins Tal, wo wir den Bachqueren.

Dann ist wieder einmal Kondition gefragt, denn der Waldweg führt uns durch den Mischwald stetig bergan. Doch schnell überwinden wir die knapp 100 Höhenmeter und finden uns an einer großen Waldkreuzung wieder. Hier halten wir uns erst rechts, dann, dem Brotpfad folgend, fast geradeaus. So gelangen wir nach [3.4 km] zur im Wald verborgenen **Schutzhütte am Brotpfad [P 2]**, die zur Rast einlädt. Durch großartigen Wald dürfen wir im weiteren Verlauf wandern. Der Weg mausert sich zum idyllischen, verträumten Pfad, der uns leicht abwärts mit unheimlich abwechslungsreicher und interessanter Wegführung zu zwei kleinen Seen im Tal führt. Hier beginnt nun eine Passage auf breit ausgebautem Wirtschaftsweg, die uns zunächst über den Bach, dann mit Spitzkehre leicht bergan führt, bis wir nach [km 5.4] scharf links weg vom Wald auf freies Feld laufen. Weit gleitet unser Blick über die Wiesen und Waldkuppen, während wir auf den nächsten Waldrand zusteuern. Schließlich gelangen wir ins Schafbachtal und folgen dem ebenfalls recht breiten Weg nach rechts Richtung Ripsdorf. Vom Rand des Waldes aus haben wir den Bach stets im Blick und

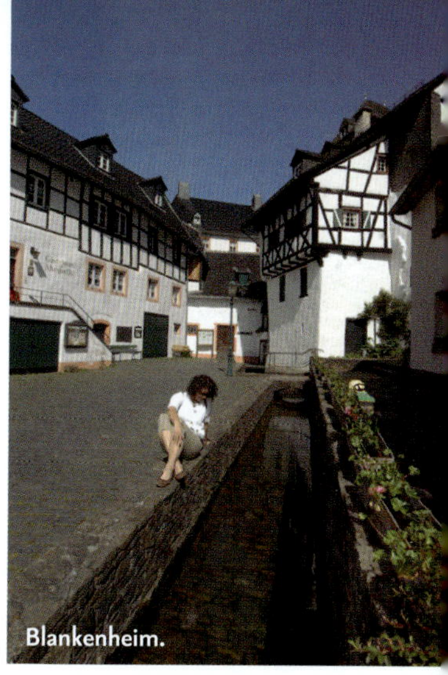

Blankenheim.

dürfen bei [km 7.5], an der Straße angelangt, links **über den Bach laufen [P 3]**. Wir lassen die Straße schnell hinter uns, denn vorbei an einem sehenswerten Aufschluss mit Erklärungstafel beginnt der sanfte Aufstieg nach Ripsdorf.

Üppige Schlehenhecken und Weißdornbüsche säumen den Waldweg, der uns bergan führt. Fast am Dorf angelangt, stoßen wir zunächst wieder auf Weiden, wenden uns nach rechts und erreichen nach [8.5 km] die **Kirche von Ripsdorf [P 4]**. Gegenüber lockt ein Restaurant nach halber Wegstrecke zur Einkehr. Wir folgen der Hauptstraße nach Südwesten bis fast an den Dorfrand, biegen aber kurz vorher links in „Auf der Reusch" ab. Am Ende der Straße ein Schwenk nach rechts und die freie, offene Landschaft aus Wiesen und Feldern hat uns wieder. Unheimlich weit kann man hier über die gewellte Landschaft blicken, Teile der Wegstrecke fallen uns ins Auge. Einige Richtungswechsel später gelangen wir auf der Anhöhe wieder zur K 43 und queren sie. Danach geht es links weiter zum nahen Naturschutzgebiet des Krieheuels. Zwar laufen wir hier auf geteertem Wirtschaftsweg, aber der Blick in die Umgebung ist einmalig schön. Spätestens nach [11.1 km] erkennen wir den Sinn dieser Teerpassage, denn an einem Kreuz biegen wir links auf einen Feldweg ab und dürfen nun das Naturschutzgebiet umrunden. Tolle Wacholderheide breitet sich aus, Kiefern verleihen mediterranes Flair. Rechter Hand überrascht uns ein großes Wildgehege, in dem sich stattliche Hirsche tummeln. Kurz vor dem Ende des Geheges biegt der Eifelsteig nach links und führt uns mit direktem Kontakt zu den Wacholdern gemächlich abwärts zum Friedhof von Alendorf.

Hier halten wir uns rechts, queren den Parkplatz und laufen ein letztes Mal über die K 43. Vor uns haben wir bereits das nächste Ziel fest im Blick: die herrliche Wacholderheide des Kalvarienberges. Gemeinsam mit dem Kreuzweg stürmen wir den Gipfel, der nicht nur eine tolle Aussicht, sondern nach [12.7 km] auch ein sagenhaft schönes Naturerlebnis bietet. Mitten in den Wacholdern lädt eine **Sinnesbank** [P 5] zur Rast und zum Ausschauhalten ein. Im Zickzack führt uns ein enger Pfad durch das Naturschutzgebiet abwärts. Noch vor dem Dorf biegen wir aber links in das idyllische Lampertstal ab. Auf schönem Waldrandweg dürfen wir dieses wildromantische Tal erleben und durchwandern. Kalkfelsen verbergen sich am Wegesrand, und endlich können wir an der **Bachschwinde** [P 6] des Lampertsbaches nach [14.1 km] das Phänomen des Karstes hautnah erleben.

Wenig später mündet von links ein Nebental, und hier dürfen wir uns vom Wegweiser nicht verwirren lassen. Wir bleiben dem Weg geradeaus treu. Erst nach [km 15] beschreibt der Eifelsteig einen Rechtsbogen, quert den meist trockenen Lampertsbach und folgt auf der anderen Talseite dem Waldrand zu einem Rastplatz. Hier geht es rechts in das Mirbachtal. An dieser Stelle verlassen wir Nordrhein-Westfalen und wandern nun auf rheinland-pfälzischem Territorium.

Zunächst im Wald, bald aber direkt außen am Waldrand streben wir fast unmerklich durch das abwechslungsreiche Mirbachtal bergan. Nach [km 16.7] haben wir erstmals das Etappenziel vor Augen: Mirbach. Doch noch sind einige Meter zum ersten Gehöft zu wandern, dann schwenken wir rechts in das kleine Dorf. Nach einem Bauernhof geht es links bergan. Wir folgen der Wacholderstraße zur Schulstraße und biegen erst an der Kapellenstraße nach rechts. Diese bringt uns nach [17.6 km] zur sehenswerten **Erlöserkirche in Mirbach** [P 7], wo diese Etappe endet.

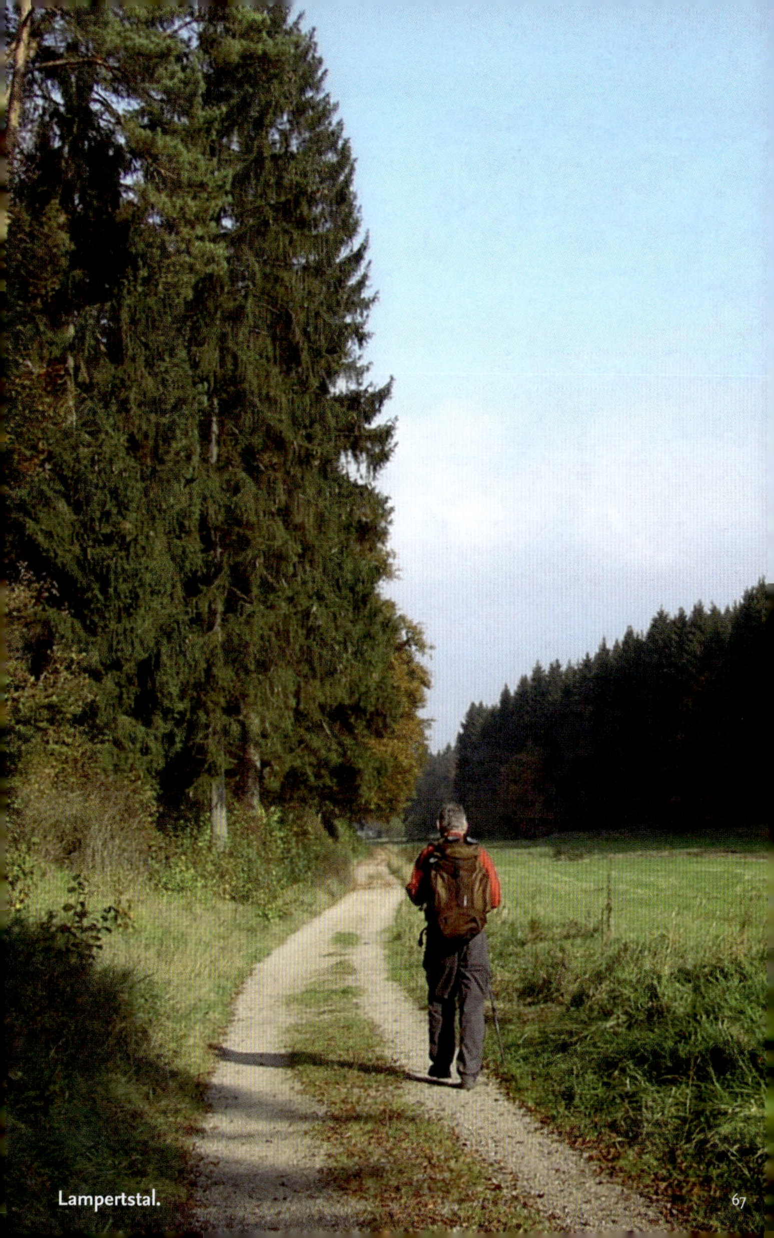

Lampertstal.

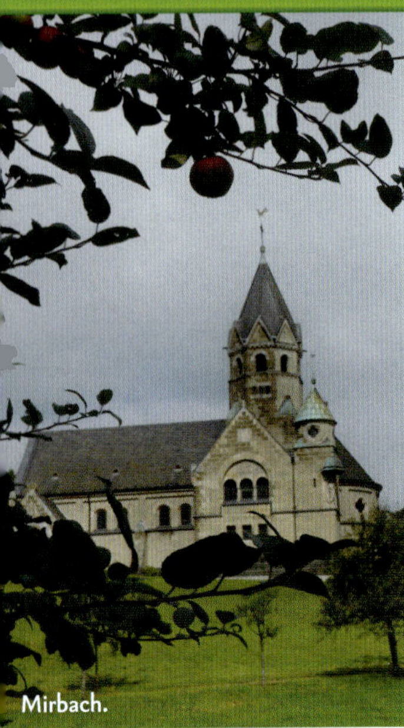
Mirbach.

**Ripsdorf:** Hotel & Restaurant Breuer, Hauptstraße 74, 53945 Ripsdorf, ✆ 02449/1009 ⏲ Mo. Ruhetag ⓘ www.breuer-ripsdorf.de

■ Bistro Landlust, Klosterstr. 3, 53945 Blankenheim ✆ 02449/9179190 ⏲ Ruhetage: Sommer: Mi.,Winter: Di & Mi.

**Neben der Route:**

■ Charly's Hütte, Strombergweg 2, 53945 Blankenheim/Waldorf ✆ 02449/7406 ⓘ www.charlys-huette.de ⏲ Nur So. geöffnet, Mai–Okt. 11–15 Uhr

**Blankenheim:** Hotel Schlossblick, Nonnenbacher Weg 4-6, 53945 Blankenheim ✆ 02449/95500

**Esch:** Gasthaus Stabel, Hauptstr. 39, 54585 Esch ✆ 06597/2515 ⓘ www.eifelzimmer.de

■ Mühlenhotel, Mühlenstr. 1, 54587 Birgel ✆ 06597/92820 ⓘ www.moulin.de

Markantestes Bauwerk auf den letzen Kilometern dieser Etappe ist die **Erlöserkirche von Mirbach**. Die auf einer Anhöhe über der kleinen Gemeinde erbaute Kirche stammt zwar erst aus den Anfängen des 20. Jahrhunderts, doch gab es bereits im 13. Jahrhundert genau an dieser Stelle ein Gotteshaus. Bauherr der neuen Kirche war Ernst Freiherr von Mirbach, der die Erlöserkirche der katholischen Gemeinde Mirbach zur Verfügung stellte. Seit 1956 ist sie Eigentum der Gemeinde Wiesbaum-Mirbach.

■ Der Eifelsteig führt uns mittenrein in das etwa 7 km lange **Lampertstal**, ein Nebental des Ahrtales. Interessant ist hier neben den Wacholderheiden v. a. das Phänomen des Karstes. An der Bachschwinde erklären Tafeln, warum das Wasser plötzlich verschwindet und der Bach unterirdisch weiterfließt, um unversehens an anderer Stelle wieder an die Oberfläche zu gelangen. Hautnah erlebt man hier ein zumindest in der Eifel seltenes Naturphänomen. Insgesamt ist das Lampertstal mit 650 ha nicht nur eines der größten **Naturschutzgebiete** von Nordrhein-Westfalen, sondern es gehört auch zu den beliebtesten Wanderregionen um Blankenheim.

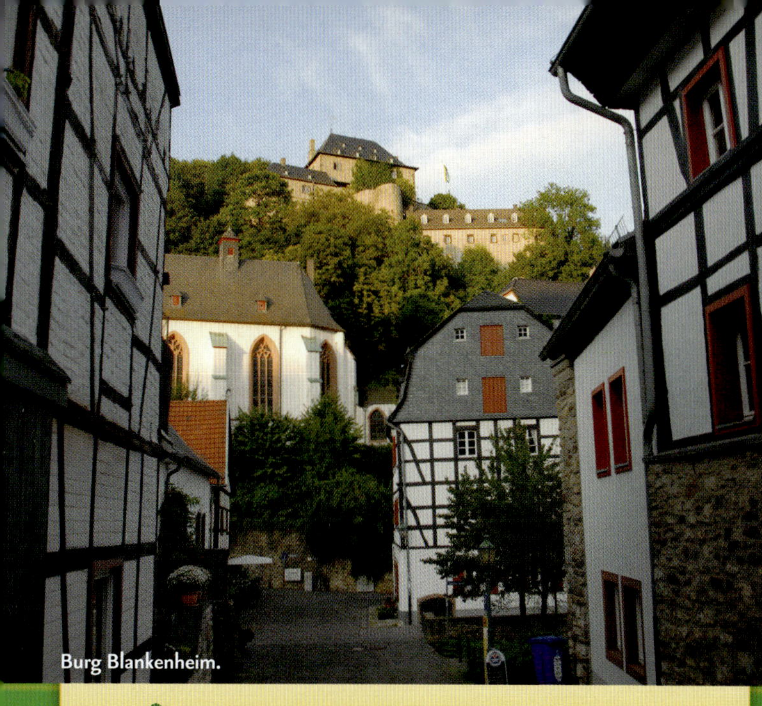
Burg Blankenheim.

## Tipp Burg Blankenheim

Burgfräulein für eine Nacht? Auf der Burg Blankenheim kann dieser Wunsch wahr werden, ist doch heute in der altehrwürdigen Burg hoch über der Stadt die Jugendherberge untergebracht. Die Burg selbst stammt aus dem finsteren Mittelalter und wurde 1273 erstmals erwähnt. Sie diente den Grafen von Blankenburg als Stammsitz und wurde von diesen bis ins 18. Jahrhundert zu einer beeindruckenden Festung ausgebaut. 1794 kam mit dem Einmarsch der Franzosen das jähe Ende der stolzen Festung. Die Franzosen zerstörten die Burg nach der Eroberung, und anschließend dienten die Gemäuer als Steinbruch. Erst in den späten Zwanzigerjahren des vorherigen Jahrhunderts erwarb die deutsche Turnerschaft die Ruine. Heute wird die mittlerweile ausgebaute Burg zum Teil als Jugendherberge genutzt. Von den ursprünglichen Gebäuden ist der dreigeschossige Pallas erhalten. Jugendherberge Burg Blankenheim, Burg 1, 53945 Blankenheim ✆ 02449/95090
Ⓘ www.burg-blankenheim.jugendherberge.de

# 8 Von Mirbach nach Hillesheim

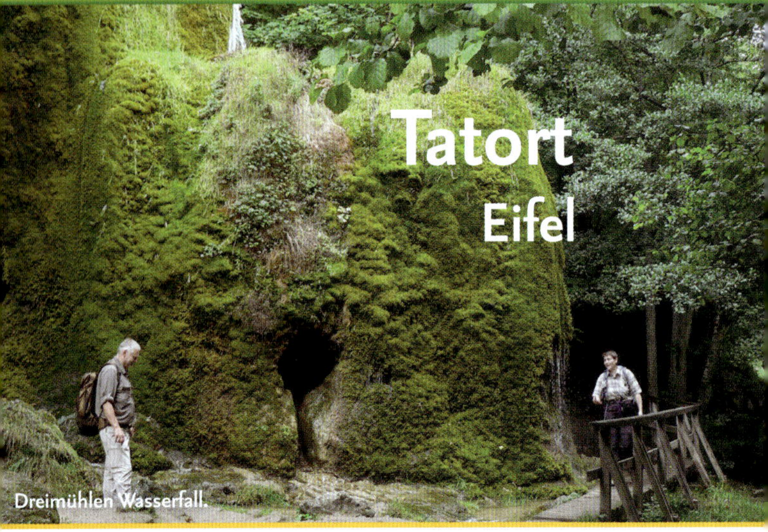

## Tatort Eifel

Dreimühlen Wasserfall.

- **Start:** Mirbach, Erlöserkirche
- **Ziel:** Kirche in Hillesheim
- **Länge:** 25.4 km
- **Dauer:** 7 Std. 15 Min.
- **Höchster Punkt:** 551 m
- **Steigung:** 480 m
- **Gefälle:** 509 m
- **Anspruch:** ✶✶✶✶
- **Tour Download:** ESX8HPX8
- **Anfahrt:** Mirbach erreicht man sowohl von der nördlichen B 258 als auch von der südlichen B 421 jeweils über die L 26.
  Hillesheim liegt direkt an der B 421, kann aber auch über die K 56 aus Süden oder die L 26 aus Norden angefahren werden.
- **Taxi:** Taxi Christen, Hillesheim: ✆ 06593/260
- **Tourist-Info:** Urlaubsregion Hillesheim/Vulkaneifel e.V.: ✆ 06593/809200

- **Start:** Mirbach, Erlöserkirche Ost 334858, Nord 5580785
- **Ziel:** Kirche in Hillesheim Ost 334150, Nord 5573078
- **Aussichtspunkte:**
  **P4:** Ausblick und Waldhütte Ost 338004, Nord 5578524
  **P7:** Burg Kerpen Ost 338602, Nord 5575231
  **P8:** Steinbruch Weinberg Ost 337380, Nord 5575679

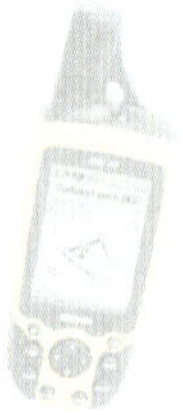

GPS-Koordinaten*
*nach UTM

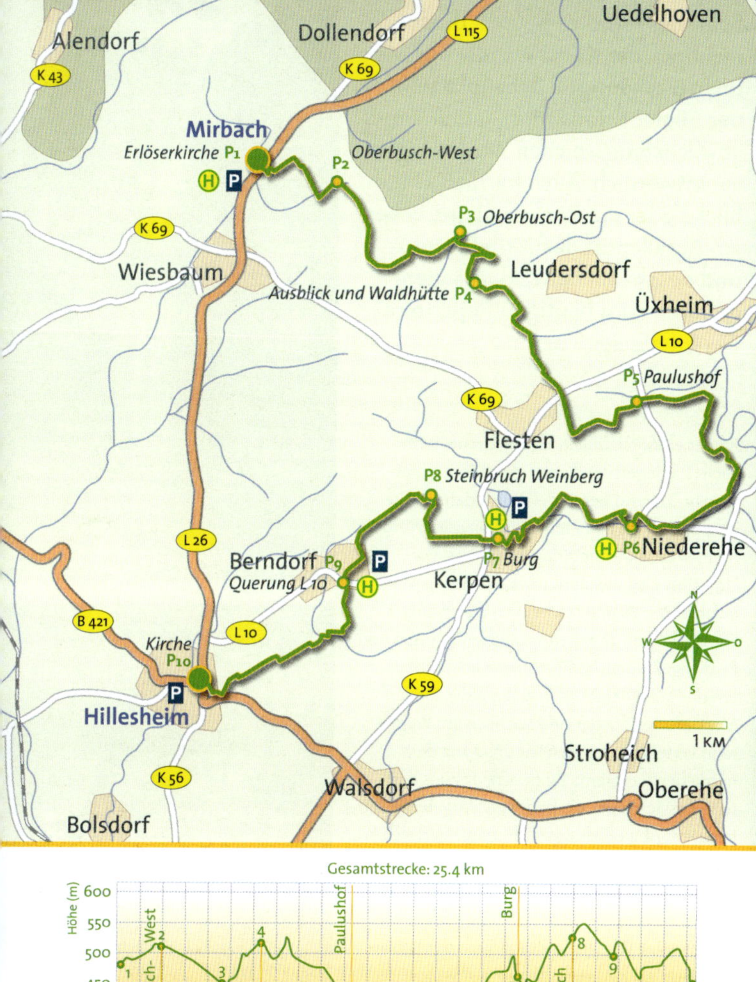


Gesamtstrecke: 25.4 km

Höhe (m) 600 550 500 450 400 350

km 1 2 3 4 5 6 7 8 9 10 11 12 13 14 15 16 17 18 19 20 21 22 23 24 25

Oberbusch-West, Ausblick, Paulushof, Burg, Steinbruch

**P1:** Mirbach, Erlöserkirche **P2:** Oberbusch West **P3:** Oberbusch Ost **P4:** Ausblick und Waldhütte **P5:** Paulushof **P6:** Niederehe **P7:** Burg Kerpen **P8:** Steinbruch Weinberg **P9:** Bernsdorf Querung L 10 **P10:** Kirche in Hillesheim

**Spannend wird es heute – doch nicht nur der Krimi-Wanderweg, der uns zu schaurigen Schauplätzen der Eifeler Krimis führt, ist für einen abwechslungsreichen Wandertag verantwortlich. Auch herrliche Fernblicke oder die Rückschau ins Leben am Korallenriff des Mitteldevons und beschauliche Waldpassagen gehören zum heutigen Repertoire des EifelSteigs.**

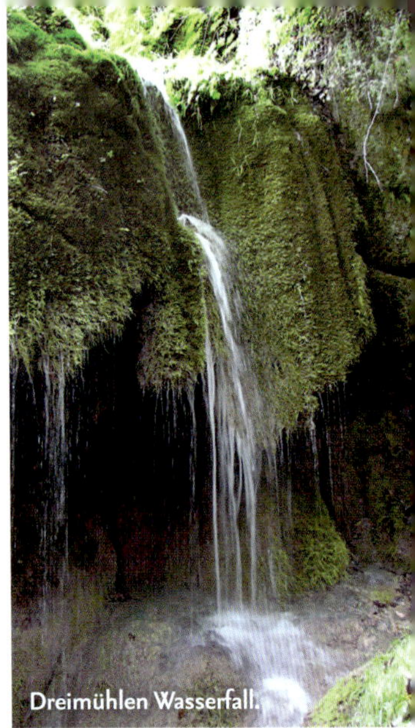
Dreimühlen Wasserfall.

An der eindrucksvollen **Erlöserkirche in Mirbach [P 1]** legen wir los zur grenzüberschreitenden Tour auf dem EifelSteig – denn heute lassen wir nach einer letzten Stippvisite Nordrhein-Westfalen endgültig hinter uns. Per Unterführung meistern wir zunächst die vielbefahrene L 26 und schwenken wenig später links auf einen angenehm weichen Wiesen- und Feldweg. Zahlreiche Richtungswechsel bereiten uns keinerlei Probleme, denn die soliden Markierungspfosten sind reichlich am Wegesrand verteilt. So können wir uns ganz dem herrlichen Panorama hingeben, das uns eine tolle Aussicht über die hügelige Umgebung beschert. Abwechslungsreich präsentiert sich hier die Eifel – offene Felder, kleine Wäldchen, lose mit Wacholdern bestückte Kuppen und ab und an einige graue Felsen. Da gibt es keinen Zweifel: Wir sind mittendrin in der Kalkeifel! Nach [1.8 km] verlassen wir am Wegweiser **Oberbusch-West [P 2]** die Offenlandschaft und tauchen ein in eine neue Umgebung: Hochgewachsene Fichten und auch vereinzelte Laubbäume stehen dem nun fast kerzengerade verlaufenden Forstweg Spalier. Der breite, teils

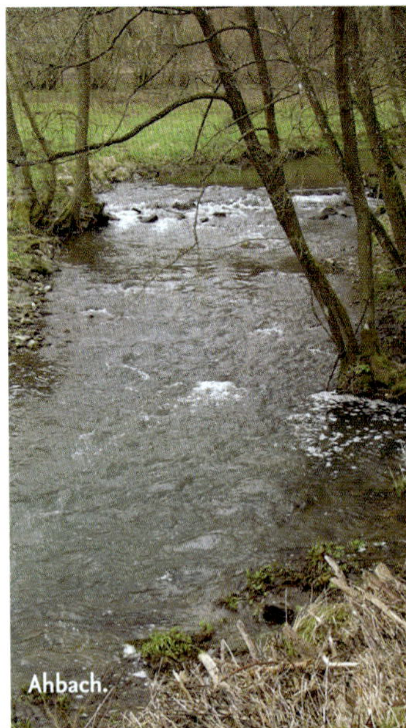
Ahbach.

befestigte Weg leitet uns langsam, aber stetig abwärts. Gemeinsam mit Lokalweg 11 schwenken wir parallel zu Michelsbach und Landesgrenze nach links und erfreuen uns am bald etwas vielfältigeren Wald.

Der EifelSteig führt uns um ein kleines Seitental und dann ist es soweit: Am Wegweiser **Oberbusch-Ost [P 3]** biegen wir nach **[4.8 km]** scharf rechts auf einen relativ frisch befestigten Waldweg ab, der uns weiter abwärts über den Michelsbach und nach Rheinland-Pfalz bringt. Kaum haben wir mit dem breiten Forstweg wieder etwas an Höhe gewonnen, biegen wir an einer markanten Kreuzung scharf nach rechts ab. Nun begleitet uns Lokalweg 13 ohne größere Höhendifferenz um den von Fichten bewaldeten Michelsberg. Nach rechts öffnet sich der Blick über den ausgedehnten Wald, und nach **[6.2 km]** dürfen wir den Abzweig nach links zum ausgeschilderten **Ausblick** an der großzügigen **Waldhütte [P 4]** nicht übersehen. Nun setzten wir die Wanderung gemächlich abwärts fort, folgen dabei der geteerten Zufahrtsstraße am Waldrand entlang und biegen erst im Tal rechts über den Weiherbach auf Feldwege ab. Bald genießen wir wieder den freien Blick auf die Umgebung. Der Feldweg führt uns zu einem querenden Teerweg, dem wir rechts Richtung Sendemast zum Waldrand folgen. Hier biegt der EifelSteig nach links und auf weichem Waldweg geht es am Waldrand entlang abwärts. Ein weiterer Teerweg wird nach kurzer Waldpassage gequert, bevor wir uns rechts dem nächsten Feld- und Wiesenabschnitt widmen können. Nach **[8.5 km]** queren wir die K 69, um nur 300 m später auch noch die L 10 zu überwinden. Ein breiter Waldweg führt uns schnell von der Straße weg abwärts. Wir durchschreiten die Talsohle und erreichen ein Brunnenhaus und die erste Tafel, die uns auf Sprengsignale des nahen Steinbruchs hinweist. Hier wenden wir uns nach links und laufen kurzweilig am Waldrand entlang nach Osten.

Wir passieren bei **[km 9.7]** das Eingangstor zum im Abbau befindlichen Steinbruch und streben durch die offenen Felder zum **Paulushof [P 5]**. Dabei dürfen wir auf freiem Feld den Schwenk nach links auf einen Strommast zu nicht verpassen. Schließlich erreichen wir den einsamen Hof, queren hier die K 74 und laufen auf halb befestigtem Feldweg neben dem Mühlenbach talwärts. Der recht unscheinbare Bach begleitet uns bis ins Ahbachtal, wo wir mit Blick auf einen weiteren, riesigen Steinbruch den glatt geteerten Kalkeifel-Radweg per Brücke queren. Wir wenden uns rechts parallel zum munteren Ahbach und freuen uns, auf eigenem Wanderweg voranzukommen. Eine kleine Kehre bringt uns näher an das quirlige Nass. Nach **[12.2 km]** haben wir dann am Dreimühlen Wasserfall unmittelbaren Kontakt zum Wasser. Der Wasserfall ist durch den über und über von dicken Moospolstern überzogenen Kalkfelsen beeindruckend. Das Wasser wird fein zerstäubt und sorgt für eine besondere Atmosphäre. Doch nicht nur Naturphänomene begeistern am hiesigen Rastplatz: Auch Krimifreunde kommen nun auf ihre Kosten, denn wir befinden uns hier an einem der Schauplätze der beliebten Eifelkrimis. Zudem begleitet uns jetzt auch der Krimi-Wanderweg durch das idyllische Tal. Herrlich windet sich der enge Pfad knapp oberhalb des Baches am Hang, dann schneiden wir einen weiten Mäander des Ahbaches ab und wandern auf dem Pfad direkt über eine Waldkuppe hinweg.

Nach **[12.7 km]** endet die Herrlichkeit des Pfadwanderns, denn der EifelSteig biegt rechts auf einen breiten Weg ab, der uns wieder ins Tal bringt. Unweit der Nohner Mühle (Einkehrmöglichkeit!) nutzen wir die Unterführung unter dem alten Bahndamm hindurch und wenden uns nach links Richtung Niederehe. Streckenweise erwartet uns neben dem asphaltierten Kalkeifel-Radweg ein aufgeschüttetes Mulchbett. Nach Passieren des oberhalb gelegenen Fohnhofes treffen wir bei **[km 14.5]** an der Brücke über den Niedereher Bach ein. Hier biegen wir direkt vor der Brücke rechts auf die Wiese ab und steigen hinauf auf den alten Bahndamm. Auf engem Naturpfad schlängelt sich der EifelSteig auf dem alten Damm und führt uns zur K 74 und dem Ortsrand von Niederehe. Da wir das Kloster umrunden wollen, verlassen wir den Bahndamm, queren die K 59 und laufen einmal um das Klosteranwesen herum. Auch die einzige Einkehr- und Übernachtungsgelegenheit **Niederehes [P 6]** passieren wir nach **[15.3 km]**, bevor wir erneut die K 59 queren und erst links über „Im Bungert" zum nahen Treppenabzweig und dort dann rechts zum Wald wandern. Kurzweilig geht es nun auf angenehmem Weg durch den Wald, der Krimi-Wanderweg begleitet uns weiterhin. Auf Höhe des eindrucksvollen Marmorsteinbruchs Niederehe treffen wir noch einmal auf die K 59, an deren Rand wir etwa 100 m entlanglaufen. Danach dürfen wir uns mit dem Lokalweg 21 auf schönem Waldpfad bergan wenden. Auch der bald folgende, etwas breitere Waldweg und die weiteren Wiesenwege erfreuen uns und führen uns bei toller Sicht in das Niedereher Bachtal nach Kerpen. Bevor wir das kleine Städtchen durchwandern, biegen wir in einem kleinen Wäldchen noch zum Fritz von Wille-Denkmal ab. Von hier führt uns ein gewundener Pfad zur nahen **Burg [P 7]**, die sich hoch über **Kerpen** erhebt und uns einen schönen Ausblick bietet. Wir umrunden die Burg und steigen über eine Steintreppe in das Ortszentrum ab. Noch immer vom Rhein-Kyll-Weg begleitet, gelangen wir nach **[18.1 km]** zur Kreuzung am Gasthof „Burghof" und wenden uns nach rechts. Über „Auf dem Stilsdorf" verlassen wir Kerpen und meistern dank einer Unterführung auch die L 10 problemlos. Nun geht es kerzengerade per Feldweg bergan. Erst auf der 500er-Höhenlinie endet der Feldweg, und wir biegen rechts ab. Wir verlieren wieder etwas Höhe, bevor wir nach einem Schlenker an einem Hochsitz links auf einen Waldrandweg wechseln. Auf Höhe eines alten Trafohauses folgen wir dem EifelSteig nach links und wenig später sind wir mittendrin im ehemaligen Kalksteinbruch am **Weinberg [P 8]**. Die himmelhohen uralten Korallenfelsen erinnern an längst vergangene Zeiten im Mitteldevon – vor gut 380 Millionen Jahren tummelten sich im hiesigen Riff jede Menge Urzeitmeerbewohner. Wir wandern durch das weitläufige Areal und treffen nach Verlassen des Steinbruchs auf einen Feldweg. Diesem folgen wir links am Waldrand entlang und kommen dabei an einem weiteren, kleineren Steinbruch vorbei. Dann liegt vor uns schon das nächste Zwischenziel: die kleine Gemeinde Berndorf mit den zwei markanten Kirchen.

Bevor wir dort eintreffen, müssen wir einige Richtungswechsel überstehen, dann queren wir aber nach **[21.8 km]** die L 10 in der **Ortsmitte von Berndorf [P 9]**. Über Kirchstraße, Kiefernstraße und „Zur Wehrkirche" gelangen wir zum Ortsrand, wo sich ein Blick zurück auf die schmucke Wehrkirche lohnt. Auf weichen Wiesenwegen umrunden wir bei bester Panoramaaussicht den Buberg, überschreiten im Tal den Berndorfer Bach und die K 58, bevor wir nach kurzer Teerpassage auf Feldwegen wieder ansteigen. Nun folgt der EifelSteig dem Waldrand des Mahlberges und führt uns wenig später über freies Feld zur Schwedenschanze. Diese erreichen wir nach **[24.6 km]**. Die Schutzhütte und der benachbarte Spielplatz laden zum Verweilen ein. Wer gleich weiter will, sollte den Ausblick auf das uns zu Füßen liegende Hillesheim auf sich wirken lassen. Danach steigen wir zum nahen Teerweg ab, laufen kurz nach

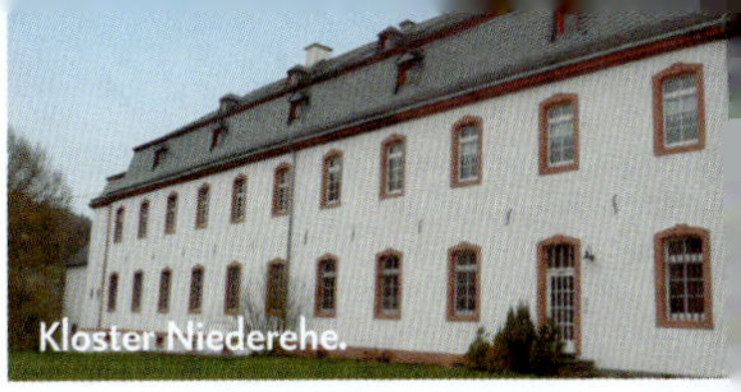

Kloster Niederehe.

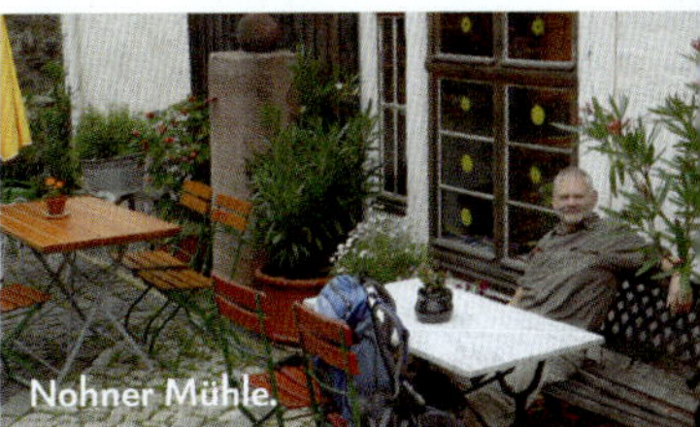

Nohner Mühle.

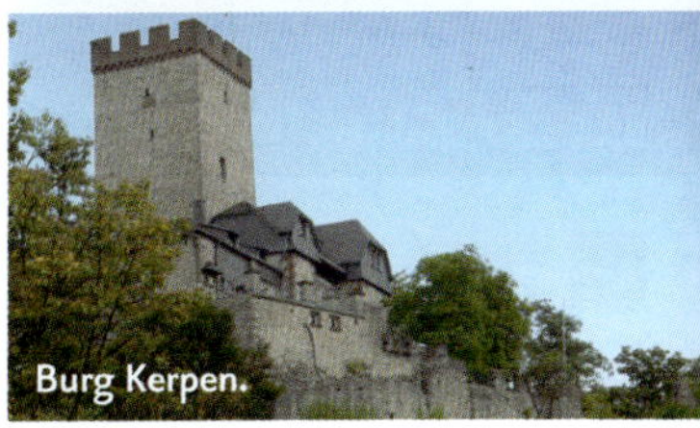

Burg Kerpen.

rechts, bevor wir, per steil abfallendem Wiesenweg, von Hecken begleitet, nach Hillesheim absteigen. Eine Unterführung gibt uns Gelegenheit, den Bahndamm zu passieren, dann begrüßen uns die ersten Häuser. Wir laufen über den Römerweg und einen Fußweg hinab zur B 421, der wir nach rechts folgen. Über die Graf Mirbach Straße wenden wir uns nach Querung der B 421 nach links und treffen so nach **[25.4 km]** am Tagesziel, dem Graf Mirbach Platz und der **Kirche in Hillesheim [P 10]** ein. Diese ist vor allem für die herrlich klingende Stumm-Orgel bekannt, der Besuch eines der regelmäßigen Konzerte lohnt sich.

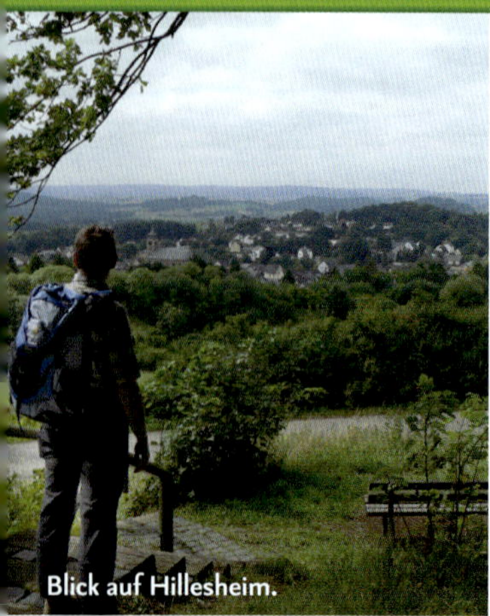
Blick auf Hillesheim.

**Niederehe:** Landgasthof Schröder, Kerpener Straße 7, 54579 Üxheim/ Niederehe ✆ 02696/1048 ⏲ Di. Ruhetag

■ **Hillesheim:** Café Sherlock, Das Kriminalhaus, Augustinerstr. 4, 54576 Hillesheim ✆ 06593/8094345 ⏲ Mo. bis Sa. & feiertags 10 bis 18 Uhr, So. 13 bis 18 Uhr ⓘ www.kriminalhaus.de

■ Tenniswelt im Bolsdorfer Tälchen, Am Sportpark 1, 54576 Hillesheim ✆ 06593/989710 ⏲ Di. Ruhetag ⓘ www.restaurant.bolsdorfer-taelchen.de

**Bei Mirbach:** Gasthaus Stabel, Hauptstr. 39, 54585 Esch ✆ 06597/2515 ⓘ www.eifelzimmer.de

■ Mühlenhotel, Mühlenstr. 1, 54587 Birgel, ✆ 06597/92820 ⓘ www.moulin.de

**Niederehe-Üxheim:** Landgasthof Schröder, Kerpener Straße 7, 54579 Üxheim-Niederehe ✆ 02696/1048 ⓘ www.landgasthof-schroeder.de

**Hillesheim:** Hotel und Restaurant „Zum Amtsrichter", Kölner Straße 10, 54576 Hillesheim ✆ 06593/985731 ⓘ www.amtsrichter.de

! Mittlerweile sind die Eifel-Krimis Kult. Ausgelöst durch die ersten in der Eifel angesiedelten Krimis von Jaques Berndorf und Ralf Kramp, erfreut sich die Eifel inzwischen einer „mörderischen" Beliebtheit – rein literarisch gesehen! Grund genug für die Gemeinde Hillesheim, einen **Krimi-Wanderweg** auszuweisen, der zu insgesamt 11 markanten Tatorten und Krimischauplätzen führt. Der Krimi-Wanderweg ist in zwei 17 bzw. 20 km Schleifen angelegt. Einige der „Tatorte" werden auch vom EifelSteig berührt. Weitere Infos zum Krimi-Wanderweg unter ⓘ www.eifelkrimi-wanderweg.de

■ **Hillesheim** ist weit mehr als irgendeine Stadt in der Eifel. Schon die eindrucksvolle Stadtmauer aus dem 13. Jahrhundert mit begehbarem Wehrgang zeugt davon, dass es hier einiges zu entdecken gibt. Vom Wehrgang aus hat man einen tollen Blick auf die Umgebung, und im Sommer verwandelt sich das alte Gemäuer zur beliebten Freilichtbühne. Auf keinen Fall auslassen sollte man auch einen Besuch in der St. Martins Kirche, wo regelmäßig Konzerte auf der berühmten Stumm-Orgel aus dem Jahr 1772 stattfinden. Auch die Reste des Augustinerklosters, das im späten 14. Jahrhundert erstmals erwähnt wurde, fügen sich hervorragend in das ansprechende Ortsbild ein. Nähere Informationen unter: ⓘ www.hillesheim.de

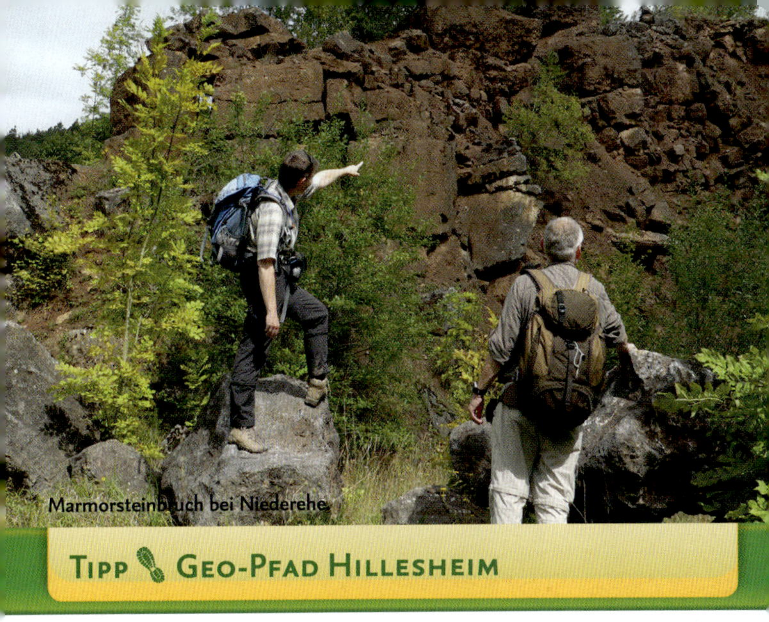
Marmorsteinbruch bei Niederehe

## TIPP GEO-PFAD HILLESHEIM

Mehr als ein paar Stunden kann man auf dem Geo-Pfad verbringen! Der insgesamt 125 km lange Wanderweg führt zu 40 geologisch interessanten Aufschlüssen und vermittelt dabei Geologie zum Anfassen! An vier Hauptinformationspunkten in Hillesheim (im Bolsdorfer Tälchen), Kerpen (an der Burg), Zilsdorf (am Gemeindehaus) und Mirbach (unterhalb der Erlöserkirche) erklären informative Tafeln Wissenswertes zu unterschiedlichen geologischen Themen.

Am Portal in Hillesheim beschäftigen sich die Tafeln mit Grundlagen der Geologie, gehen aber auch auf diverse Erdzeitalter in der Eifel ein. Die Tafeln an der Kerpener Burg lüften das Geheimnis des Karstes und widmen sich der Entstehung von Riffen und dem Kreislauf des Wassers. In Zilsdorf erfahren wir alles über Mineral- und Thermalwässer der Eifel und in Mirbach wird der Zusammenhang von Geologie, Landschaft, Fauna und Flora unter die Lupe genommen. Die Aufschlüsse selbst sind an Vielfalt kaum zu überbieten und spiegeln das immens weit gespannte Spektrum der Geologie der Eifel wider. Von den Buntsandsteinhöhlen unter Hillesheim, dem „Eiskeller", zu den roten Felsen der Teufelsklippe, weiter zu den vulkanischen Bomben des Wolfsbeuel Vulkans oder zum Sinter-Wasserfall von Dreimühlen – hier kann man fürwahr durch die Erdgeschichte wandern! Infos unter: www.hillesheim.de

# Geheimnisvolle Höhlen

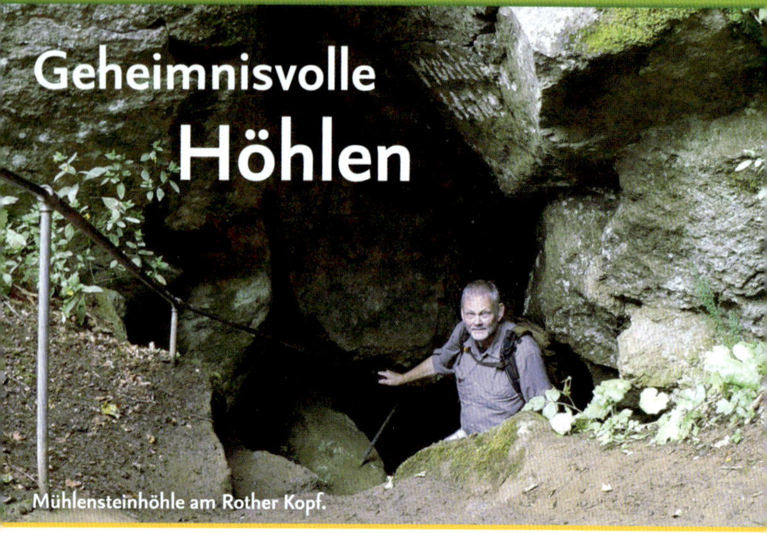

Mühlensteinhöhle am Rother Kopf.

- **Start:** Kirche in Hillesheim
- **Ziel:** Gerolstein, Mühlenstraße
- **Länge:** 19.5 km
- **Dauer:** 5 Std. 35 Min.
- **Höchster Punkt:** 567 m
- **Steigung:** 456 m
- **Gefälle:** 542 m
- **Anspruch:** ✶✶✶
- **Tour Download:** ESX9HPX7
- **Anfahrt:** Hillesheim liegt direkt an der B 421, kann aber auch über die K 56 aus Süden oder die L 26 aus Norden angefahren werden. Gerolstein ist am besten über die B 410 oder mit der Bahn erreichbar.
- **Taxi:** Taxi Christen ✆ 06593/260
- **Tourist-Info:** Urlaubsregion Hillesheim/Vulkaneifel e.V.: ✆ 06593/809200 Tourist-Information Gerolsteiner Land: ✆ 06591/949910

- **Start:** Kirche in Hillesheim Ost 334150, Nord 5573078
- **Ziel:** Gerolstein, Mühlenstraße Ost 333575, Nord 5565484
- **Aussichtspunkte:**
  **P6:** Hütte am Rother Kopf Ost 330371, Nord 5568308
  **P8:** Auberg Ost 332328, Nord 5565999
  **P9:** Munterley Zone 32 Ost 332822 Nord 5566032

GPS-Koordinaten*

*nach UTM

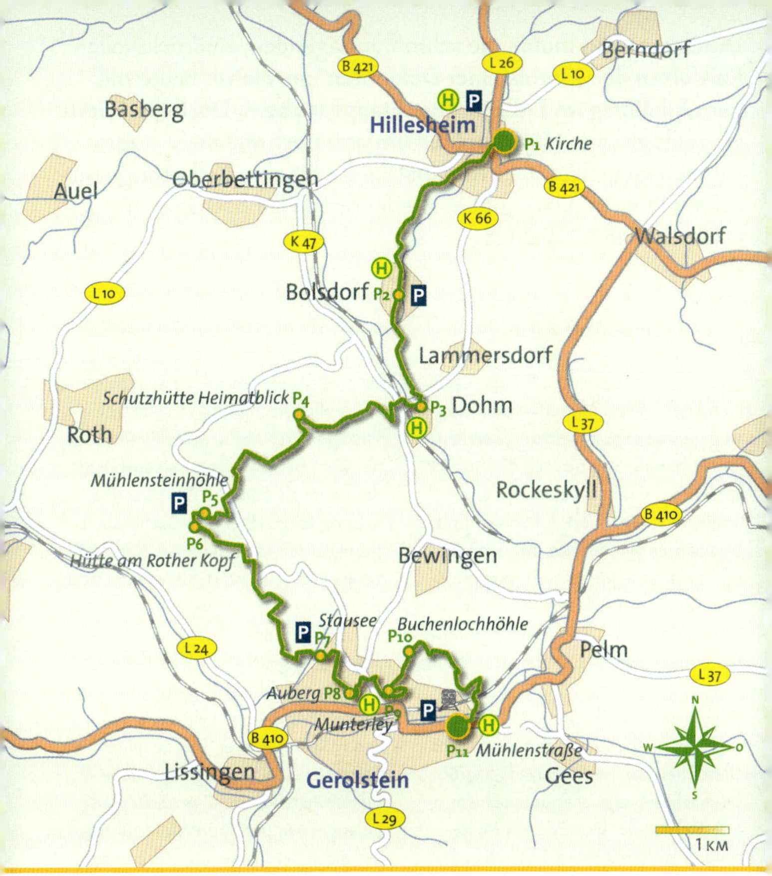

Berndorf
B 421
L 26
L 10
Basberg
Hillesheim
P1 Kirche
Auel
Oberbettingen
B 421
K 66
Walsdorf
K 47
L 10
Bolsdorf P2
Lammersdorf
Schutzhütte Heimatblick P4
P3 Dohm
Roth
L 37
Mühlensteinhöhle
P5
Rockeskyll
B 410
P6
Hütte am Rother Kopf
Bewingen
Stausee
Buchenlochhöhle
P7
P10
L 24
Pelm
L 37
Auberg P8
P9
Munterley
B 410
P11 Mühlenstraße
Lissingen
Gerolstein
Gees
L 29
N
W
O
S
1 KM

Gesamtstrecke: 19.5 km

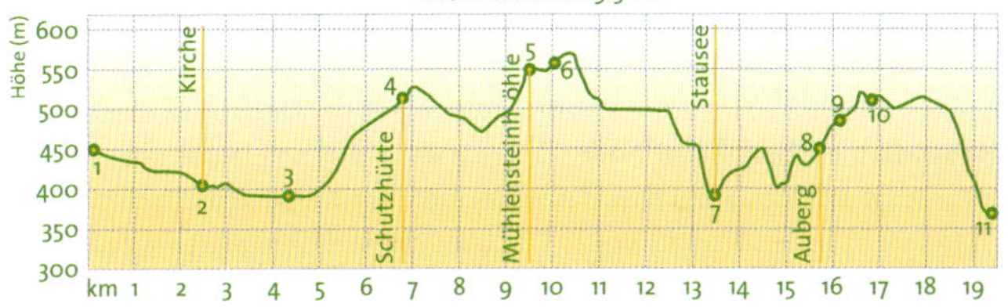


**P1:** Kirche in Hillesheim **P2:** Bolsdorf **P3:** Dohm-Lammersdorf **P4:** Schutzhütte Heimatblick **P5:** Mühlensteinhöhle **P6:** Hütte am Rother Kopf **P7:** Stausee **P8:** Auberg **P9:** Munterley **P10:** Buchenlochhöhle **P11:** Gerolstein, Mühlenstraße

**Durchaus alpin muten die schroff aufragenden, eindrucksvollen Kalkfelsen der „Gerolsteiner Dolomiten“ an, die wir heute mit dem EifelSteig im Endspurt der Etappe erobern. Doch die Palette an geologischen Höhepunkten umfasst noch viel mehr – vom Mühlsteintagebau über Tuffaufschlüsse bis zum Kalkgebirge mit seinen Höhlen. Dazu gibt es wieder offene Landschaften mit fantastischen Aussichten.**

Im Zentrum von **Hillesheim [P 1]**, auf dem Graf von Mirbach Platz vor der **Kirche**, beginnen wir die Etappe nach Gerolstein. Wir laufen über den Burgweg geradewegs zur eindrucksvollen (begehbaren!) Stadtmauer, die, hübsch von einem Park umgeben, die alte Stadtgrenze markiert. An Schwimmbad und Schule wenden wir uns nach rechts und gelangen über eine Treppe hinab zum Sportplatz. Diesen passieren wir unmittelbar, zwei Drehkreuze gewähren dabei jederzeit Durchlass.

Dann haben wir den Stadtrand und den Beginn des Bolsdorfer Tälchens erreicht. Dieses beliebte Freizeitgelände begrüßt uns nach **[700 m]** nicht nur mit einem Info-Pavillon der Geo-Erlebnis-Route, sondern auch mit einem idyllischen See. Der EifelSteig folgt dem Ufer, und trifft dann auf die Zufahrtsstraße, die wir aber schon 150 m später wieder verlassen dürfen. Nun begleitet uns eine weitere Attraktion Hillesheims: der Barfußpfad! Nach **[1.4 km]** verengt sich das Tal deutlich, der Wald rückt näher an den Weg heran, den wir uns kurz mit dem Kalkeifel-Radweg teilen. Doch wir lassen uns nicht beirren und genießen die herrliche Natur rund um den quirligen Bach. Wer hier im Frühjahr wandert, der wird durch die selten gewordenen wilden Märzenbecher in Frühlingsstimmung versetzt. Die Passage durch das urwüchsige Tal endet am alten Backhaus von **Bolsdorf [P 2]**, das heute als Café mit Biergarten für Labung sorgt. Über „Am Bachgraben“ gelangen wir fast geradeaus zum Spritzenhaus von Bolsdorf, folgen kurz dem Bach, bevor wir ihn queren und rechts auf dem geteerten Anliegersträßchen „Im Wiesengrund“ wieder auf freies Feld hinauslaufen. Bei **[km 3.5]** biegen wir rechts auf einen Feldweg ab, um nur 100 m später wieder links zu laufen. Wir passieren die Kläranlage und steuern geradewegs auf die K 56 zu. Elegant gelangen wir per Röhrenunterführung auf die andere Seite und stehen nach **[4.4. km]** an der kleinen Kirche in **Dohm-Lammersdorf [P 3]**.

Wir folgen der Dorfstraße wieder abwärts zur K 56 und laufen über die Brücke, die das Kylltal und die Eisenbahn überspannt. Dann queren wir die K 85, laufen 100 m rechts bergan und dürfen dort links auf einen breiten, ansteigenden Forstweg schwenken. Schnell gewinnen wir an Höhe und Abstand zum verkehrsreichen Tal. Nach **[5.2 km]** ändern wir erneut die Laufrichtung und biegen scharf rechts auf einen Waldweg Richtung Beilstein ab. Der Weg beschreibt einige Schlenker, aber das EifelSteig-Logo gibt zuverlässig die Richtung vor. So auch an einer komplizierten Kreuzung, an der wir uns halb links gemeinsam mit Lokalweg 6 zur Hütte Heimatblick wenden. Diese erreichen wir nach **[6.8 km]** und genießen hier nicht nur die willkommene Rastgelegenheit der großen **Schutzhütten [P 4]**, sondern auch den schönen Blick ins Tal. Von der Hütte aus gehen wir etwa 80 m auf dem Teerweg nach Nordwest, biegen aber am Waldrand sofort auf einen zunächst unscheinbaren Feldweg ab. Dieser führt uns erst am Wald außen, dann auch im Wald selbst teils pfadig auf die Anhöhe des Wolfsbeuel. Dann steht mal wieder der Wechsel hinaus auf freie Flur an, und wir folgen den teils befestigten Feldwegen mit einigen kleinen Schlenkern hinunter nach Roth.

Dort treffen wir bei **[km 8.5]** auf die K 33, die wir queren und für etwa 150 m nach links begleiten. Dann haben wir den Abzweig zum nahen Sportplatz erreicht und halten uns rechts. Nach dem Sportplatz bleibt die Richtung unverändert, ein Feldweg bringt uns bis zum nächsten, geteerten Querweg. Hier biegen wir nach links und laufen durch ein kleines Wäldchen. Auf der anderen Seite dürfen wir nach rechts in den Wald auf einen Forstweg abbiegen, der Richtung Mühlensteinhöhle beschildert ist.

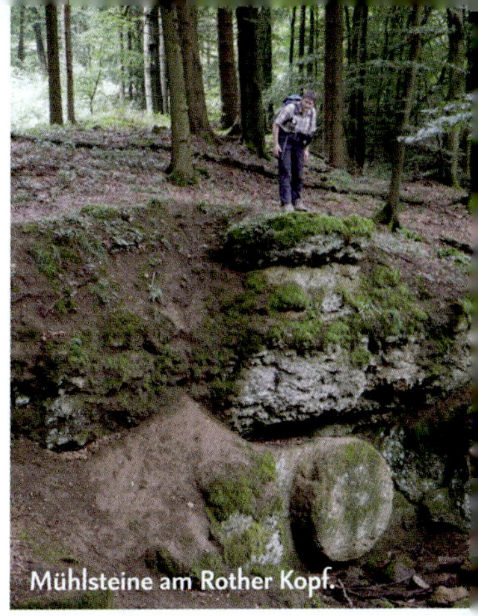

Mühlsteine am Rother Kopf.

Wir gewinnen im hochgewachsenen Mischwald schnell an Höhe und treffen auf einen mit rotem G markierten Wanderweg. Einen Rastplatz nebst Infotafel lassen wir rechts liegen und folgen dem teils mit Treppenstufen versehenen Pfad bergan. So gelangen wir erst zur nicht zugänglichen Eishöhle, dann stehen wir nach **[9.5 km]** vor dem dunklen Stollenmund der **Mühlensteinhöhle [P 5]**. Wer den gut 40 m langen Gang begehen möchte, der sollte eine Taschenlampe parat haben. Doch auch wer sich nicht in die Unterwelt vorwagt, kommt wenig später in den Genuss, die Relikte der Mühlsteingewinnung aus nächster Nähe begutachten zu können. In dem vor uns liegenden Terrain weisen zahlreiche Vertiefungen auf Tagebautätigkeiten in längst vergangenen Zeiten hin, auch Mühlsteinreste sind zu sehen. Dermaßen abgelenkt durch die interessante Montangeschichte des Rother Kopfes, bemerken wir kaum, dass wir den Berg fast ganz umrunden. An der **Schutzhütte [P 6]**, die wir nach **[10.1 km]** erreichen, haben wir dann Gelegenheit zum Verschnaufen und Ausschauhalten. Von der Hütte aus laufen wir auf dem Kamm des im Abbau befindlichen Tuffsteinbruchs und haben an dem sagenhaften Aussichtspunkt Eifelblick noch einmal Gelegenheit, die Umgebung aus der Vogelperspektive zu betrachten. Anschließend erwartet uns ein toller Pfad, der uns gemütlich die Flanke bergab führt. Kurz vor dem Schäferhof endet der Pfad an einem querenden Teerweg, dem wir nach rechts folgen. Doch lange müssen wir nicht auf Asphalt wandern, denn nach **[11 km]** biegt der EifelSteig links auf einen abfallenden Wiesenweg ab.

Zunächst halten wir uns immer am Waldrand, doch an einem markanten Knick des Feldweges auf freiem Feld biegen wir mit dem EifelSteig scharf links auf einen Wiesenweg ab. Dieser führt uns zunächst noch durch Felder, bald aber linker Hand am Waldrand entlang. Einige Richtungswechsel stehen an, bis wir auf einem geteerten Weg schließlich zur Bank an der Rother Hecke kommen. Wir laufen auf dem Teerweg noch geradeaus, biegen dann aber links auf einen Erdpfad ab. Dieser verläuft durch ein Wäldchen gemächlich abwärts und bringt uns nach **[12.8 km]** zur Weggabelung unterhalb des Brunnenhauses. Hier biegen wir mit Lokalweg 4 nach links ab und wandern höhenparallel – bei bester Sicht auf das Tal – nach Nordosten. Nach 300 m gelangen wir in freie Umgebung und folgen dem Teerweg weiter talwärts. Erst nach weiteren 200 m biegen wir bei erster Gelegenheit links auf einen Feldweg ab. Diesem folgen wir 150 m höhenparallel entlang der Felder, bis wir rechts über einen Grasweg hinab zum Stausee laufen. Vom **See [P 7]** aus laufen wir auf der Teerstraße aufwärts, um unmittelbar vor der K 46 nach rechts auf „Am Stausee" abzubiegen. Wir durchqueren das Areal des Feriendorfes Felsenhof und folgen dem EifelSteig auf Höhe von Bungalow 15 nach links über die freie Wiese. Unser nächstes Ziel ist der markant aufragende **Auberg [P 8]**, den wir nun halbwegs erklimmen und dann auf felsigem Pfad umrunden.

Schließlich senkt sich der enge Weg ab und trifft nach **[14.8 km]** im Wohngebiet auf eine Straße. Wir wandern nach links, biegen 100 m später rechts in „Zum Sanddorn" ab und queren auf Höhe der Bushaltestelle Rotherstraße die K 47. Jetzt beginnt der Aufstieg zu den „Gerolsteiner Dolomiten". Wir folgen dem hölzernen Wegweiser zur Munterley und steigen auf einem Waldpfad bergan. Bei **[km 15.2]** beschreibt der EifelSteig eine scharfe Kehre nach rechts und verläuft nun höhenparallel unmittelbar unter den hoch aufragenden, beeindruckenden Kalkfelsen. Den wenig später kreuzenden „Gerolsteiner Dolomitenweg" ignorieren wir und bleiben weiter auf halber Hanghöhe. Schließlich geht es merklich bergan, denn der Felsen möchte erklommen werden. Nach **[16.2 km]** werden wir für die Mühen belohnt, denn an der Schutzhütte der **Munterley [P 9]** liegt das Kylltal mit

Gerolstein wie in einer Modelleisenbahnlandschaft tief unter uns. Doch bevor wir in Gerolstein diese Etappe beenden, hält der EifelSteig noch einige herrliche Passagen für uns bereit. So wandern wir von der Munterley aus zunächst über eine offene Waldlichtung, steigen dann per Pfad im Buchenhochwald erneut bergan, um über einige Treppenstufen abwärts zur **Buchenlochhöhle [P 10]** zu gelangen.

Nachdem wir das kühle Felsenloch genau erkundet haben, folgen wir weiter dem Pfad, lernen an einer Tafel alles zur Bodenbildung und erfreuen uns nach **[17.2 km]** an der urwüchsigen Natur. Schließlich endet der Pfad und mündet auf einen Feldweg. Auf diesem laufen wir 100 m nach links, bevor wir mit dem Gerolsteiner Dolomitenweg nach rechts auf einen weichen Grasweg abbiegen. Dieser führt uns in weitem Bogen um das Naturschutzgebiet Papenkaule und endet an einem geteerten Wirtschaftsweg. Hier biegen wir für 60 m nach rechts, dann geht es links auf einen Wiesenweg. Wem nach Ausruhen ist, der kann auf dem Teerweg noch 100 m weiterlaufen und sich an der Schutzhütte Papenkaule eine Rast gönnen. Der EifelSteig hält sich an den rechtsseitigen Waldweg und umrundet eine große Wiese. Am anderen Ende der Wiese sehen wir die Reste einer römisch-jüdischen Kultstätte. Doch noch bevor wir diese erreichen, biegen wir rechts in den Wald ab. Der Pfad schlängelt sich durch den lichten Wald und verliert deutlich an Höhe. Nach **[18.8 km]** trennen wir uns auch vom Gerolsteiner Dolomitenweg und laufen links weiter in Serpentinen abwärts. Noch einmal müssen wir einige Richtungswechsel überstehen, bevor der Pfad neben Haus Nr. 53 am Kasselburger Weg endet. Wir laufen nach rechts, biegen aber 50 m später links auf einen Teerweg ab, der uns zum Fußgängersteg über die Gleise bringt. Der Steg endet an der B 410, der wir rechts Richtung Stadtzentrum folgen. Nach **[19.5 km]** beenden wir am Abzweig der **Mühlenstraße [P 11]** diese Etappe unmittelbar gegenüber dem Gerolsteiner Mineralbrunnens.

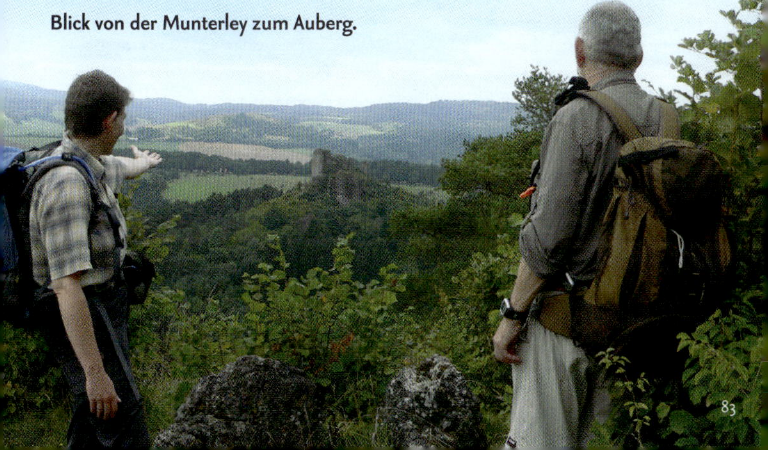

**Blick von der Munterley zum Auberg.**

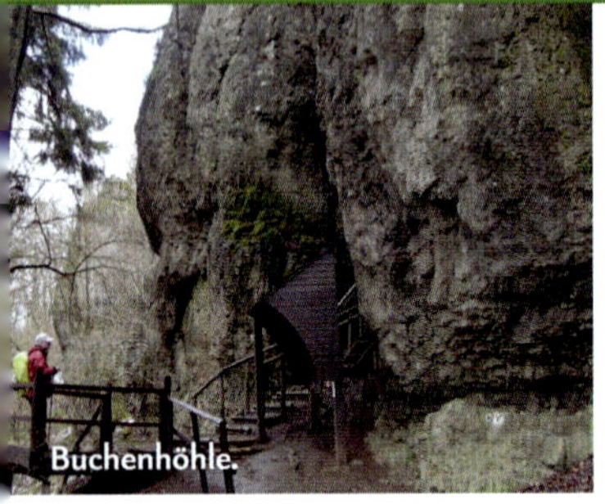
Buchenhöhle.

**Hillesheim:** Hotel und Restaurant „Zum Amtsrichter“, Kölner Straße 10, 54576 Hillesheim ✆ 06593/985731 ⓘ www.amtsrichter.de

■ **Bolsdorf:** Café am alten Backhaus, Im Auel 4, 54576 Bolsdorf ✆ 06593/980921 ⏲ Mo. Ruhetag, Von Ostern bis 30.10.: Di.–Fr. 11–19 Uhr; Sa., So. & feiertags 10–20 Uhr

■ **Gerolstein:** Bistro Konz, Hauptstr. 61, ✆ 06591/8333 ⏲ Di. & So. Ruhetage

■ Ristorante-Pizzeria Costa Verde, Hauptstr. 70 ✆ 06591/3625 ⏲ Di. Ruhetag ⓘ www.pizzeria-costaverde.de

■ Restaurant Brunnenstübchen, Am Brunnenplatz/Raderstr. 7, 54568 Gerolstein ✆ 06591/5319 ⓘ www.restaurant-brunnenstuebchen.de, Mo.–Sa.: 8–21 Uhr, durchgehend warme Küche, Mi. Ruhetag

**Hillesheim:** Pension Parzinger, Martinstraße 14, 54576 Hillesheim ✆ 06593/495 ⓘ www.pension-parzinger.de

■ **Gerolstein:** Hotel Garni Am Brunnenplatz/Raderstr. 7, 54568 Gerolstein ✆ 06591/980898 ⓘ www.brunnenplatzhotel-molitor.de

■ Hotel Landhaus Tannenfels, Lindenstr. 68, 54568 Gerolstein ✆ 06591/4123 ⓘ www.hotel-landhaus-tannenfels.de

■ Seehotel am Stausee, Am Stausee 2, 54568 Gerolstein ✆ 06591/222 ⓘ www.seehotel-am-stausee.de

! Früher wurden im Tagebau aus dem robusten Vulkangestein **Mühlsteine** geschlagen. Mittlerweile ist der Abbau eingestürzt, und so entstand die erste der beiden Höhlen auf dem Rother Kopf. Die Höhle selbst ist nicht begehbar. In der benachbarten „**Eishöhle**“ bildete sich durch die Lage der Höhle und den fehlenden Luftabzug im Sommer Eis. Leider ist durch Setzungen im Berg mittlerweile eine durchgehende Luftzirkulation eingetreten, sodass es zu keiner weiteren Eisbildung mehr kommt. Dennoch lohnt sich ein Besuch an den Höhlen, die in einer einmalig schönen Natur eingebettet sind. Früher wurde die Eishöhle als natürlicher Kühlraum genutzt, heute leben dort Fledermäuse im geschützten Bereich.

■ Etwas Kultur gefällig? Dann bietet sich ein Abstecher zur westlich von **Gerolstein** gelegenen **Burg Lissingen** an. Während die Burg selbst nur im Rahmen einer Führung besichtigt werden kann, ist die Burgaue am idyllischen Oosbach ganzjährig frei zugänglich. In der Burgaue verläuft auch der Skulpturenpfad, der eine Reihe von Plastiken aus Vulkangestein verbindet. In der Burg selbst gibt es neben der Wehranlage auch die Burgmühle mit Backstube und das Burgmuseum (⏲ anfragen) zu erkunden. Burg Lissingen, Prümer Str. 1, 54568 Gerolstein ✆ 0261/15242 ⓘ www.burg-lissingen.de

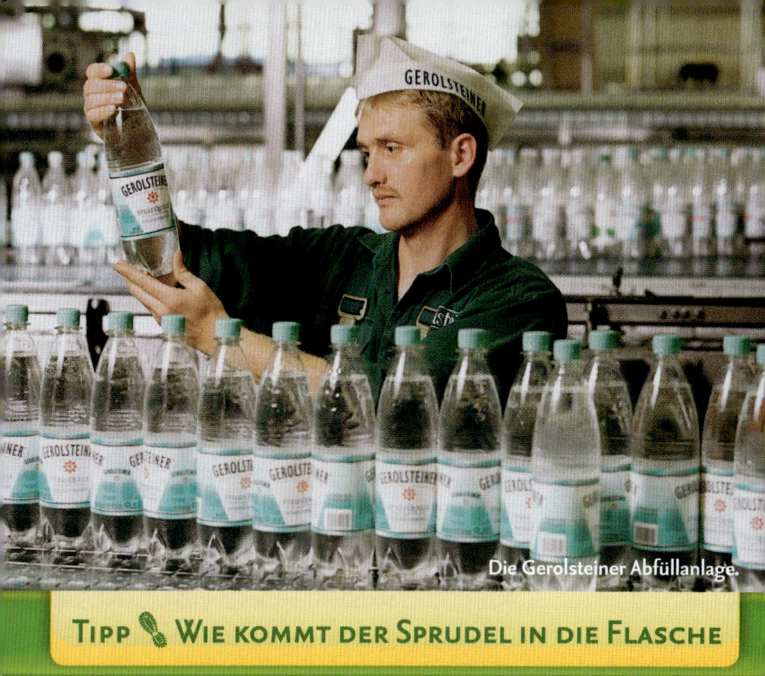

Die Gerolsteiner Abfüllanlage.

## TIPP WIE KOMMT DER SPRUDEL IN DIE FLASCHE

Gerolsteiner – das ist fast jedem von uns geläufig und steht für prickelnd frisches Mineralwasser. Doch wie kommt der Sprudel überhaupt in die Flasche? Wo kommt das köstliche Nass her, und was muss man tun, bis es „flaschenfertig" ist? Antworten auf all diese Fragen bekommt man bei einer kostenfreien Werksführung durch den Mineralbrunnen am Vulkanring in Gerolstein. Die gut einstündige Führung erklärt unter anderem in einem Kurzfilm anschaulich alles zum Thema Mineralwasser. Nicht nur die geologischen Hintergründe werden den Besuchern dabei erläutert, auch die hochmoderne Abfülltechnik ist nach dem Rundgang kein Geheimnis mehr, denn von der Besuchertribüne aus kann man bei der Abfüllung des Wassers zuschauen. Klar, dass zum Abschluss auch eine Verkostung nicht fehlt: Egal ob Mineralwasser oder Apfelschorle, hier kann jeder Besucher seinen persönlichen Favoriten herausfinden.
⏲ Führungen für Einzelbesucher Mo.–Fr.: 15 Uhr, zusätzliche Gruppenführungen um 9.30, 11 und 13 Uhr nach Voranmeldung. Gerolsteiner Brunnen GmbH, Vulkanring, 54567 Gerolstein ✆ 06591/14238 ⓘ www.gerolsteiner.de
Achtung: Das alte Gerolsteiner-Gebäude an der Brunnenstraße (direkt am Eifelsteig) kann nicht besichtigt werden!

# 10 Von Gerolstein nach Daun

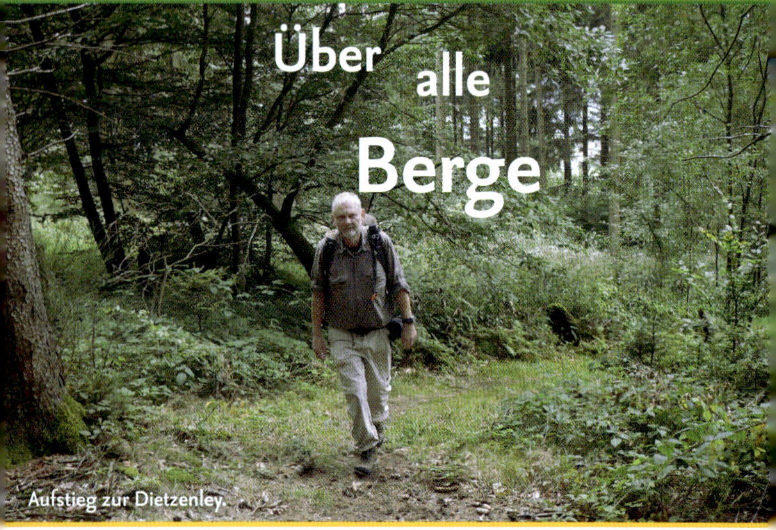

# Über alle Berge

Aufstieg zur Dietzenley.

- **Start:** Gerolstein, B 410/Mühlenstraße
- **Ziel:** Daun, Vulkanmuseum
- **Länge:** 25,1 km
- **Dauer:** 7 Std. 10 Min.
- **Höchster Punkt:** 649 m
- **Steigung:** 830 m
- **Gefälle:** 765 m
- **Anspruch:** ✶✶✶✶
- **Tour Download:** ES1XHPX6
- **Anfahrt:** Gerolstein ist am besten über die B 410 oder mit der Bahn erreichbar. Daun erreicht man von Osten über die B 421, von Süden und Norden über die L 46 und von Westen über die B 257.
- **Taxi:** Taxi Liske-Kaiser, Gerolstein: ✆ 06591/5656 oder 06591/212
- **Tourist-Info:** Gerolstein: ✆ 06591/949910 Daun: ✆ 06592/95130

- **Start:** Gerolstein, B 410/Mühlenstraße Ost 333575, Nord 5565484
- **Ziel:** Daun, Vulkanmuseum Ost 345179, Nord 5562426
- **Aussichtspunkte:**
  **P4:** Dietzenley Ost 334365, Nord 5563325
  **P7:** Nerother Kopf Ost 340213, Nord 5562106
  **P9:** Warth Gipfel Ost 344129, Nord 5562626

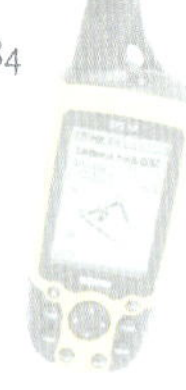

GPS-Koordinaten*
*nach UTM

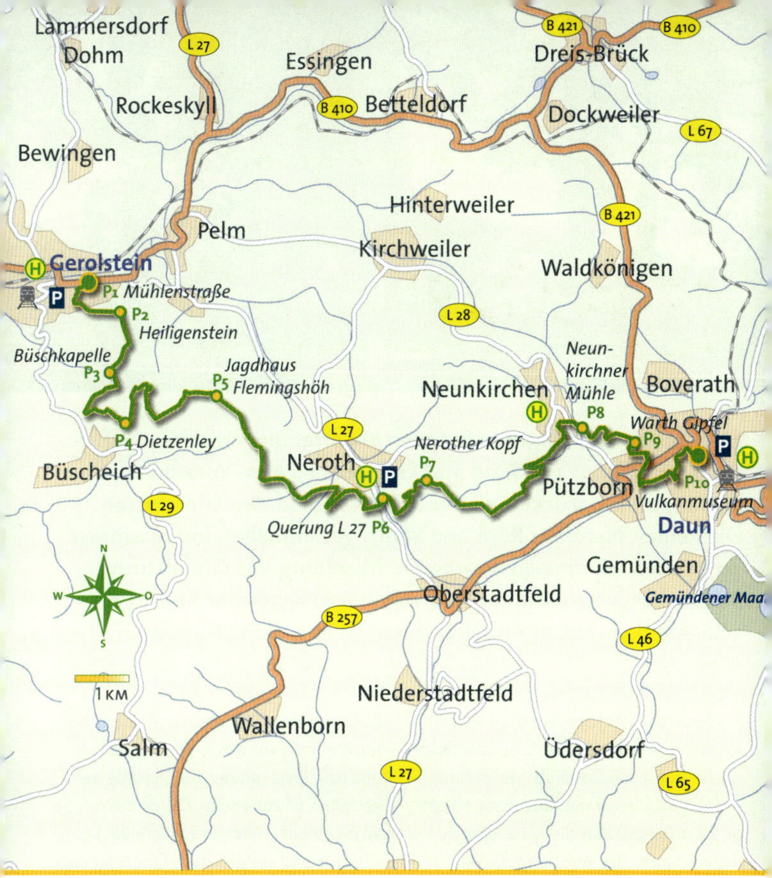

Lammersdorf
Dohm
L 27
Essingen
B 421
B 410
Dreis-Brück
Rockeskyll
B 410
Betteldorf
Dockweiler
L 67
Bewingen
Hinterweiler
B 421
Pelm
Kirchweiler
Waldkönigen
Gerolstein
P1 Mühlenstraße
P2 Heiligenstein
L 28
Büschkapelle
P3
Jagdhaus
P5 Flemingshöh
Neun-
kirchner
Mühle
Neunkirchen
Boverath
P8
Warth Gipfel
P9
P4 Dietzenley
L 27
Nerother Kopf
P7
Büscheich
Neroth
Pützborn
P10
Vulkanmuseum
L 29
Querung L 27 P6
Daun
N
W
O
S
Gemünden
Gemündener Maar
Oberstadtfeld
B 257
L 46
1 KM
Niederstadtfeld
Wallenborn
Salm
Üdersdorf
L 27
L 65

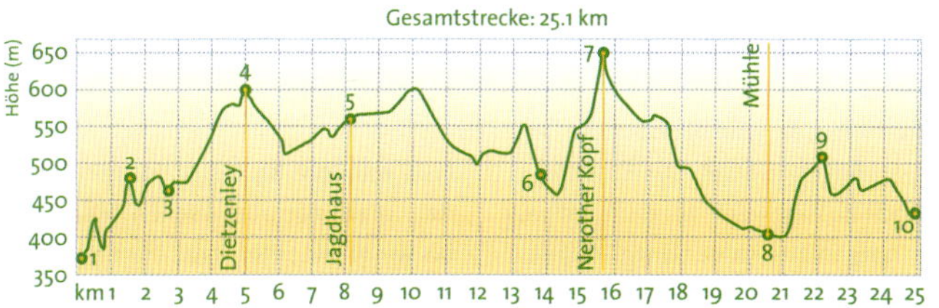


**P1:** Gerolstein Mühlenstraße **P2:** Heiligenstein **P3:** Büschkapelle **P4:** Dietzenley **P5:** Jagdhaus Flemingshöh **P6:** Neroth, Querung L 27 **P7:** Nerother Kopf **P8:** Neunkirchner Mühle **P9:** Warth Gipfel **P10:** Daun, Vulkanmuseum

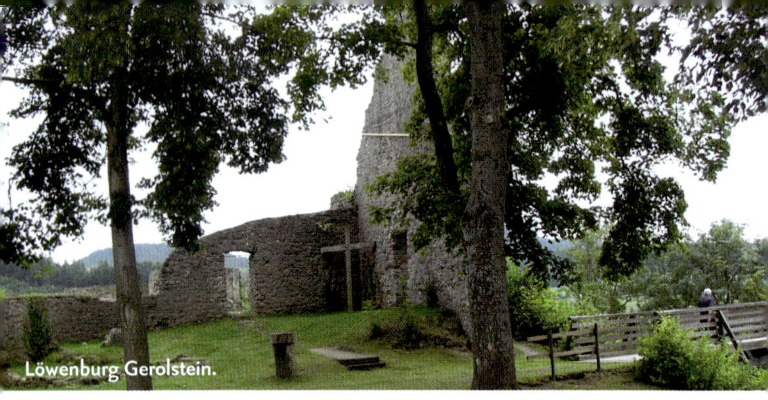

Löwenburg Gerolstein.

**Eine der etwas ruhigeren Etappen erwartet uns zwischen Gerolstein und Daun: Viel Wald gibt Gelegenheit zum Verarbeiten der bisherigen Eindrücke und der unterwegs auf den Gipfeln von Dietzenley, Nerother Kopf und Warth gesammelten Impressionen. So erleben wir eine ausgewogene Mischung aus Gipfelsturm, Ausblicken, verträumten Waldwegen und keltischer Kulturgeschichte bei unserer Annäherung ans Herz der Vulkaneifel.**

In **Gerolstein** [P 1] beginnen wir an der Kreuzung **Mühlenstraße**/B 410 die waldreiche Tour nach Daun. Zunächst führt uns die Mühlenstraße hinauf zur Haupt- und zur Burgstraße, die wir aber rechts liegen lassen. Begleitet vom „G-Weg Dietzenley-Keltenburg" erklimmen wir über die anfangs zweiseitige „Freitreppe" den Burgberg und genießen, oben angekommen, den Ausblick auf die unter uns liegende Stadt. Die Aussicht wird noch besser, wenn wir dem Fußweg weiter bergan zu „An der Burg" folgen und schließlich am Abzweig der Burg die Höhe vollends erklommen haben. Hier lassen wir das Panorama der Gerolsteiner Dolomiten von der anderen Talseite her noch einmal auf uns wirken, bevor wir uns halb links mit der Gerolstraße dem nächsten Tal zuwenden. Durch das ruhige Wohngebiet erreichen wir schnell die Talsohle und steigen nach Querung des Baches zum Waldrand auf. Dort tauchen wir nach [900 m] in den gesunden Mischwald ein.

Nun wandern wir fast schnurgerade auf dem meist naturbelassenen Waldweg, bis wir an einer Infotafel zum Heiligenstein ankommen. Hier biegen EifelSteig und G-Weg auf einen Serpentinenpfad ab, der uns an den mächtigen und beeindruckenden Kalkfelsen des **Heiligensteins** bergan zu einem Sattel [P 2] führt. Die endgültige Gipfelerstürmung sparen wir uns, denn Gipfel werden wir heute noch reichlich abbekommen. So folgen wir den Logos durch den Wald wieder abwärts, queren eine Wiese und eine Hochspannungsleitung, um dann erneut in den abwechslungsreichen Wald abzutauchen.

Der bei intensiver Forstnutzung durchaus auch mal zerwühlte Waldweg führt uns deutlich bergan, bis wir nach [2.1 km] an einer großen Kreuzung eintreffen. Hier wenden wir uns halb rechts auf den breiten Forstweg Richtung Büschkapelle. Dieses nächste Zwischenziel erreichen wir nach einem weiteren Wegwechsel schon 600 m später. Der kleine Abstecher zur etwas rechts unserer Route stehenden **Waldkapelle** [P 3] lohnt sich.

Danach setzten wir die Wanderung noch immer gemeinsam mit dem G-Weg nach Südosten fort. Der ausgebaute Forstweg fordert keine Aufmerksamkeit, so können wir uns ganz den vielfältigen Baumarten des Waldes widmen. Da trifft es sich gut, dass uns nun auch die Tafeln des Waldlehrpfades begleiten. Auch das Grafenkreuz, ein aus dem Jahr 1680 stammendes steinernes Wegkreuz, sorgt nach [3 km] für Abwechslung.

Gut 350 m nach Passieren des Grafenkreuzes dürfen wir den breiten Forstweg verlassen und mit Waldlehrpfad, G-Weg und EifelSteig links auf einen hohlwegartigen Waldweg abbiegen. Stetig führt

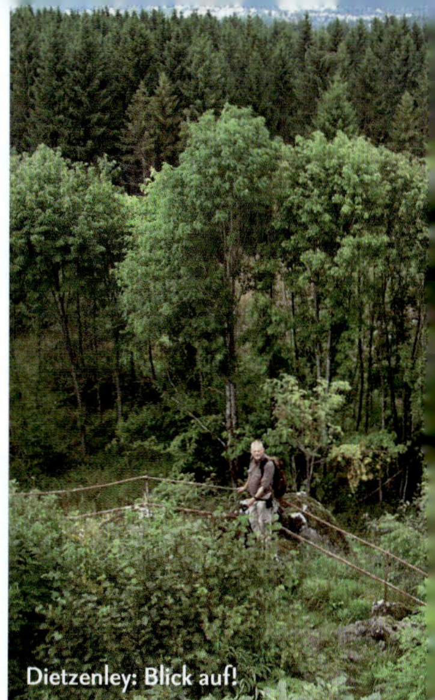
Dietzenley: Blick auf!

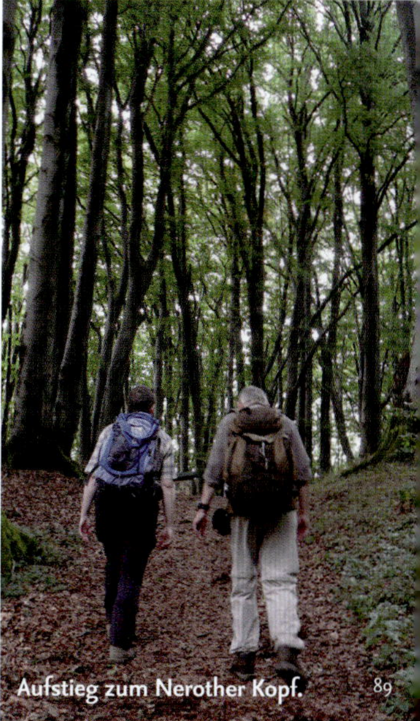
Aufstieg zum Nerother Kopf.

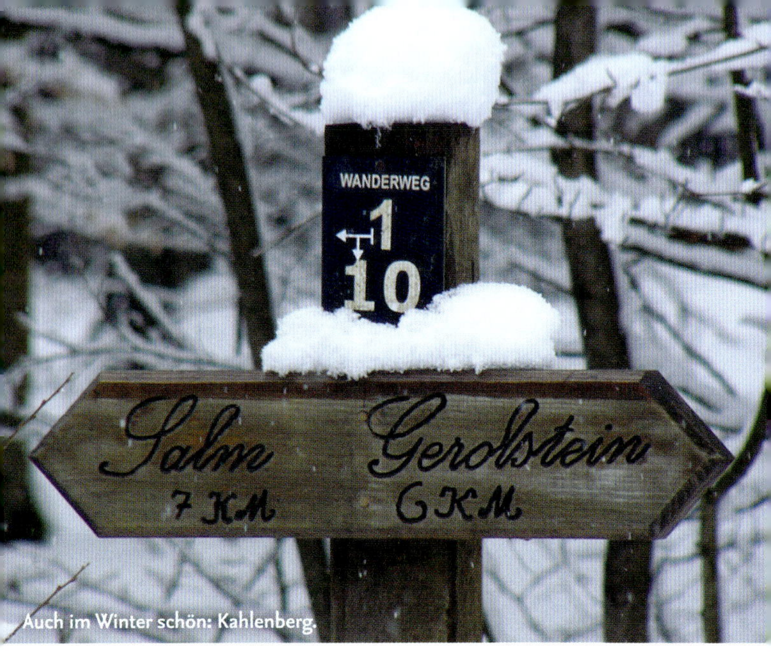

Auch im Winter schön: Kahlenberg.

uns der Weg bergan, bis wir nach [3.8 km] am Davitskreuz eintreffen. Hier biegt der Waldlehrpfad rechts ab, wir wenden uns nach links auf den breiten Weg weiter aufwärts. Die nun folgenden Richtungswechsel bereiten uns dank guter Markierung kein Problem, und so gelangen wir zügig zum nächsten Höhepunkt der heutigen Etappe: der Dietzenley. Der von den Kelten angelegte steinerne Wall, den wir per Treppe und Pfad nach [5 km] übersteigen, ist auch heute noch ein beeindruckendes Relikt längst vergangener Tage. Auf dem Plateau der **Dietzenley [P 4]** erhebt sich ein hölzerner Aussichtsturm, der bei geeignetem Wetter einen tollen Rundblick auf die Umgebung und die Gerolsteiner Dolomiten sowie die Hustley erlaubt. Wir verlassen das Plateau über einen schönen Pfad, der bald rechts auf einen steil abfallenden Waldweg abbiegt. Dieser breite Weg bringt uns nach [5.5 km] zu einer Mehrfachkreuzung. Hier halten wir uns zunächst gerade, biegen aber in der Kurve des breiten Schotterweges rechts auf einen idyllischen Pfad ab. Entlang eines Wildzaunes wandern wir nun verschlungen durch junges Buchendickicht. Schon lichtet sich das Unterholz, und vielschichtiger Mischwald säumt den herrlichen Naturweg, der bald einen Knick nach rechts beschreibt. Viel zu schnell endet dieses Wandervergnügen, denn nach [6.2 km] mündet der Waldpfad nach rechts auf einen ausgebauten Forstweg. Diesem folgen wir nun unterhalb des Heidkopfes fast genau nach Süden, bis wir auf eine weitere Wegverzweigung stoßen. Hier halten wir uns mit dem EifelSteig links. Leider setzt sich auch auf diesem Weg das wenig aufregende Wegformat in Form eines breiten, teils befestigten Forstweges fort. Doch das gibt wenigstens Gelegenheit, sich mit den Mitwanderern auszutauschen, ohne vom Weg abzukommen.

Nach [7.6 km] mündet unser Forstweg auf einen querenden, ebenfalls befestigten Waldwirtschaftsweg, der uns rechts zum nahen **Jagdhaus Flemingshöh [P 5]** bringt. Ohne Unterbrechung folgen wir der breiten Forststraße durch den homogenen Mischwald und gewinnen dabei stetig an Höhe. Auch an der großen Kreuzung nach [9.5 km] bleiben wir unserer Richtung geradeaus treu. Erst nach weiteren 700 m biegen wir gemeinsam mit dem Lokalweg 10 links auf einen etwas schmaleren Waldweg ab. Es geht deutlich abwärts durch den eng an den Weg grenzenden Wald, der jetzt von zahlreichen Fichten dominiert ist. Der Weg trifft den Geschmack der Wanderer nun erheblich besser, doch auch hier gibt es einen Wermutstropfen: Die Strecke müssen wir uns nun bis nach Neroth mit Mountainbikern teilen, für die diese Trasse ebenfalls ausgewiesen ist. Doch wir lassen uns nicht aus der guten Wanderstimmung bringen und genießen die urwüchsige Natur am Wegesrand. Bei

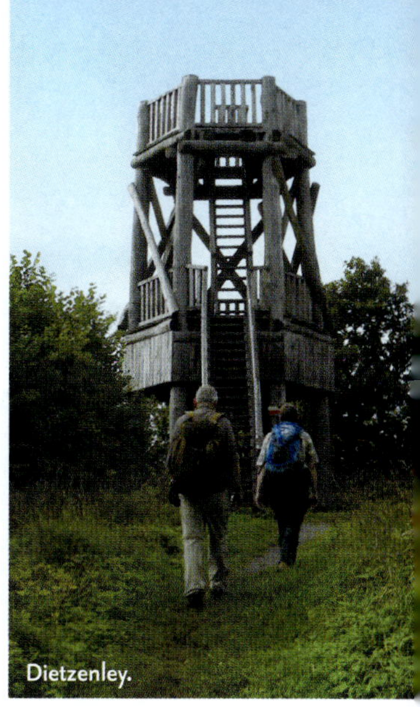
Dietzenley.

[km 11.2] beschreibt der EifelSteig eine Kurve nach rechts und quert den Enzenbach. Wir biegen mit dem teilweise befestigten Weg nach links, der muntere Bach begleitet uns linker Hand. Der Wald wird von üppigen Gebüschen und schließlich von freier Wiese abgelöst, wodurch sich uns ein erster Blick auf Neroth eröffnet.

Der EifelSteig mündet nach Weidezaunbegleitung links auf einen Teerweg, den wir aber schon 80 m unterhalb mit einer Spitzkehre nach rechts wieder verlassen. So umrunden wir ein liebevoll geschmücktes Marterl und laufen in das Nebental des Enzenbaches hinein. Nach [12.3 km]

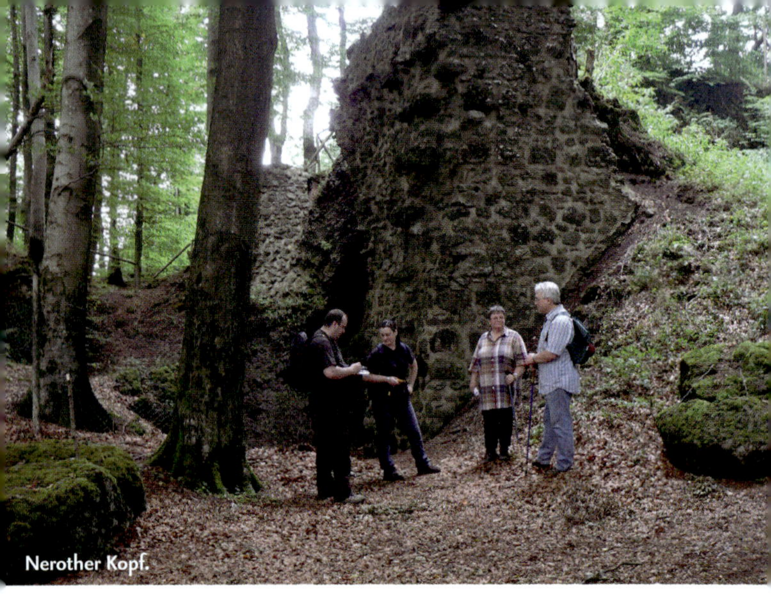
Nerother Kopf.

überqueren wir das Bächlein und wandern auf der anderen Seite wieder Richtung Neroth. Am Sportplatz der Gemeinde biegen wir rechts bergan auf einen weichen Waldweg ab. Dieser führt uns meist direkt am Waldrand aufwärts und gibt Gelegenheit, den Ausblick auf das Tal und Neroth auszukosten. Nach [13.7 km] biegen wir scharf links vom Wald weg auf das freie Feld ab. Ein Feldweg bringt uns talwärts, wo wir an den ersten Hecken links auf einen Wiesenweg schwenken. Diesem folgen wir mit einer Biegung hinab zur K 27, die wir auf Höhe eines Wanderparkplatzes [P 6], unweit zum Ortsrand von Neroth, queren. Wer die Etappe teilen möchte, der kann im nahen Neroth übernachten und dort z.B. auch das Mausefallenmuseum besichtigen.

An der Kläranlage steigen wir ins Tal hinab, laufen per Steg über den Bach und wenden uns nach rechts. Bei [km 14.4] beginnt mit einem Schwenk nach links der Aufstieg zum Nerother Kopf. Zunächst auf breitem, weichem Waldweg, bald aber auf kurvigem Pfad gewinnen wir deutlich an Höhe. Erst in einer Spitzkehre am Waldrand, wo auch ein kleiner Pavillon zum Ausruhen einlädt, verlässt der Mountainbikeweg unsere Strecke. Wir laufen nach rechts auf ebenem Waldweg weiter und biegen unmittelbar vor einem alten Tagebau nach links auf einen von Ginster gesäumten Waldweg ab. Steil geht es bergan, doch auch das lässt sich noch steigern: Nach [15.5 km] führt uns der EifelSteig im rechten Winkel nach rechts und in der Falllinie bergan zum Gipfel des **Nerother Kopfes [P 7]**. Hier gibt es nicht nur interessante Einblicke in den ehemaligen Vulkan, auch die eindrucksvollen Relikte der Ruine Freudenkoppe wollen erkundet werden. Bänke laden zudem zum Rasten ein. Nach ausgiebigem Aufenthalt bringt uns der EifelSteig relativ gemächlich bergab zum Waldrand. Hier biegen wir halb rechts auf einen Feldweg ab, der uns zügig über die offene Landschaft zum nächsten Waldrand leitet.

Wir folgen dem Waldrand, bis wir nach **[16.8 km]** wieder vollends in den herrlichen Hochwald eintreten. Wenig später macht der EifelSteig einen Linksknick, führt dann aber fast schnurgerade durch den Wald. Erst bei **[km 17.9]** gibt es wieder einen Schwenk nach links, dem rasch ein weiterer Richtungswechsel folgt. Nun passieren wir eine Wiese, die uns einen schönen Ausblick auf Neunkirchen bietet. Anschließend geht es innerhalb des nahen Waldes links abwärts und unterhalb der Wiese wieder links Richtung Tal. Unmittelbar vor dem Pützbach wandern wir nach rechts am leise murmelnden Bach entlang nach Südosten. Kurz vor der L 28 beschreibt der EifelSteig einen Schlenker ins nahe Neunkirchen, wo wir über Nachtigallenweg, Goldammerweg und Neunkirchner Straße schließlich doch noch zur Querung der L 28 kommen. Nun folgen wir dem Zufahrtsweg zur **Neunkirchner Mühle [P 8]**, die wir nach **[20.6 km]** erreichen. Auf Höhe eines Parkplatzes berühren wir nochmals kurz die L 28, entfernen uns aber dann nach Nordosten in ein Seitental. Jetzt wird es einmal mehr anstrengend: Der EifelSteig biegt rechts auf einen Serpentinenweg ab, der uns den steilen Hang emporführt. Bald mündet der Pfad auf einen etwas weniger steilen Waldweg, der uns mit einigen Richtungswechseln schließlich nach **[22.2 km]** auf den **Gipfel der Warth [P 9]** bringt. Auf verschlungenem Pfad wandern wir vom Gipfel wieder talwärts und treffen schließlich auf eine Anliegerstraße. Hier halten wir uns links, um an einer Ampel die B 257 zu überwinden. Drüben laufen wir um den Gebäudekomplex der Geschwister Scholl Schule und biegen dann rechts auf einen breiten Fußweg am Rosenberg ab. Mit gutem Panoramablick auf Daun genießen wir das Wandern neben Ginster und Hecken, bis es mit einem scharfen Knick nach links hinauf zum nahen Sanatorium geht.

Am Sportplatz wandern wir nach rechts und umrunden einen weiteren Schulkomplex. Am Ende des Parkplatzes biegen wir zwei Mal nach links ab, um dann auf der Rosenbergstraße nach Daun hinabzulaufen. Die Rosenbergstraße leitet uns auch über die Trierer Straße hinweg, bis wir uns kurz vor der Sparkasse rechts in die Leopoldstraße wenden. Hier laufen wir noch etwa 100 m, dann endet diese gipfelreiche EifelSteig-Etappe nach **[25.1 km]** am **Vulkanmuseum** mitten in **Daun [P 10]**.

**Neroth:** Café & Bistro Mausefalle, Hauptstr. 42, 54570 Neroth ✆ 06591/984717 ⓘ www.mausefalle-neroth.de

■ **Daun:** Gasthaus Pension Neunkirchener Mühle, Bachstelzenweg 10, 54550 Daun-Neunkirchen ✆ 06592/3693 ⓘ www.neunkirchener-muehle.de ⏲ Do. Ruhetag

■ Café, Konditorei und Bistro Schuler, Leopoldstr. 1, 54550 Daun ✆ 06592/2885 ⓘ www.cafe-schuler.de ⏲ Mo.–Fr. 9.30–18 Uhr, Sa. 10–18 Uhr, So. 12–18 Uhr, warme Küche bis 17 Uhr

■ Hotel-Restaurant Berghof, Lieserstr. 20, 54550 Daun-Gemünden ✆ 06592/2891 ⏲ Mo. Ruhetag

■ **Gerolstein:** Bistro Konz, Hauptstr. 61, ✆ 06591/8333 ⏲ Di. & So. Ruhetage

■ Ristorante-Pizzeria Costa Verde, Hauptstr. 70 ✆ 06591/3625 ⏲ Di. Ruhetag ⓘ www.pizzeria-costaverde.de

**Gerolstein:** Hotel Calluna, Zur Büschkapelle 5 ✆ 06591/94390 ⓘ www.callunahotel.de

■ **Neroth:** Hotel „Am Eifelsteig“, Hauptstr. 42, 54570 Neroth ✆ 06591/984717 ⓘ www.mausefalle-neroth.de

■ **Daun:** Hotel Stadt Daun, Leopoldstr. 14, 54550 Daun ✆ 06592/95250 ⓘ www.hotel-stadt-daun.de

Der EifelSteig führt uns geradewegs über den **Nerother Kopf**. Hier gibt es sowohl Naturwissenschaftliches als auch Kulturhistorisches zu entdecken. So finden sich die Reste der aus dem 14. Jahrhundert stammenden Burg Freudenkoppe. Außerdem liegt der Nerother Kopf auf einem alten Vulkan, dessen Schichten aus Schlacke und Tuffen an einigen Aufschlüssen gut zu bewundern sind. Im Gipfelbereich wurde an einer Höhle das Tuffgestein auch zur Mühlsteingewinnung genutzt. Die Höhle ist nicht zugänglich.

■ In Daun befinden wir uns mitten in der westlichen Vulkaneifel. Grund genug, hier ein zum Teil interaktives **Vulkanmuseum** einzurichten. Jung und Alt erleben beim Rundgang durch die Ausstellungsräume die Urgewalt der Eifelvulkane und lernen dabei jede Menge Wissenswertes über unsere Erde. ⏲ 1.1.–6.1., 1.3.–15.11., 26.12.–30.12: Di.–Fr.: 13–16.30 Uhr. Sa., So., feiertags: 11–16.30 Uhr.
Vulkanmuseum Daun, Leopoldstr. 9, 54550 Daun ✆ 06592/985353 ⓘ www.eifel-vulkanmuseum.de

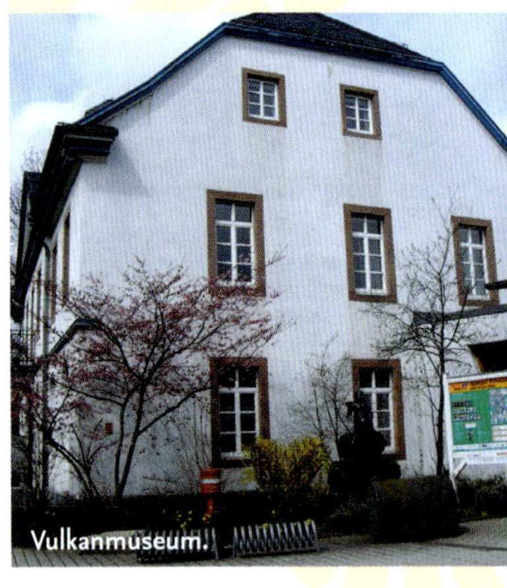
Vulkanmuseum.

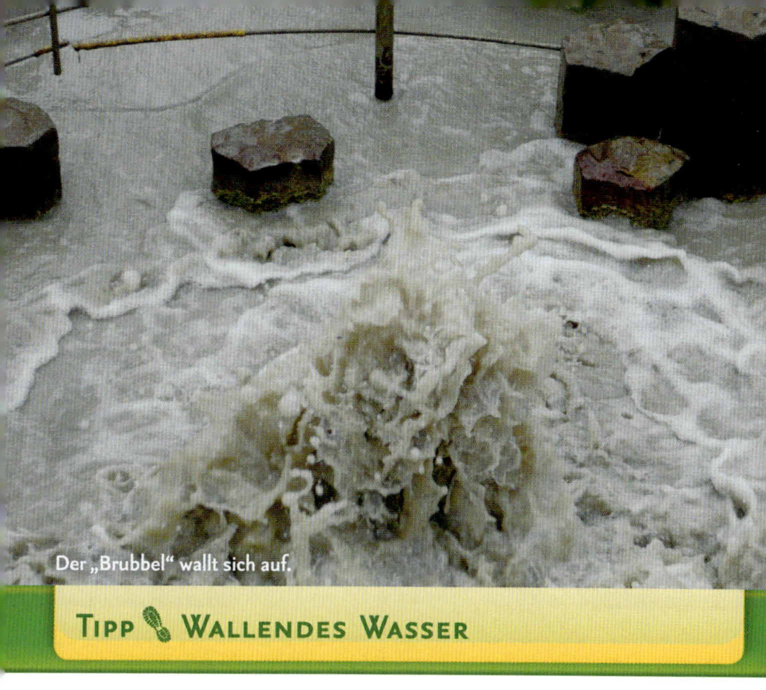
Der „Brubbel“ wallt sich auf.

## TIPP WALLENDES WASSER

Etwa 10 km südwestlich von Daun kann man ein ganz besonderes Phänomen der Vulkaneifel erleben: den „Wallenden Born“. Was verbirgt sich dahinter? Beim Wallenden Born handelt es sich um einen Geysir. Freilich ist er mit einer maximalen Springhöhe von knapp vier Metern nicht vergleichbar mit den aus Island oder USA bekannten Exemplaren, aber dennoch ist er etwas ganz Besonderes: Im Gegensatz zu seinen großen Namensvettern speit er kein heißes, sondern kaltes Wasser!
Der Wallende Born ist ebenso wie Europas größter Kaltwassergeysir bei Andernach am Rhein ein durch $CO_2$ angetriebener Geysir. Warum „wallt“ der Geysir ausgerechnet hier in der Eifel? Die Erklärung liegt in einer etwa 20 km unter der Erdoberfläche angesiedelten Magmenkammer, aus der $CO_2$ an die Oberfläche steigt. Als man dieses $CO_2$-Vorkommen in den 1930er-Jahren nutzen wollte und deshalb eine Bohrung abteufte, schoss eine Gas-Wasserfontäne empor. Man fasste den auch „Brubbel“ genannten Geysir ein und brachte Rohre in den Boden ein. 1975 erfolgte eine natürlichere Gestaltung des Wallenden Borns, der nun alle 30 Minuten seine Besucher mit einer unbändigen Wasserfontäne erfreut.
Weitere Informationen unter: @ www.tourismus.daun.de

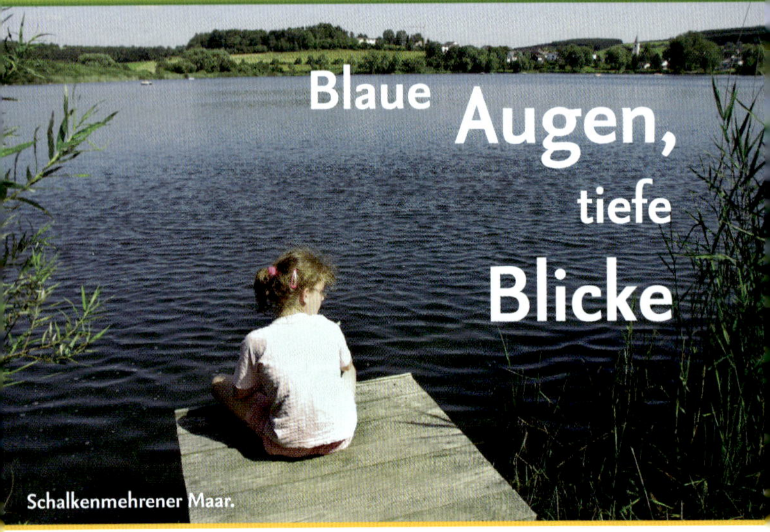

# 11 Von Daun nach Manderscheid

# Blaue Augen, tiefe Blicke

Schalkenmehrener Maar.

- **Start:** Daun, Vulkanmuseum
- **Ziel:** Rathaus Manderscheid
- **Länge:** 21.7 km
- **Dauer:** 6 Std. 10 Min.
- **Höchster Punkt:** 569 m
- **Steigung:** 545 m
- **Gefälle:** 609 m
- **Anspruch:** ✶✶✶✶
- **Tour Download:** ES11HPX5

- **Anfahrt:** Daun erreicht man von Osten über die B 421, von Süden und Norden über die L 46 und von Westen über die B 257.
  Nach Manderscheid gelangt man am besten über die A 1 bis Abfahrt Manderscheid und weiter über die L 16.
- **Taxi:** Taxi Gauser, Daun: ✆ 06592/3131
- **Tourist-Info:** Daun: ✆ 06592/95130, Manderscheid ✆ 06572/932665

- **Start:** Daun, Vulkanmuseum Ost 345179, Nord 5562426
- **Ziel:** Rathaus Manderscheid Ost 343621, Nord 5550799
- **Aussichtspunkte:**
  **P4:** Dronketurm Ost 345998, Nord 5559920
  **P9:** Kobeslochhütte Ost 343561, Nord 5552856
  **P10:** Rulandshütte Ost 342528, Nord 5551601

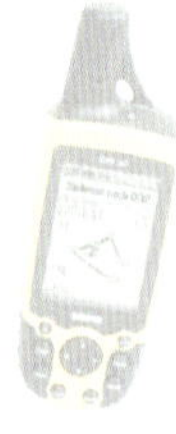

GPS-Koordinaten*
*nach UTM

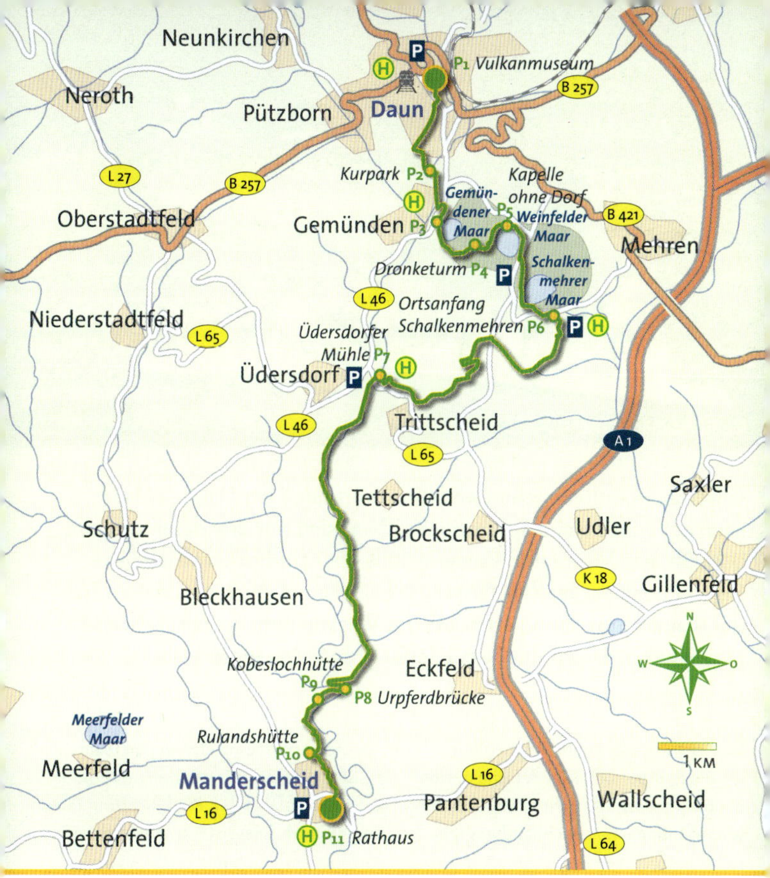

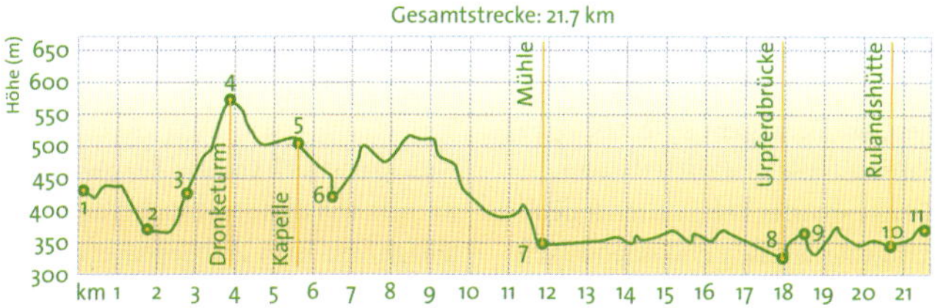

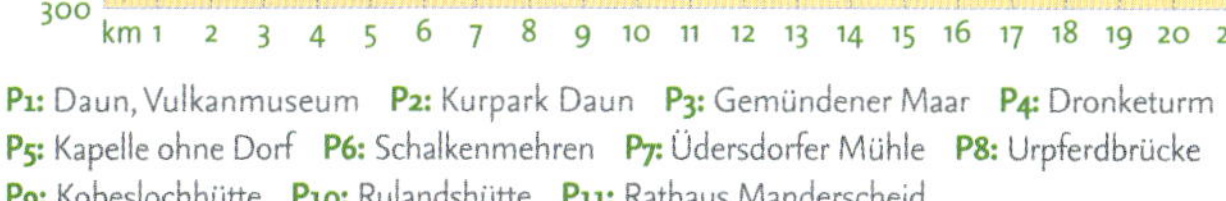


**P1:** Daun, Vulkanmuseum **P2:** Kurpark Daun **P3:** Gemündener Maar **P4:** Dronketurm **P5:** Kapelle ohne Dorf **P6:** Schalkenmehren **P7:** Üdersdorfer Mühle **P8:** Urpferdbrücke **P9:** Kobeslochhütte **P10:** Rulandshütte **P11:** Rathaus Manderscheid

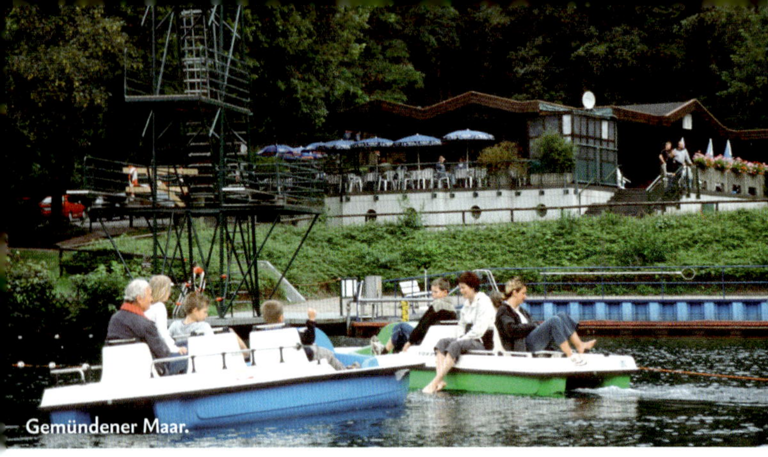
Gemündener Maar.

**Gleich zum Auftakt gehen wir beim Umrunden der Dauner Maarseen auf vulkanische Spurensuche. Zwar sind nur drei der insgesamt acht Dauner Maare mit Wasser gefüllt, aber eindrucksvoll ist diese Region dank der heißen Vergangenheit allemal. Auch im zweiten Teil der Wanderung dominiert heute das Wasser: Entlang der idyllischen Lieser gelangen wir mit dem EifelSteig nach Manderscheid.**

Im **Zentrum von Daun** [P 1] beginnen wir die Etappe nach Manderscheid. Über die Burgfriedstraße geht es abwärts, bis wir auf Höhe einer Buchhandlung geradeaus einen Fußweg nehmen und so die Straße abkürzen. Wir queren sie aber gleich wieder, laufen neben der AOK gerade zur Wirichstraße und biegen links auf diese ab. Dann geht es rechts in die Wehrbüschstraße und nach Passieren des Krankenhauses links weiter. Indem wir geradeaus auf den Philosophenweg wandern, lassen wir Daun endgültig hinter uns. Bald tauschen wir auch die Teerstraße gegen einen Waldweg ein. Doch nur 150 m nach Eintreten in den Wald heißt es Abstieg: Wir wenden uns links auf einen abfallenden Pfad Richtung Tal und **Kurpark**. Diesen [P 2] erreichen wir nach [1.7 km], nachdem unser Pfad auf eine Straße getroffen ist und wir nach links und wieder nach rechts über die Lieser gelaufen sind.

Nun breitet sich vor uns der gepflegte Kurpark von Daun aus. Vorbei an Kneippanlage und Teich und begleitet vom Planetenweg, gelangen wir ans südliche Ende des Parks. Hier wenden wir uns nach links, queren oberhalb die L 46 und

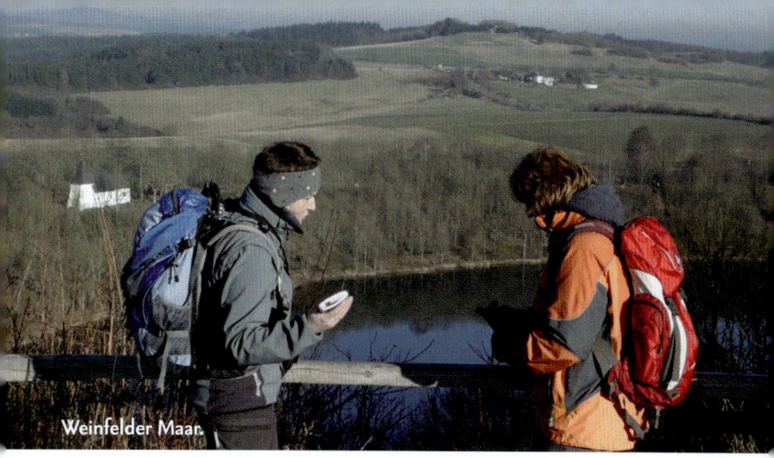

Weinfelder Maar.

laufen auf der Zufahrtsstraße hinauf zum Parkplatz am **Gemündener Maar [P 3]**. Jetzt bleibt die Zivilisation endgültig hinter uns zurück, denn wir dürfen auf herrlichen Waldwegen und -pfaden den Kraterhang des Maares erklimmen. Klar ist das mit Anstrengung verbunden, doch unterwegs belohnen uns tolle Ausblicke auf Maar und Daun für diese Mühen. Nach einigen Schlenkern erreichen wir nach **[3.9 km]** schließlich den **Dronketurm [P 4]**, der uns nun einen echten Rundumblick auf die Vulkaneifel beschert. Etwas rechts neben dem Turm im Wald gibt es übrigens eine tolle Schaukelbank mit Premiumblick auf das Gemündener Maar.

Nach ausgiebiger Rast setzen wir die Wanderung über das Plateau nach Osten fort und sind nur 200 m später am Rand der Hochfläche vom großartigen Blick auf das Weinfelder Maar begeistert! Flugs führt uns der EifelSteig links per Pfad hinab an den Rand des Maares und weiter zur **„Kapelle ohne Dorf" [P 5]**. Auch von hier genießen wir die Aussicht auf das auch Totenmaar genannte Gewässer. Kurz nach der Kapelle zweigen wir vom breiten Weg nach rechts ab und laufen eine Etage tiefer auf dem Uferrandweg bis zu einem Aussichtsplatz an der L 64. Wir queren die Straße und wenden uns auf der anderen Seite nach rechts auf einen langsam abfallenden Wanderweg. Durch den an einigen Stellen lichten Wald und das Unterholz erhaschen wir erste Blicke auf das dritte wassergefüllte Maar des Tages, das Schalkenmehrener Maar.

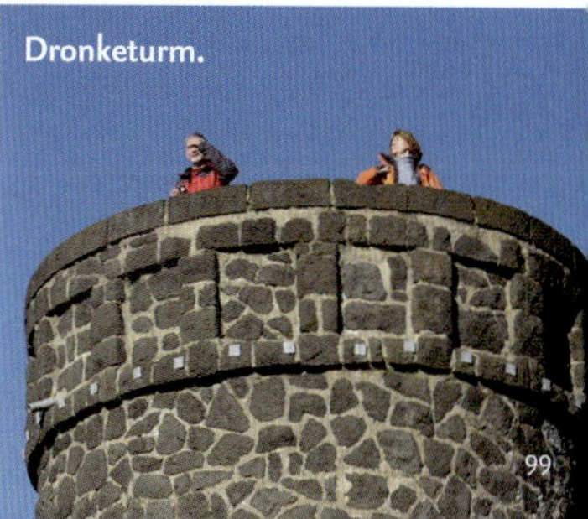
Dronketurm.

Spätestens nach Passieren einer kleinen Kapelle und dem Schwenk links hinab in die gleichnamige Gemeinde, liegt der fast kreisrunde See dann in voller Pracht vor uns.

Nach [6.5 km] stehen wir im Ortszentrum von **Schalkenmehren [P 6]** und wenden uns mit der St. Martin Straße nach rechts. Über „Zur Sternenwarte" und „Zum Scheid" gelangen wir zügig wieder bergan und an den Ortsrand. Vom anschließenden Feldweg aus schweift unser Blick zu den markanten Kuppelbauten der Teleskope des Observatoriums auf der Hohen List. Wir widmen uns aber dem vollkommen irdischen Wandervergnügen und lassen uns vom EifelSteig über Naturwege zur L 64 führen. Wir queren nach [8.4 km] die Straße gegenüber der Fachklinik Altenburg und laufen direkt neben dem Eingangstor rechts auf einem Waldweg weiter. Zunächst umrunden wir die Bergkuppe entlang der Hangflanke, wenden uns aber schließlich doch nach rechts und steigen auf den nächsttiefer verlaufenden recht breiten Forstweg nach links ab. Diesem folgen wir, bis es nach [9.6 km] scharf rechts auf einem urwüchsigen Waldweg deutlich abwärts geht.

Kontinuierlich verlieren wir an Höhe, bis wir im Talgrund den Bach überqueren und uns rechts auf einen Forstweg nach Westen wenden. Wir erreichen zwei Fischteiche des Angelvereins Trittscheid und biegen wenig unterhalb des zweiten Sees rechts auf einen schmalen Waldweg ab. Dieser leitet uns nun am bewaldeten Hang oberhalb der Gemeinde Trittscheid bis zum Beginn des idyllischen Serpentinenpfades, der uns hinab ins Liesertal bringt. Dort lädt uns nach einem kleinen Schlenker die **Üdersdorfer Mühle [P 7]** nach [12 km] zur Rast bei Eifeler Hausmannsspezialitäten ein.

Danach queren wir die L 65 ein letztes Mal und beginnen den Wanderabschnitt durch das herrliche Liesertal. Allerdings beginnt unsere Wanderung entlang der mäandrierenden Lieser auf breiten und teils wenig naturnahen Wegen. Dafür entschädigt uns die schöne Natur in der Flussaue der Lieser vollkommen. Nachdem wir nach [km 14.2] den Fluss per Steg überwunden haben, erwarten uns Pfadabschnitte und engere, weniger befestigte Wege. Einen ersten Geschmack auf die fantastische Schönheit des Lieserpfadweges, wie dieser Abschnitt auch heißt, bekommen wir nach Querung eines kleinen Seitentales. Nun dürfen wir auf großartigem, engen Pfad an den Felsen hoch über der Lieser wandern – hier sind wir wirklich auf einem Steig und einem „Top Trail". Mit Einmündung des Pellenbaches finden wir uns wieder auf breitem Forstweg, der aber nun in unmittelbarer Nähe zum Fluss verläuft. Begeisternd sind auf diesem Abschnitt auch die herrlichen Felsen, die den Weg linker Hand säumen.

Nach [km 18] haben wir die hölzerne **„Urpferdbrücke" [P 8]** erreicht und queren für heute ein letztes Mal die Lieser. Schon 200 m später müssen unsere Muskeln einmal wieder kräftig ran, denn die **Kobeslochhütte [P 9]** hoch über dem Tal

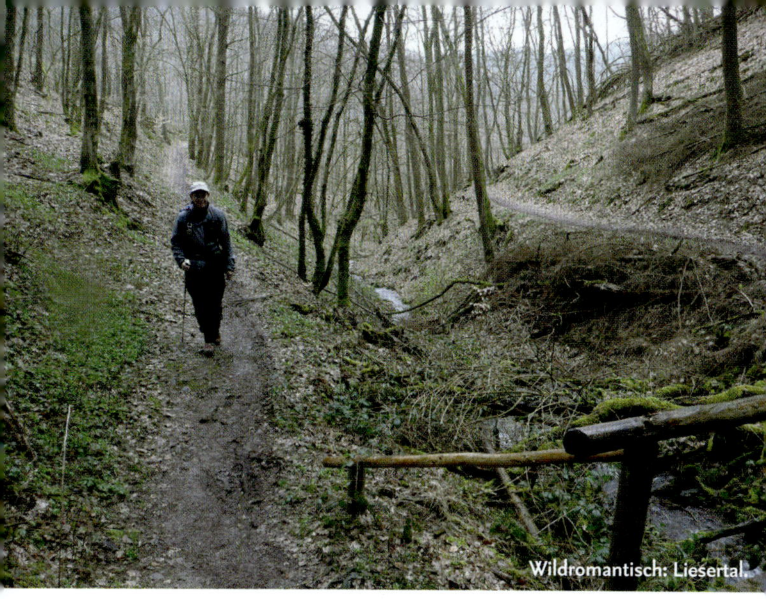
Wildromantisch: Liesertal.

möchte erobert werden. Von der Schutzhütte aus genießen wir einen sagenhaften Ausblick auf die mäandrierende Lieser und vergessen jede Anstrengung.

Ab der Kobeslochhütte wandern wir auf einem breiten, teilweise sehr grob geschotterten Forstweg hinab zum Roßbach und weiter bis zu einer weiteren Schutzhütte, die wir nach [19.2 km] erreichen. Von hier geht es auf weichem Waldweg am Rand einer Wiese bergan, 100 m später schwenken wir links über die Wiese auf den nahen Wald zu. Dort gabelt sich der Waldweg, wir halten uns links. Der EifelSteig führt uns nun hangparallel durch den Wald, wir queren das Ammelbachtal und biegen schließlich nach [20.3 km] in einer Kurve nach links auf einen engen Felsenpfad ab. Nun schlägt unser Wanderherz höher: Atemberaubend ist der Ausblick ins Liesertal, großartig und einfach toll der verschlungene, dem Felsenhang abgerungene Pfad. Mitten in diesem Paradies lädt uns die **Rulandshütte [P 10]** zum Verweilen und Genießen ein.

Der Pfad führt uns weiter hoch über der Lieser zum ersten Ausblick auf die beiden Burgen von Manderscheid. Dann gelangen wir nach [21.4 km] an den Ortsrand von Manderscheid und folgen der Klosterstraße bis zum Etappenziel, dem **Rathaus von Manderscheid [P 11]**, das wir nach [21.7 km] bei der Einmündung der Klosterstraße in die Kurfürstenstraße erreichen.

**Daun:** Café, Schuler, Leopoldstr. 1, 54550 Daun ✆ 06592/2885 ⓘ www.cafe-schuler.de ⏲ Mo.–Fr. 9.30–18 Uhr, Sa. 10–18 Uhr, So 12–18 Uhr, durchgehend warme Küche

■ **Schalkenmehren:** Hotel Schneider am Maar, Maarstr. 22, 54552 Schalkenmehren ✆ 06592/95510 ⓘ www.hotelschneider.de

■ Gasthaus Brand, Kurfürstenstr. 55, 54531 Manderscheid ✆ 06572/785 ⓘ www.gasthausbrand.de ⏲ 10.30–14 Uhr, 17–22.30 Uhr, Mi. Ruhetag

**Daun:** Hotel Zum Goldenen Fässchen, Rosenbergstr. 5–7, 54550 Daun ✆ 06592/3097 ⓘ www.goldfass.de

■ **Manderscheid:** Hotel Café Restaurant Heidsmühle, Mosenbergstr. 22, 54531 Manderscheid ✆ 06572/747 ⓘ www.heidsmuehle.de

■ Hotel Restaurant Haus Burgblick, Klosterstr. 18, 54531 Manderscheid ✆ 06572/784 ⓘ www.hausburgblick.de

Oberburg Manderscheid.



Auf eine Sternenreise gehen die Besucher der Sternwarte der Universität Bonn im **Observatorium Hoher List** bei **Daun**. Fern der Lichtüberflutungen von Großstädten können die Wissenschaftler vom Observatorium in der Eifel aus die Entwicklung von Sternen und Galaxien untersuchen. Auch die Bewegung der Sterne in unserer Milchstraße gehört zu den spannenden Forschungsprojekten, die hier durchgeführt werden. ⏲ Zwischen März und Oktober finden jeweils mittwochs um 14 Uhr öffentliche Führungen statt. Allerdings ist eine Voranmeldung erforderlich. Observatorium Hoher List, 54550 Daun ✆ 06592/982580 ⓘ www.astro.uni-bonn.de

■ Ein sehr seltenes Handwerk kann man in der Eifelgemeinde **Brockscheid** hautnah erleben: das Glockengießen! In der **Eifeler Glockengießerei** lernt man während der ca. 30-minütigen Führung die einzelnen Schritte bei der Herstellung einer Glocke kennen. Zwar wird nicht täglich eine Glocke gegossen, aber auch ohne diese „Live-Veranstaltungen" ist ein Besuch in der Gießerei interessant und lohnenswert. ⏲ Führungen für Einzelbesucher: Mo.–Sa.: 10 Uhr, 11 Uhr, 12 Uhr, 14 Uhr, 15 Uhr, 16 Uhr. Vom 1.11. bis 1.4. jeweils eine Führung um 15 Uhr. Eifeler Glockengießerei, Glockenstr. 53, 54552 Brockscheid ✆ 06573/990330 ⓘ www.glockengiesser.de

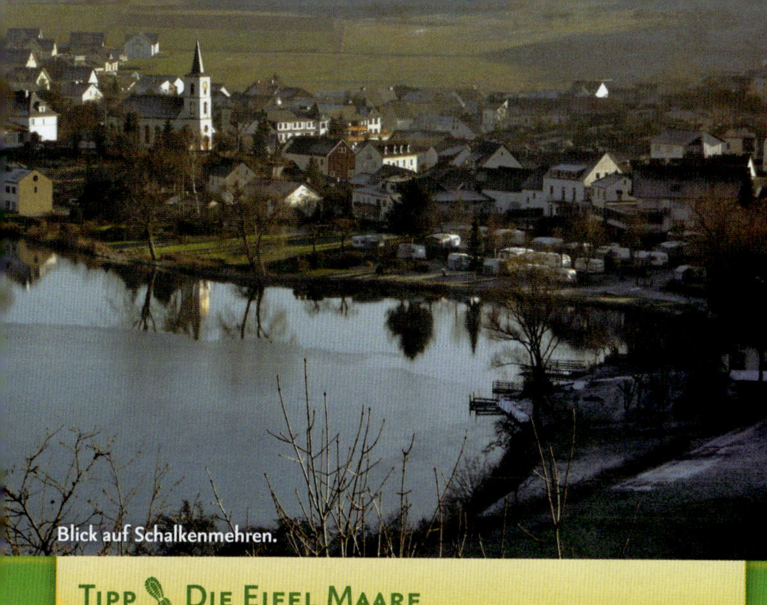

Blick auf Schalkenmehren.

## Tipp Die Eifel Maare

Wie tiefblaue Augen im Grün der Wälder, Wiesen und Felder – so strahlen sie, die Maare der Vulkaneifel. Aber was so romantisch aussieht, ist das Resultat urgewaltiger Naturkräfte, die sich hier in den letzten etwa 700.000 Jahren vehement ihre Bahn brachen. Maare entstehen beim hochbrisanten Aufeinandertreffen glutflüssigen Magmas mit oberflächennahem Wasser. In mächtigen Explosionen wird die Energie schlagartig freigesetzt. Entlang der Explosionszone entsteht ein Hohlraum, auflagernde Schichten brechen in diesen ein und es entsteht ein Einsturztrichter. Sobald sich dieser mit Wasser gefüllt hat, ist die Bildung eines Maarsees abgeschlossen. Doch nicht alle Maare sind heute noch mit Wasser gefüllt. Diese Trockenmaare sind allerdings weitaus weniger einfach im Gelände auszumachen, da mittlerweile durch die Erosion in vielen Fällen die charakteristischen Kraterränder zumindest teilweise eingeebnet sind. In der Region Daun gibt es eng beieinander 8 Maare, von denen das Gemündener, das Weinfelder und das westliche Schalkenmehrener Maar bis heute Wasser führen. Die vulkanische Hauptaktivität im Raum Daun fand vor ca. 20.000 bis 30.000 Jahren statt. Doch auch heute noch ist die Vulkaneifel unruhig, so kann man beispielsweise in einem der jüngsten, knapp 11.000 Jahre alten Maare, dem Maarsee von Maria Laach, noch heute $CO_2$-Blasen aufsteigen sehen.

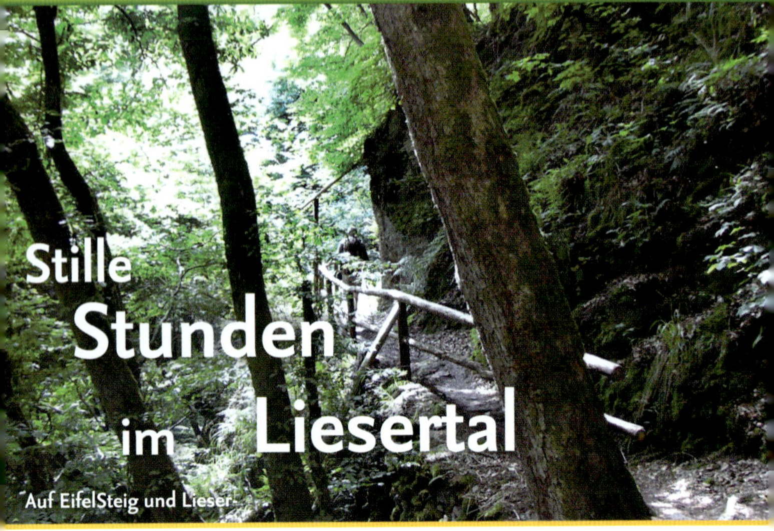

# Stille Stunden im Liesertal

Auf EifelSteig und Lieser-

- **Start:** Rathaus Manderscheid
- **Ziel:** Kloster Himmerod
- **Länge:** 19.6 km
- **Dauer:** 5 Std. 40 Min.
- **Höchster Punkt:** 378 m
- **Steigung:** 514 m
- **Gefälle:** 563 m
- **Anspruch:** ✶✶✶
- **Tour Download:** ES12HPX4
- **Anfahrt:** Nach Manderscheid gelangt man am besten über die A 1 bis Abfahrt Manderscheid und weiter über die L 16.
  Kloster Himmerod erreicht man am besten über die A 60 bis Spangdahlem und von dort weiter über die L 46 und L 34.
- **Taxi:** Taxi Gutjahr, Wittlich: ✆ 06571/93339
- **Tourist-Info:** Manderscheid: ✆ 06572/932665

- **Start:** Rathaus Manderscheid Ost 343621, Nord 5550799
- **Ziel:** Kloster Himmerod Ost 339347, Nord 5543830
- **Aussichtspunkte:**
  **P2:** Aussicht auf Burgen Ost 343695, Nord 5551091
  **P3:** Weifelsjunkhütte Ost 344168, Nord 5549108
  **P7:** Queren L 62 Ost 341622, Nord 5544935

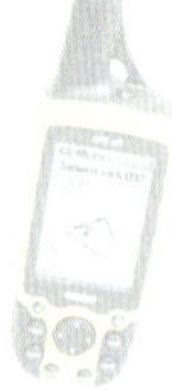

GPS-Koordinaten*

*nach UTM

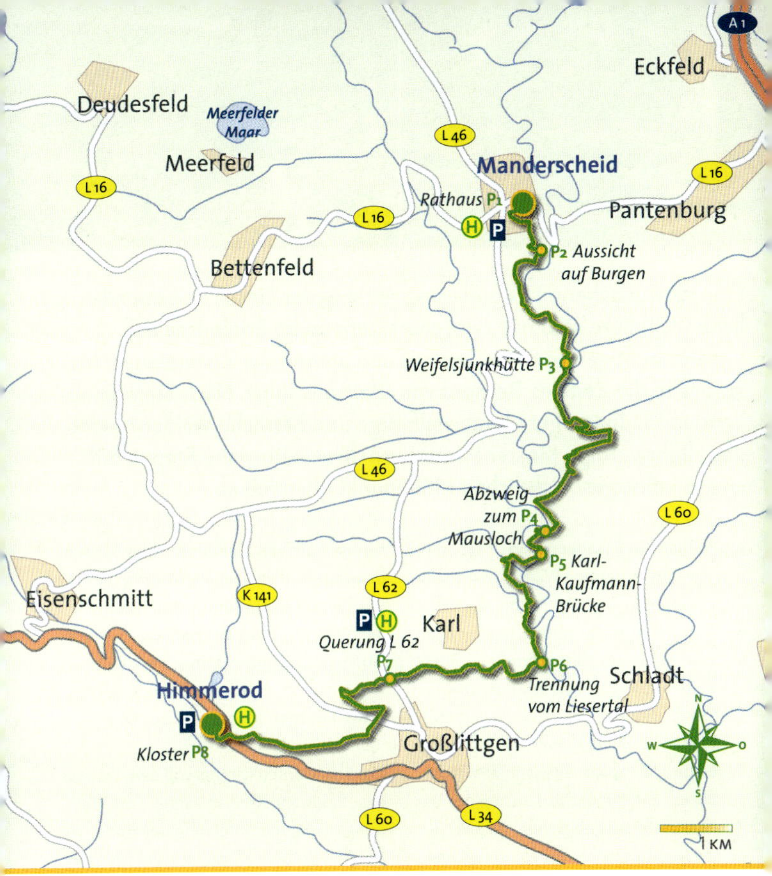

A 1
Eckfeld
Deudesfeld
Meerfelder Maar
Meerfeld
L 46
Manderscheid
L 16
L 16
Rathaus P1
L 16
Pantenburg
P2 Aussicht auf Burgen
Bettenfeld
Weifelsjunkhütte P3
L 46
Abzweig zum P4 Mausloch
L 60
P5 Karl-Kaufmann-Brücke
L 62
Eisenschmitt
K 141
Karl
Querung L 62
P7
P6 Trennung vom Liesertal
Schladt
Himmerod
Kloster P8
Großlittgen
N
W
O
S
L 60
L 34
1 KM

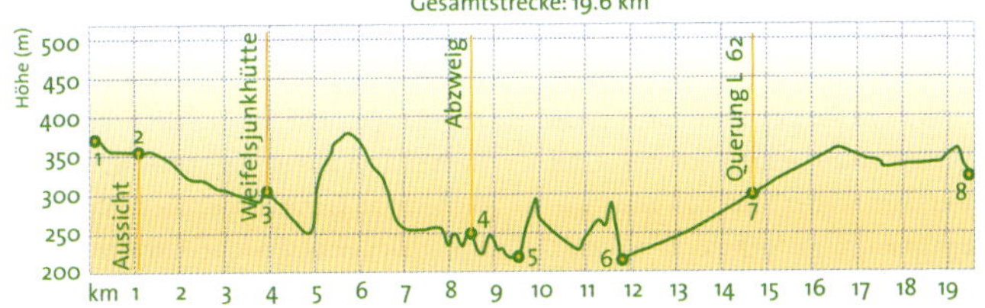


**P1:** Rathaus Manderscheid **P2:** Aussicht auf Burgen **P3:** Weifelsjunkhütte **P4:** Abzweig zum Mausloch **P5:** Karl-Kaufmann-Brücke **P6:** Trennung vom Liesertal **P7:** Querung L 62 **P8:** Kloster Himmerod

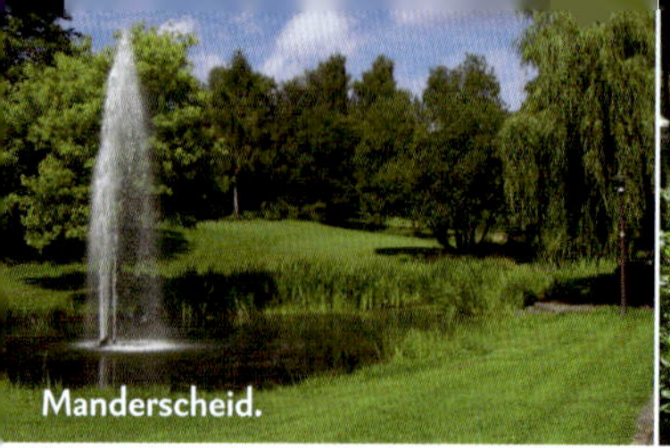
Manderscheid.

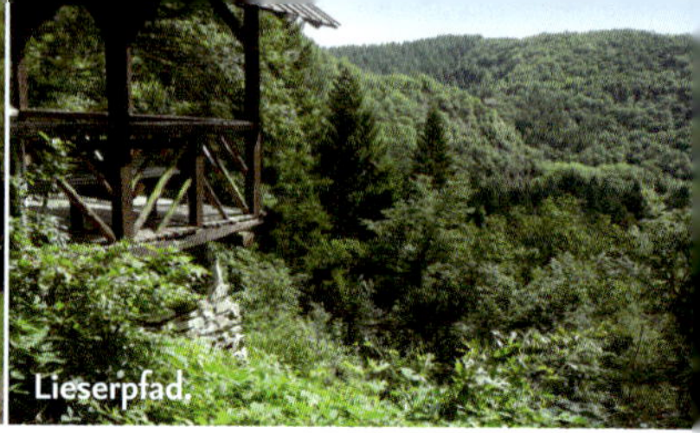
Lieserpfad.

**Eine verwunschene Talwanderung entlang der Lieser und unendliche Weitblicke sind nur zwei charakteristische Erlebnisse auf unserer heutigen Tour, die uns auf den Spuren der Zisterzienser bis zurück in die Zeit des Bernard von Clairvaux führt. Nach atemberaubenden Pfadpassagen durch vielfältige und herrliche Wälder rundet das altehrwürdige Kloster Himmerod diese naturnahe Etappe mit einem kulturgeschichtlichen Höhepunkt glanzvoll ab.**

Am **Rathaus in Manderscheid** [P 1] beginnen wir unsere heutige Wanderung auf dem EifelSteig. Zunächst laufen wir auf der Kurfürstenstraße bergan, biegen dann aber auf Höhe des „Bistro am Park" links auf den Fußgängerweg zum Kurpark ab. Diesen durchqueren wir abwärts, lassen die Fontäne und die Kurverwaltung rechts liegen und laufen am Ausgang des Parkes geradeaus ein kurzes Stück neben der L 15 (Grafenstraße) bergab. Schon nach 80 m dürfen wir aber rechts auf einen Fußweg abbiegen. An der folgenden Verzweigung wählen wir den linken Pfad, der hier auch schon als Lieserpfad ausgeschildert ist. Diese Hinweise auf den berühmten Lieserpfad nach Wittlich werden uns heute auf fast zwei Dritteln der Strecke immer wieder begegnen, folgt doch der EifelSteig auf weiten Abschnitten dem beliebten Wanderweg (▸ Seite 110). Zunächst sollten wir aber die Aussicht nach links auf die beiden trutzigen Manderscheider Burgen bewundern, denn wenige Meter später tauchen wir mit unserem Pfad tiefer in den Wald ein. Nach [1.2 km] erreichen wir einen großzügigen Rastplatz mit Hütte und einem sagenhaften **Ausblick auf die beiden Burgen Manderscheids** [P 2].

Danach widmen wir uns voll dem Genuss des „Pfadwanderns". In zahlreichen Windungen folgt der EifelSteig der Hangflanke ohne größere Höhenunterschiede. An einigen Stellen helfen hölzerne Stege und Brücklein über schwierige Stellen, denn der Pfad ist dem felsigen Untergrund abgerungen. Die Schutzhütte „Robertskanzel" lädt uns wenig später zum Verweilen und Genießen ein. Jede Biegung bringt uns neue An- und Einsichten über das unberührte Liesertal und den sehr abwechslungsreichen Wald. Beeindruckende Felsklippen, moosüberzogen und

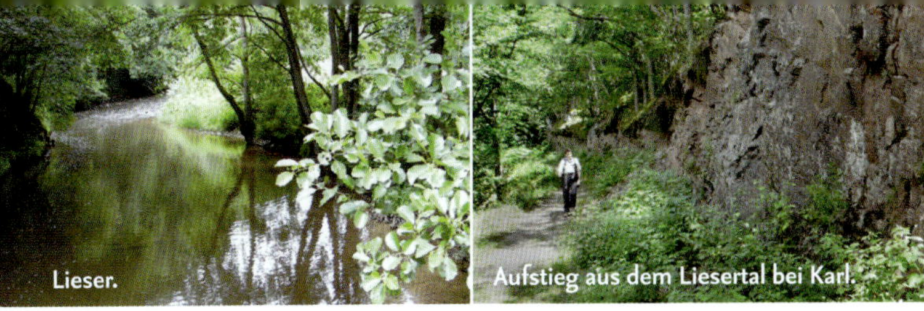
Lieser.
Aufstieg aus dem Liesertal bei Karl.

von filigranen Farnen besetzt, sind treue Wegbegleiter. Verirren ist trotz der zahlreich abbiegenden oder hinzukommenden Wege und Pfade schier unmöglich, denn neben den EifelSteig-Markierungen helfen uns auch die Lieserpfad-Schilder, auf dem rechten Weg zu bleiben.

Nach [3.9 km] treffen wir an der **Weifelsjunkhütte [P 3]** ein, die uns erneut eine gute Gelegenheit zum Rasten bietet. Erholt setzen wir die Wanderung talwärts fort, nun ausnahmsweise mal auf etwas breiterem Forstweg. Doch schnell wandelt sich der EifelSteig wieder zum Pfad, und allmählich dringt das Rauschen der Lieser stärker an unser Ohr, und der Fluss kommt besser in Sicht. Mit einem Schwenk nach links gelangen wir nach [4.8 km] auf eine offene Wiese im Talgrund und queren per Brücke erstmals die Lieser. Logischerweise folgt nun der nächste Aufstieg. Nachdem wir rechts auf einen Waldpfad abgebogen sind, führt uns dieser in weiten Serpentinen den Hang empor. Einen breiteren Querweg ignorieren wir und freuen uns nach gut 100 Höhenmetern auf die Bank, die uns Verschnaufpause zugleich und Aussicht auf das Liesertal offeriert. Nun wenden wir uns auf dem breiten, teils mit recht grobem Schotter befestigten Forstweg nach Osten und legen eine zusätzliche Schleife gegenüber dem Lieserpfad ein. Während dieser nach [5.5 km] rechts abbiegt, bleiben wir dem Forstweg geradeaus bis zum wenig später erreichten Waldrand treu. Hier wenden wir uns nach rechts und lassen unseren Blick über die offenen Felder und Wiesen schweifen. Am Ende des Fichtenwaldes biegen wir nach rechts, dürfen aber kurz vor dem Waldrand an einer unscheinbaren Weggabelung nicht verpassen, nach links auf den Wiesenweg abzuzweigen. Bald schließt sich auch auf diesem Weg wieder üppiger Mischwald um uns herum, und nach [6.3 km] stoßen von rechts oben wieder der Eifelvereinsweg und der Lieserpfad zu uns. Gemeinsam streben wir einmal mehr dem Tal zu. Mit einigen Spitzkehren verlieren wir zügig an Höhe, erfreuen uns an einem tief eingekerbten Seitental und den schroffen Felsklippen am Wegesrand. Schließlich finden wir uns nach [8 km] und einigen Richtungswechseln auf tollem Pfad parallel zur Lieser auf halber Hanghöhe wieder. Über uns ragen zwischen den Bäumen die teils herrlich gefalteten Gesteinsschichten des Grundgebirges heraus. Obwohl wir nun schon seit Manderscheid durch das

Liesertal wandern, wird es nie langweilig, denn die kurzweilige Wegführung und vor allem die sehr abwechslungsreiche Natur sorgen für Spannung.

Ein weiterer Höhepunkt erwartet uns nach **[8.5 km]**: Hier weist ein Holzschild auf den „Geo-Aufschluss **Mausloch**" [P 4] hin. Diesen 200 m langen Abstecher auf engstem, teils etwas verwilderten Pfad hinab an die Lieser sollten wir uns nicht entgehen lassen. Unten ist ein Mäanderdurchbruch im Schiefergestein zu bewundern, der auf einer nahen Tafel eingehender erläutert wird. Zurück auf dem EifelSteig, wandern wir weiter südwärts und biegen wenig später vom Pfad auf einen etwas breiteren Forstweg ab, der uns schließlich nach **[km 9.3]** zur **Karl-Kaufmann-Brücke** [P 5] über die Lieser bringt. Auf der anderen Seite bleiben wir zunächst nahe am Fluss, passieren dann aber eine Waldwiese und sehen vor uns bereits einen hohen Bergrücken aufragen. Kein Zweifel: Der nächste Aufstieg ist nah! Der EifelSteig schneidet hier einen der Mäander der Lieser ab, und dazu müssen wir auf steilem Pfad den Berg erklimmen. Kaum haben wir die Höhe erreicht und uns am dortigen Rastplatz etwas ausgeruht, geht es wieder abwärts. Wir queren den kleinen Leimerbach und schwenken dann nach links, um dem Bach zurück zur Lieser zu folgen. Welch ein Kontrast zum Liesertal: Nun beherrscht Hochwald das viel engere, fast schluchtenartige Tal, und der Leimerbach hat natürlich eine viel kleinere Dimension als die Lieser. Doch wir lassen uns verzaubern von dem verwunschenen Stück Natur um uns herum. Üppig bemoostes Totholz bildet grüne Oasen im leise murmelnden Bach und zwingt das Wasser zu immer neuen Schleifen, Farne bedecken Felsen und Boden. Viel zu schnell hat diese Märchenwelt ein Ende, denn nach **[11 km]** ist wieder Kondition gefordert: Durch lichten Nadelwald steigen wir steil bergan, bis wir an einem Feld den Wald verlassen. An den dichten Hecken entlang wenden wir uns nach links, treffen auf einen breiteren Weg und gelangen zum nächsten Waldrand. Hier orientieren wir uns erneut nach links und erleben eine neue Spielart des Waldes: Krüppeleichen haben den kargen und sehr steilen Hang erobert, und unser Pfad schlängelt sich, noch etwas an Höhe zulegend, mitten durch die niedrigen Bäume.

Nach **[11.7 km]** geht es dann sehr steil, aber in zahlreichen Serpentinen abwärts zurück zur Lieser. Dort treffen wir auf den einmündenden **Ilgenbach** [P 6], der uns beim Aufstieg Richtung Himmerod begleiten wird. Ein letzter Blick auf die nun träge fließende Lieser, dann biegen wir wenig oberhalb rechts auf den EifelSteig und den Burgbergpfad ab und kehren dem Liesertal endgültig den Rücken zu. Auf tollem Wiesenweg, gesäumt von Büschen und Niederwald, aber auch Felsklippen, gewinnen wir zusehends an Höhe. Nach **[12 km]** dürfen wir am „Tulischen Graben" den Abzweig nach rechts nicht verpassen.

Allmählich weicht der Wald um das Ilgenbachtal zurück, und nach **[13.7 km]** treffen wir unterhalb von Karl auf einen Querweg und eine Pumpstation. Wir setzen unbeirrt den Aufstieg geradeaus fort. Wenig später begleitet uns ein umzäuntes, weitläufiges Wildgehege bis zur **L 62 [P 7]**, die wir nach **[14.7 km]** queren. Auf der anderen Seite wandern wir zunächst noch am Waldrand entlang weiter aufwärts. Dann folgt linker Hand eine herrliche Waldwiese mit sattgrünen Bilderbuchtannen, und kurz darauf finden wir uns auf weichem Waldweg im Mischwald wieder.

Noch einmal gewinnen wir deutlich an Höhe, bis unser Weg nach **[17.3 km]** auf einen breiten Forstweg mündet. Wir wenden uns nach links und laufen nun ohne große Höhendifferenz durch den hier deutlich von Lärchen geprägten Wald. An einer Aussichtsbank verlassen wir bis auf Weiteres den Hochwald und wenden uns an einer knorrigen Kiefer nach links Richtung offenes Feld. Doch erst nach einem erneuten Schwenk nach rechts finden wir uns wirklich auf freier Flur. Wir lassen die K 141 hinter uns und steuern auf ein altes Militärgebäude zu, das längst dem Verfall preisgegeben ist. Hier biegen wir rechts auf einen zunächst noch geteerten Feldweg ab. Doch bald wandelt sich der Belag zu einer wassergebundenen Decke, und wir frönen dem weiten Ausblick auf die Umgebung. Mit wenig Auf und Ab gelangen wir mitten in offener Landschaft zu einer kleinen Brücke, die uns trockenen Fußes über den zeitweise sehr üppig sprudelnden Dürrbach bringt.

Nach **[19.1 km]** hat uns der Wald wieder, und an einer großen Waldkreuzung halten wir uns mit EifelSteig und Lokalweg 4, dem „Himmerodpfad", halb links. Der breite Weg fordert uns wenig und bringt uns zügig voran. Wir verlieren unmerklich an Höhe und treffen nach **[19.6 km]** am Tagesziel, dem **Kloster Himmerod [P 8]**, ein. Hier wird man von den Mönchen (bitte telefonisch voranmelden!) mit offenen Armen empfangen. Entweder in der Abtei selbst oder im Gästehaus beherbergen die Mönche Pilger ebenso wie Wanderer. So bietet sich hier die einmalige Gelegenheit, das Wandern, das ja auch oft meditativ ist, mit christlicher Einkehr zu verbinden, denn die Klostergäste dürfen an allen Stundengebeten teilnehmen. Das Kloster steht übrigens nicht nur Männern offen – jeder ist hier herzlich willkommen! Und kommt man mit den Mönchen erst einmal ins Gespräch, ist es toll, was Pater Martin (er ist der Gastpater in der Abtei und auch für die Buchhandlung des Klosters verantwortlich) und seine Mitbrüder so an Tipps über die Region parat haben.

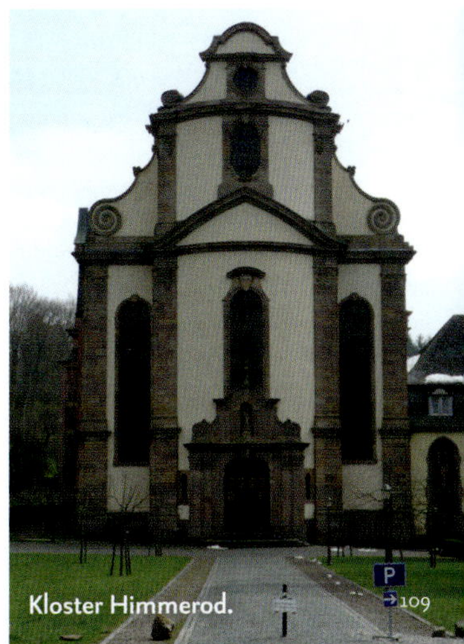


Kloster Himmerod.

Gasthof Kupferpfanne, Wittlicher Str. 25, 54531 Manderscheid ✆ 06572/4936 Di., Mi., Do. Ruhetage.
■ **Großlittgen-Himmerod:** Klostergaststätte Himmerod, 54534 Großlittgen-Himmerod ✆ 06575/951344 ⏲ Mo.–Do.: 11–18 Uhr, Fr., Sa., So., feiertags: 11–21 Uhr

**Manderscheid:** Hotel Haus Schwaben, Lieser Str. 8-10, 54531 Manderscheid ✆ 06572/4743 Ⓘ www.hotel-schwaben.com
■ Hotel Tara, Dauner Str. 10, 54531 Manderscheid ✆ 06536/9339000
■ Pension Kupferpfanne, Wittlicher Str. 25, 54531 Manderscheid ✆ 06572/4936
■ **Großlittgen-Himmerod:** Kloster Himmerod, Himmerod, 54534 Großlittgen-Himmerod, nach telefonischer Voranmeldung ist eine Übernachtung im Kloster Himmerod inkl. Verpflegung in der Abtei oder im Gästehaus möglich ✆ 06575/951370 (Pforte)
■ Gasthof Graf Zils, Himmerod 1, 54534 Großlittgen-Himmerod ✆ 06575/4480
■ Landhotel Littcher Hof, Wittlicher Straße 12, 54534 Großlittgen ✆ 06575/4146 Ⓘ www.littcher-hof.de

Mitten in den Vulkanen der Mosenberggruppe westlich von **Manderscheid** findet sich der einzige **Bergkratersee** nördlich der Alpen. Eindrucksvoll wirken die insgesamt vier „Mustervulkane" der Westeifel alle, doch besonders der Bergkratersee mit seiner seltenen Tier- und Pflanzenwelt im Verlandungsbereich des Maares gehört zu den geologischen Kleinoden der Region. Der Windsborner Maarsee ist nur 1,7 m tief und gehört damit zu den flachsten Maarseen der Eifel. Die vulkanische Aktivität in dieser Region fand vor 43.000 bis 29.000 Jahren ihren Höhepunkt. Von Manderscheid aus gelangt man über regionale Wanderwege zum Windsborner Maar. Wer möchte, kann die Tour auch zum Meerfelder Maar verlängern.

■ Ein Leckerbissen für jeden trittsicheren Wanderfreund ist der **Lieserpfad**, dem auch der EifelSteig auf einigen Abschnitten folgt. Die grandiose Natur des Liesertals wird auf engen Pfaden und Stegen erschlossen, oft geht es ziemlich steil bergan oder zu Tal. Verwunschene Brücken helfen über die quirlige Lieser, idyllische Plätze laden zum Verweilen ein. Der gesamte Lieserpfad ist 43 km lang und führt von Daun auf dem „Oberen Lieserpfad" bis Manderscheid (17 km). Der „Untere Lieserpfad" verläuft von Manderscheid aus nach Wittlich und ist mit 26 km und erheblich größerem Höhenunterschied der anspruchsvollere Abschnitt dieses äußerst reizvollen Wanderweges.

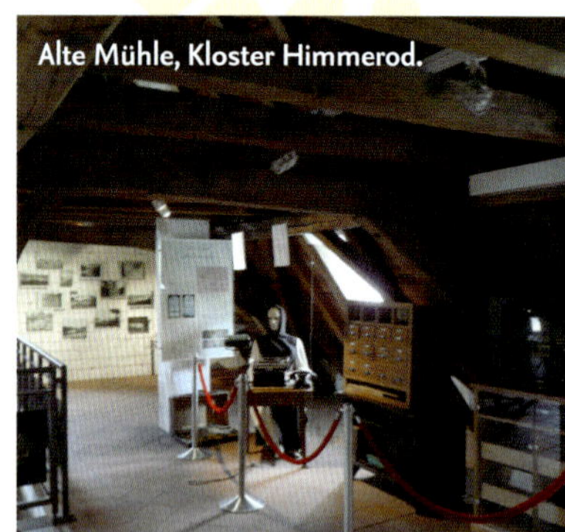
Alte Mühle, Kloster Himmerod.

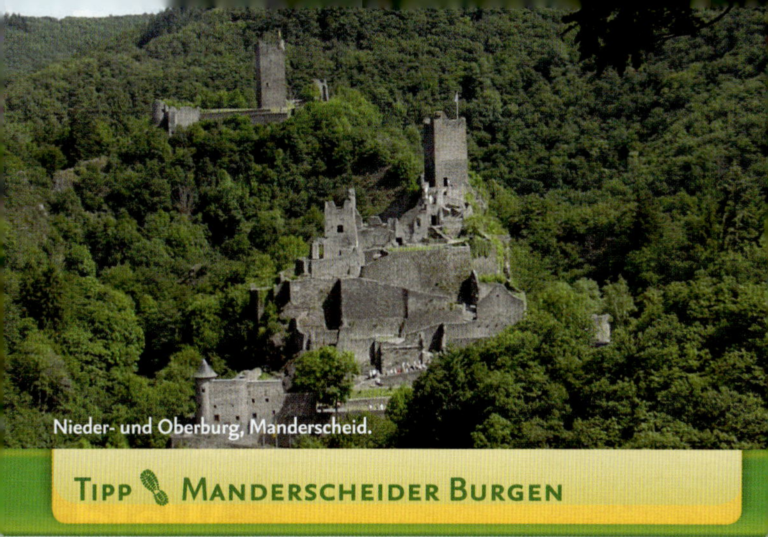
Nieder- und Oberburg, Manderscheid.

## Tipp Manderscheider Burgen

Manderscheid wird gleich von zwei Burgen bewacht, der Nieder- und der Oberburg. Beide Gemäuer zeugen von der Konkurrenz zwischen dem Kurfürstentum Trier und dem Herzogtum Luxemburg im Mittelalter. Die **Oberburg** wurde auf Veranlassung des Trierer Erzbischofs erbaut und ist urkundlich erstmals 1141 dokumentiert. Allerdings bestand die Siedlung Manderscheid bereits seit 973, die Ursprünge der Oberburg könnten demnach bis ins 10. Jahrhundert zurückreichen. Die Oberburg ist aber in jedem Fall älter als die erstmals 1133 oder 1173 erwähnte **Niederburg**.

Diese wurde auf einem Felssporn im Liesertal etwas unterhalb der älteren Oberburg erbaut. Die Lieser trennt beide Burgen voneinander. Strategisch waren die Besitzer der Niederburg in den kriegerischen Zeiten des Mittelalters im Vorteil, da sie durch die Tallage den Verkehr und Warentransport kontrollieren und gegebenenfalls auch sperren konnten. Die Niederburg war Stammsitz der Grafen von Manderscheid, die für die Abtei Echternach als Vögte die luxemburgischen Besitztümer sicherten. Die Ruine der Oberburg befindet sich heute im Besitz der Gemeinde Manderscheid und zeichnet sich besonders durch den mächtigen Bergfried aus. Sie ist frei zugänglich. Die Niederburg kam 1899 in den Besitz des Eifelvereins. Sie wurde nach alten Plänen aufwendig restauriert. ⏲ Die sehenswerte Niederburg kann täglich zwischen 10.30 Uhr und 17 Uhr gegen eine Gebühr besichtigt werden. Auf der Niederburg findet alljährlich der weit über die Region bekannte Weihnachtsmarkt statt. Im Sommer dient die Niederburg zudem als Schauplatz für das historische Burgfest. Weitere Informationen zur Niederburg unter: ⓘ www.niederburg-manderscheid.de

# 13 Von Himmerod nach Bruch

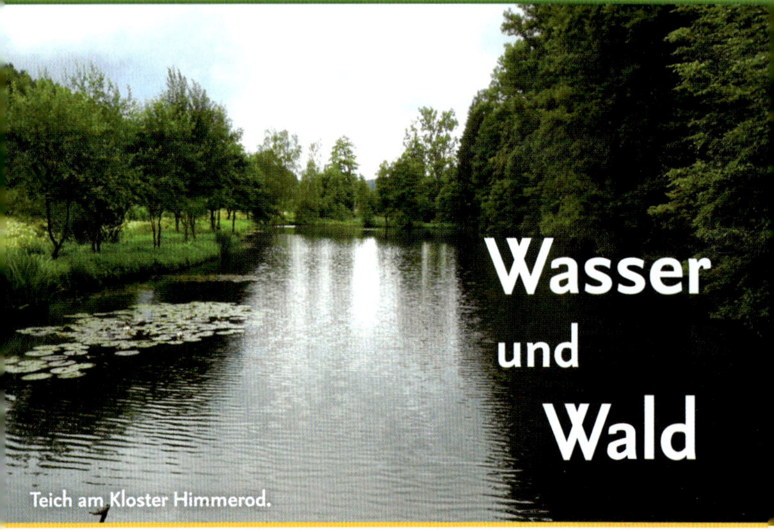

## Wasser und Wald

Teich am Kloster Himmerod.

- **Start:** Kloster Himmerod
- **Ziel:** Bruch, Dorflinde
- **Länge:** 20.1 km
- **Dauer:** 5 Std. 45 Min.
- **Höchster Punkt:** 325 m
- **Steigung:** 268 m
- **Gefälle:** 397 m
- **Anspruch:** ✶✶✶
- **Tour Download:** ES13HPX3

- **Anfahrt:** Kloster Himmerod erreicht man am besten über die A 60 bis Spangdahlem und von dort weiter über die L 46 und L 34.
  Bruch erreicht man über die A 60 (AS Wittlich-West). Von dort fährt man über die L 141 und die L 43 nach Dreis und weiter auf der L 50 nach Bruch.
- **Taxi:** Taxi Gutjahr, Wittlich ✆ 06571/93339
- **Tourist-Info:** Manderscheid: ✆ 06572/932665
  Bitburger Land: ✆ 06561/94340
  Moseleifel-Touristik e.V., Wittlich: ✆ 06571/4086

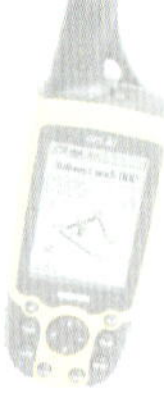

GPS-Koordinaten*

*nach UTM

- **Start:** Kloster Himmerod Ost 339347, Nord 5543830
- **Ziel:** Bruch, Dorflinde Ost 341107, Nord 5536187
- **Aussichtspunkte:**
  **P5:** Landscheid Ost 340851, Nord 5539679
  **P6:** Aussicht auf Niederkail Ost 339749, Nord 5538595
  **P7:** Aussicht auf Bruch Ost 340585, Nord 5536869

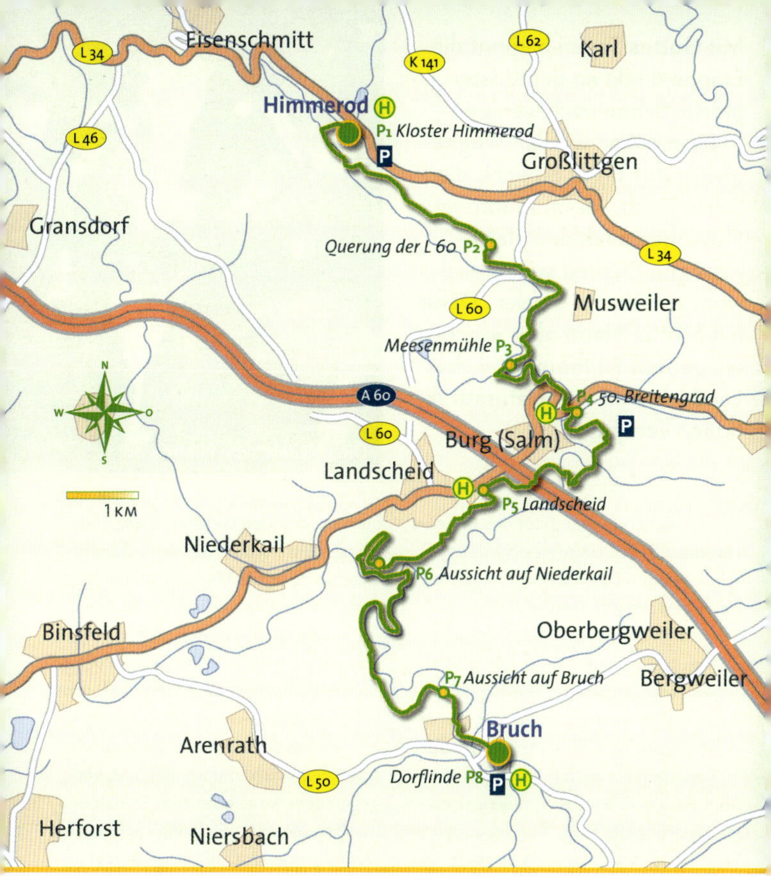

Eisenschmitt
L 34
L 62
Karl
K 141
Himmerod
P1 Kloster Himmerod
L 46
Großlittgen
Gransdorf
Querung der L 60 P2
L 34
Musweiler
L 60
Meesenmühle P3
N
W
O
S
A 60
P4 50. Breitengrad
L 60
Burg (Salm)
Landscheid
1 KM
P5 Landscheid
Niederkail
P6 Aussicht auf Niederkail
Binsfeld
Oberbergweiler
P7 Aussicht auf Bruch
Bergweiler
Bruch
Arenrath
L 50
Dorflinde P8
Herforst
Niersbach

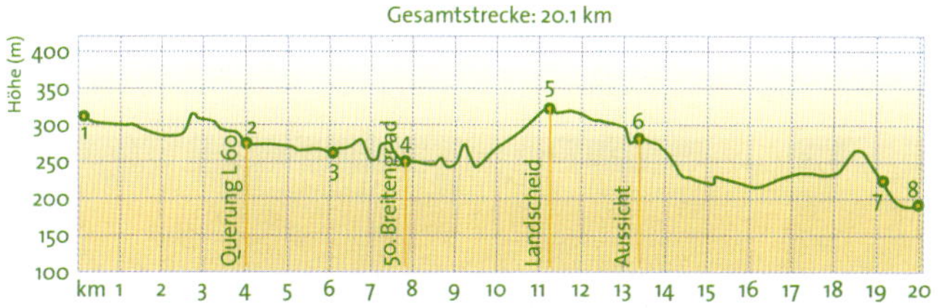


**P1:** Kloster Himmerod **P2:** Querung der L 60 **P3:** Meesenmühle **P4:** 50. Breitengrad
**P5:** Landscheid **P6:** Aussicht auf Niederkail **P7:** Aussicht auf Bruch **P8:** Bruch, Dorflinde

**Mit Gottes Segen beginnt die Etappe direkt an der Klosterpforte. Schon nach wenigen Metern haben wir den Wegbegleiter des Tages erreicht: die Salm. Doch wer im munteren Flüsschen nach den gleichnamigen Fischen sucht, wird wohl enttäuscht werden. Dafür hat Mutter Natur aber wieder ein ganzes Füllhorn herrlicher Landschaften und Naturattraktionen verstreut!**

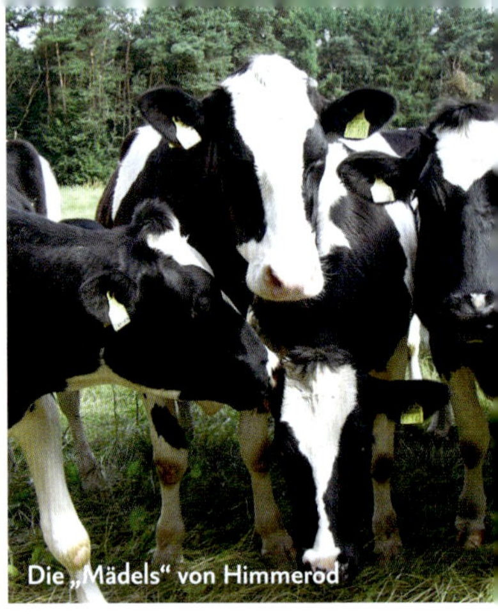
Die „Mädels“ von Himmerod

Am herrlichen Eingangstor des **Klosters Himmerod [P 1]**, im Angesicht der geschwungenen Barockfassade, legen wir, frisch gestärkt mit Klosterbrot, los zur Tour durch das Salmtal. Die Salm wird uns heute ein treuer Weggefährte sein, begleitet sie uns doch mal ruhig fließend, mal munter gurgelnd, fast immer in Sichtweite bis zum Ziel nach Bruch. So beginnen wir auch gleich nach dem Abzweig am Klosterladen mit einer ersten Querung der Salm. Auf der anderen Seite wenden wir uns im Wald nach links und folgen dem breiten naturbelassenen Waldweg. Durch die Blätter der Bäume erspähen wir immer wieder die beeindruckenden Gebäude des Zisterzienserklosters, das nach wechselvoller Geschichte seit Anfang des 20. Jahrhunderts wieder eine aktive Abtei ist. Nach [1.1 km] verlassen wir den breiten Weg und biegen links auf einen Pfad ab. Dieser führt uns über einen Steg wieder ans linke Salmufer, es folgt die Querung einer offenen Wiese. Dann passieren wir einen Fischteich und wenden uns, entgegen dem Wegweiser zum Soldatenfriedhof, mit dem EifelSteig nach rechts. Der folgende Abschnitt begeistert allein durch die großartigen Buchen am Wegesrand. Herrliche, uralte Bäume mit ausladenden Kronen und bemoosten

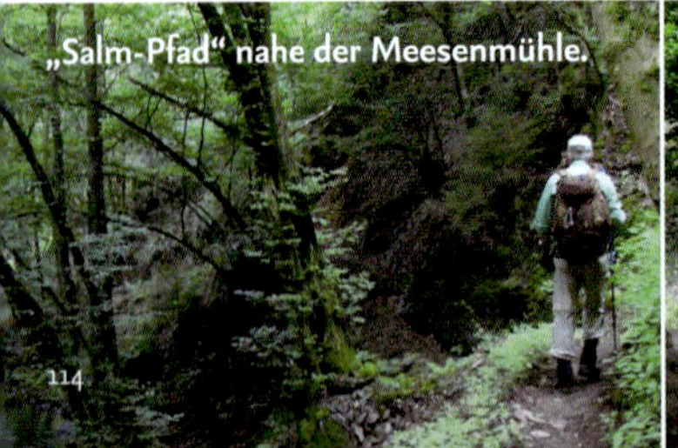
„Salm-Pfad“ nahe der Meesenmühle.

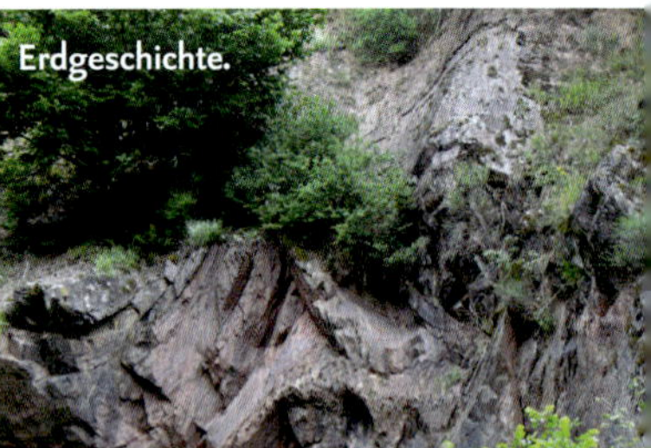
Erdgeschichte.

Stämmen sorgen dafür, dass wir vollkommen in die Natur um uns eintauchen und der Alltag in den Hintergrund rutscht. Die Salm immer im Blick, erreichen wir nach [2.3 km] die wenig befahrene K 5 und laufen etwa 150 m nach links entlang der Kreisstraße. Dann biegen wir nach rechts auf einen neuen, engen Pfad ab und erklimmen mit einigen Windungen um die hier angesiedelten Nadelbäume den Hügel. Oben angelangt, erreichen wir rasch den Waldrand und genießen, neugierig beäugt vom hier grasenden Jungvieh, das Panorama der vor uns ausgebreiteten Felder und Weiden. Mit etwas Glück stellen sich die „Mädels" sogar in Foto-Positur! Kurzzeitig wandern wir am Waldrand entlang, bald ziehen aufgelassene Sandgruben unsere Aufmerksamkeit auf sich. Der Abzweig zum linker Hand gelegenen Gutshof bleibt unbeachtet, erst nach [3.2 km] wenden wir uns nach rechts auf einen leicht abschüssigen Wiesenweg. Dieser bringt uns an den tiefer gelegenen Waldrand, wo wir nach links schwenken. Auf weichem Grasweg läuft es sich prima, doch wir dürfen nach weiteren 600 m den Abzweig nach rechts hinab zur L 60 und zur Großlittger Mühle nicht verpassen (Der Stichweg wird noch weiter ausgebaut!). An der Straße angelangt [P 2], geht es noch 50 m bis zur Salmbrücke, doch unmittelbar vor dem Fluss laufen wir nach links auf dem ufernahen Wanderweg weiter. Die nächste Überraschung verdanken wir den urgewaltigen Kräften von Mutter Erde: In einem ehemaligen Steinbruch erkennen auch Laien sofort die großartige Faltenstruktur im Grundgebirge. Wie die Blätter eines Buches sind hier die Gesteinsschichten vor Zigmillionen Jahren verformt worden. Wir folgen dem naurbelassenen Weg entlang der Salm, ignorieren sämtliche Abzweige und passieren nach [4.4 km] ein Hofgut. Der EifelSteig folgt den zahlreichen Windungen der Salm, und auch an der Weggabelung neben einem Hochsitz entscheiden wir uns für den rechten, der Salm näheren Weg. Einmal mehr lassen wir uns von der üppigen Natur um uns herum verzaubern. Eben noch wandern wir pfadig durch tollen Mischwald und haben Mühe, durch das dichte Blattwerk die Salm zu erspähen. Dann wechselt der EifelSteig in lichteren Nadelwald, und das kleine Flüsschen hat wieder unser volles Augenmerk. Doch auch bei angestrengter Ausschau: Einen echten Salm (Lachs) entdecken wir nicht.

Nach [6 km] treffen wir an der **Meesenmühle [P 3]** ein. Hier halten wir uns rechts und queren erst den Mühlkanal, dann die Salm selbst. Kaum sind die Ge-

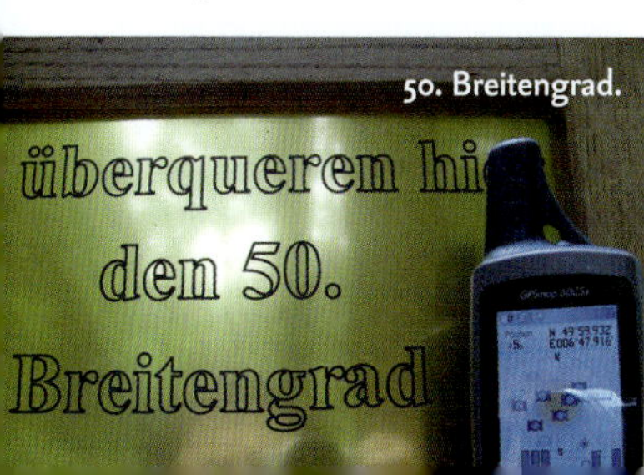

50. Breitengrad.

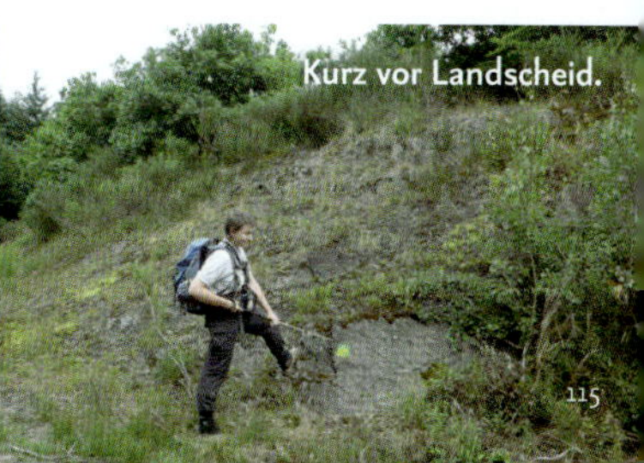
Kurz vor Landscheid.

bäude der Mühle hinter uns, steht der nächste Richtungswechsel an: Wir biegen scharf nach links ab über den Nebenbach der Salm, gelangen nach 100 m an eine weitere Verzweigung und halten uns erneut links. Danach hat uns das Salmtal wieder. Doch wenn wir glauben, dass wir alle Spielarten des Tales bereits kennengelernt haben, so werden wir eines Besseren belehrt: In der steilen Hangflanke über dem Fluss erwartet uns nun eine echte „Steig-Passage". Hautnah an den moosüberwucherten Felsen, begleitet von Farnen und Waldreben, wandern wir auf engstem Felsenpfad oberhalb des sich windenden Flusses.

Nach 300 m senkt sich der Pfad ab, und wir laufen wieder im nun etwas breiteren Salmtal gen Osten. Das Auf und Ab des EifelSteigs setzt sich auch hier fort, und so steigen wir bis zu einer Waldwiese bergan. Dort folgen wir dem Wiesenrand, bis es kurz vor Ende der Wiese wieder links auf einen Pfad in den Wald geht. Mitten durch die steile Hangflanke folgen wir erneut der Salm.

Nach **[7.1 km]** mündet unser Waldweg auf einen queren den Wirtschaftsweg. Hier biegen wir nach rechts bergan, lassen eine Kläranlage links liegen und treffen 300 m später an einer Weggabelung unmittelbar vor der L 34 ein. Hier folgen wir dem EifelSteig-Logo nach links aufwärts, um direkt an der Salmbrücke auf die Straße zu treffen. Wir laufen links und queren die Straße auf Höhe der geologischen Hinweistafel zum Aufschluss Musweiler. Auf dem Zufahrtsweg zum Waldhotel Viktoria überschreiten wir nach **[7.7 km]** den **50. Breitengrad [P 4]**. Nach 40% der Tagesstrecke **[8.0 km]** lädt uns dann das Waldhotel zur Rast ein. Der EifelSteig folgt in lichtem Hochwald der Salm und erlaubt Blicke auf die Wiesen und Felder des anderen Ufers, wo mit etwas Glück schon einmal Rehwild beobachtet werden kann. Nach **[8.5 km]** wechseln wir einmal mehr die Uferseite und gewinnen auch wieder etwas Höhe. An einer Weggabelung halten wir uns rechts, passieren wenig später eine kleine Wiese und gelangen schließlich in einen Fichtenbestand. Sehr abwechslungsreich führt uns der EifelSteig durch den Wald, und bald mischt sich das Rauschen der Autobahn unter die umgebenden Naturgeräusche. Über einige Spitzkehren und Kurven, die wir aber dank der Markierung gut meistern, streben wir nach erneuter Talgrundvisite wieder bergan. Schließlich laufen wir nach **[10.7 km]** unter der mächtigen Brücke der A 60 hindurch und begleiten auf einem Feldweg die Autobahn bis zur querenden L 34. Parallel zu dieser Landstraße erreichen wir das nahe Landscheid, wo wir links in **„Auf'm Mühlenberg"** abbiegen **[P 5]**. Nach dem letzten Haus wenden wir uns nach rechts und umrunden so die Gemeinde am äußeren Rand.

Noch einmal berühren wir kurz die Bebauung, bevor wir uns an einer Teerstraße endgültig nach links von Landscheid verabschieden. Nur 100 m später dürfen wir rechts auf einem Feldweg die Tour fortsetzen. Weit schweift unser Blick über die offenen Felder, am

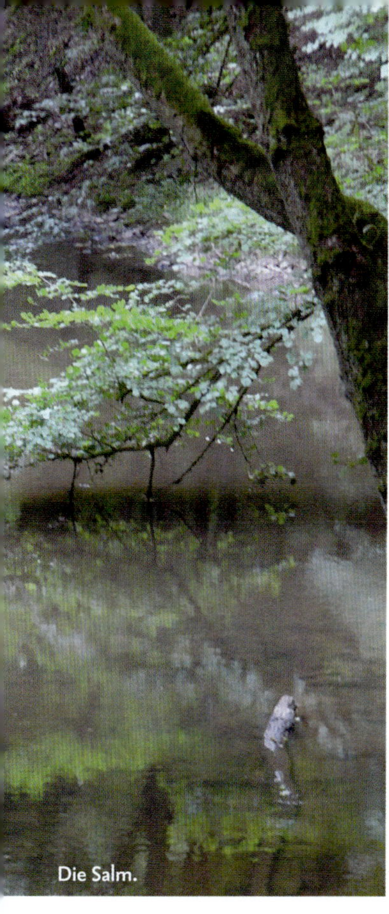
Die Salm.

Horizont sehen wir die Silhouette des Stützpunktes Spangdahlem. Abzweige ignorieren wir, bald säumen Hecken den Weg, und wir treten in Niederwald ein. An einer Rechtskurve ergibt sich ein schöner Ausblick auf **Niederkail** und das Kailbachtal [P 6]. Langsam verlieren wir Höhe, bis wir nach [13.9 km] schließlich den kleinen Bach queren. Auf der anderen Seite wenden wir uns links auf den talseitigen Waldweg und laufen zurück zum Kailbachtal, das wir etwa an der Kläranlage erreichen. Wir laufen nach links, lassen einen Steinbruch links liegen und queren den Kailbach. Kurz nach der Brücke dürfen wir nach [15.1 km] den Abzweig nach rechts nicht verpassen. Der weiche Pfad führt uns mit einigen Richtungswechseln wenig später wieder ins Salmtal.

Noch einmal können wir uns voll und ganz dem Naturgenuss hingeben. Mäandrierend fließt die Salm unter uns nach Süden, der EifelSteig folgt, dem Steilhang abgerungen, allen Biegungen. Neben dem vielfältigen Wald begeistern uns aber die rechter Hand aufragenden Felsenklippen.

Schließlich entfernen wir uns etwas vom Fluss, und vor uns öffnet sich eine große Wiese. Noch einmal gewinnen wir Höhe, treffen nach [18.6 km] auf eine große Kreuzung und biegen dort nach links abwärts. Bald weichen auch die letzten Hecken und Waldflächen zurück, und wir können von der Anhöhe den ersten **Blick** [P 7] aufs Tagesziel auskosten. Markant prägen die beiden Türme der ehemaligen Wasserburg das Bild der Gemeinde Bruch. Wir laufen auf dem Wirtschaftsweg ins Tal hinab, queren für heute ein letztes Mal die Salm und erreichen die ersten Häuser des Ortes. Nach [20.1. km] beenden wir an der **Dorflinde** im Zentrum von **Bruch** [P 8] diese wasser- und waldreiche Etappe.

**Großlittgen-Himmerod:** Klostergaststätte Himmerod, 54534 Großlittgen-Himmerod ✆ 06575/951344 ⌚ Mo.–Do.: 11–18 Uhr, Fr., Sa., So., feiertags: 11–21 Uhr

■ **Umgebung von Bruch:** Hotel Waldhotel Viktoria, Burger Mühle, 54526 Landscheid ✆ 06575/9540 @ www.waldhotelviktoria.de

■ Landhaus Hubertus, Großlittger Str.1, 54526 Landscheid ✆ 06575/8140 ⌚ Mo. Ruhetag, Di.–Fr.: 11–14 Uhr, 17–24 Uhr, Sa. u. So. 11–24 Uhr

■ Restaurant Daus, Karrstr. 19–21, 54516 Wittlich ✆ 06571/91620 ⌚ Mi. Ruhetag

**Großlittgen-Himmerod:** Kloster Himmerod, Himmerod, 54534 Großlittgen-Himmerod, nach telefonischer Voranmeldung ist eine Übernachtung im Kloster Himmerod inkl. Verpflegung in der Abtei oder im Gästehaus möglich. ✆ 06575/951370 (Pforte)

■ Gasthof Graf Zils, Himmerod 1, 54534 Großlittgen-Himmerod, ✆ 06575/4480

■ Hotel Waldhotel Viktoria, Burger Mühle, 54526 Landscheid ✆ 06575/9540 @ www.waldhotelviktoria.de

■ **Bruch:** Bed & Breakfast, I. Förschner, In der Burg 1, 54518 Bruch ✆ 06578/1620 @ www.burg-bruch.de

■ **Umgebung von Bruch:** Hotel Lamberty, Brückenstr. 8, 54526 Landscheid ✆ 06575/95180 @ www.hotel-lamberty.de

■ Gasthaus Hotel Schneck, Trierer Str. 52, 54516 Wittlich ✆ 06571/5692

■ Landhaus Rotenberg Garni, Trierer Landstr. 115, 54516 Wittlich ✆ 06571/14800 @ www.landhaus-rotenberg.de

Tiefe Einblicke in das Leben der Zisterzienser Mönche der Abtei Himmerod bietet die **Ausstellung** im alten Mühlengebäude auf dem Klostergelände. Der Spiritualität, aber auch der Baukunst der Zisterzienser sind eigene Abteilungen gewidmet. Darüber hinaus gibt es eine Sammlung internationaler Emailkunst zu bewundern. ⌚ Di.–Sa.: 14–17 Uhr, So.: 11–17 Uhr, im Winter Sonderöffnungszeiten. Alte Mühle, **Abtei Himmerod**, 54534 Großlittgen ✆ 06575/951355 @ www.kloster-himmerod.de

■ Bereits 1138 berichten Dokumente von der **Burg** in **Bruch**. Zunächst von den Herren von Bruch gebaut, wechselte die Burg im 14. Jahrhundert in den Besitz Dietrichs von Daun. Die mittelalterliche Burg bestand aus einer Kernburg mit Pallas und Bergfried und war durch einen Graben von der Vorburg und den Wirtschaftsgebäuden getrennt. Das gesamte Ensemble war ursprünglich von einem Wall und einem Graben gegen Eroberung geschützt. Interessant sind heute v. a. die aus dem 13. Jahrhundert stammende Kapelle, einige Gebäude aus dem 17. Jahrhundert und die einzigartigen Rundtürme. Diese 30 Meter hohen Türme ragen als charakteristische Wahrzeichen der Gemeinde auf. Heute kann man in der Burg sogar auf Vier-Sterne-Niveau übernachten. In der Burg 1, 54518 Bruch ✆ 06578/1620 @ www.burg-bruch.de

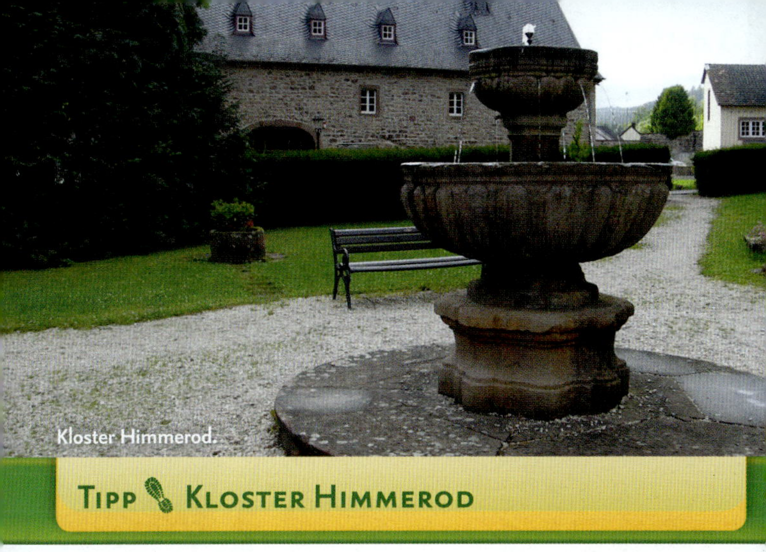
Kloster Himmerod.

## Tipp Kloster Himmerod

Kloster Himmerod ist im 12. Jahrhundert als 14. Tochterkloster von Clairvaux, dem Mutterkloster der Zisterzienser, gegründet worden und gilt bis heute als eines der best-erhaltenen Zisterzienser-Klöster. Veranlasst wurde die Gründung durch den heiligen Bernhard, der 1134 Abt Randulf aussandte, nach einem geeigneten Standort zu suchen. Doch es war Bernard von Clairvaux persönlich, der den endgültigen Standort im Salmtal 1135 festlegte. 1138 wurde die erste, noch aus Holz gebaute Klosteranlage geweiht. Bereits 1178 konnte die nun aus Stein errichtete, erste romanische Basilika vom Trierer Erzbischof feierlich geweiht werden. Schnell stieg der Einfluss des Klosters, immer mehr Mönche drängten nach Himmerod. Dies mündete in Expansionsbestrebungen, und die Suche nach einem neuen Standort für ein Tochterkloster begann. So kam es Ende des 12. Jahrhunderts zur Gründung des Klosters Heisterbach. Im 15. und 16. Jahrhundert öffnete sich das Kloster und entsandte seine Mönche zu theologischen Studien in damalige Wissenshochburgen wie Heidelberg oder Köln. Auch mit der Universität Trier entstand eine rege Zusammenarbeit. Im 18. Jahrhundert sorgte Abt Robert Bootz für umfangreiche Erweiterungsbauten: So wurde ein Krankenhaus errichtet und der Konventneubau vollendet. In seine Amtszeit fällt auch der Baubeginn für die neue barocke Kirche. Am 9. Juli 1802 ereilte auch Kloster Himmerod das Schicksal der Säkularisation durch die Franzosen. Erst nach dem Ersten Weltkrieg kam es zur Neubesiedelung der Abtei Himmerod durch aus Jugoslawien vertriebene deutsche Zisterzienser. 1922 wurde das Kloster neu eingerichtet. Heute leben in der Abtei 13 Mönche.
ⓘ www.kloster-himmerod.de

# 14 Von Bruch nach Kordel

# Farbenspiel im Felsenland

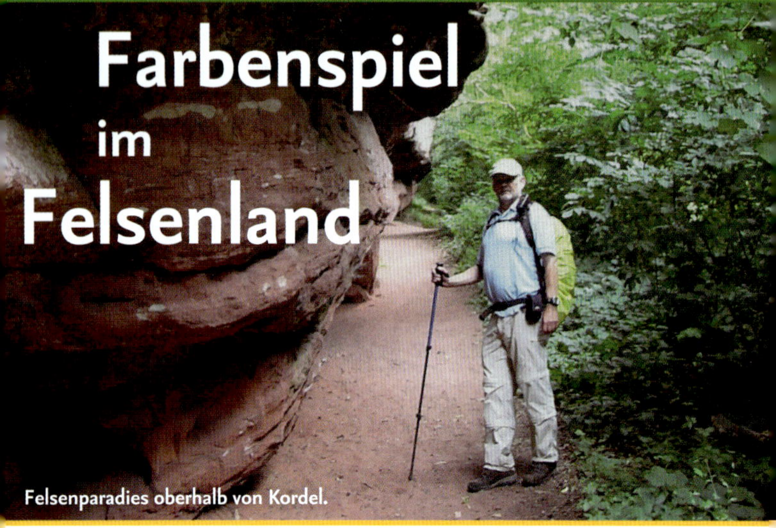

Felsenparadies oberhalb von Kordel.

- **Start:** Salmbrücke in Bruch
- **Zwischenziel:** Zemmer
- **Ziel:** Kordel, Zentrum
- **Länge:** 29.7 km (14.7 km/15 km)
- **Dauer:** 8 Std. 30 Min. (4 Std. 10 Min./ 4 Std. 20 Min)
- **Höchster Punkt:** 399 m (399 m/395 m)
- **Steigung:** 536 m (352 m/156 m)
- **Gefälle:** 592 m (184 m/436 m)
- **Anspruch:** ✶✶✶ (✶✶/✶✶)
- **Tour Download:** ES14HPX2
- **Anfahrt:** Bruch erreicht man über die A 60 (AS Wittlich-West). Von dort fährt man über die L 141 und die L 43 nach Dreis und weiter auf der L 50 nach Bruch.
  Kordel liegt direkt an der B 422. Von Südwesten gelangt man auch über die L 43 nach Kordel.
- **Taxi:** Thieltges, Welschbillig ✆ 06506/910950
- **Tourist-Info:** Moseleifel-Touristik e.V.: ✆ 06571/4086
  Ferienregion Trierer Land: ✆ 06501/602666

GPS-Koordinaten*

- **Start:** Bruch, Dorflinde Ost 341107, Nord 5536187
- **Ziel:** Kordel, Zentrum Ost 329860, Nord 5523453
- **Aussichtspunkte:**
  **P3:** Greverath Ost 338400, Nord 5533354
  **P6:** Aussichtsturm Rodt Ost 333181, Nord 5526995
  **P9:** Felsenkanzel mit Blick auf Kordel Ost 329620, Nord 5523743

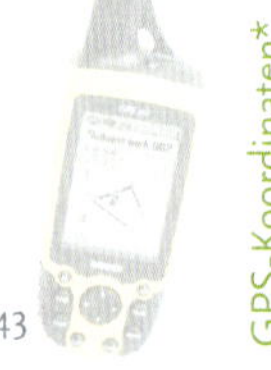

*nach UTM

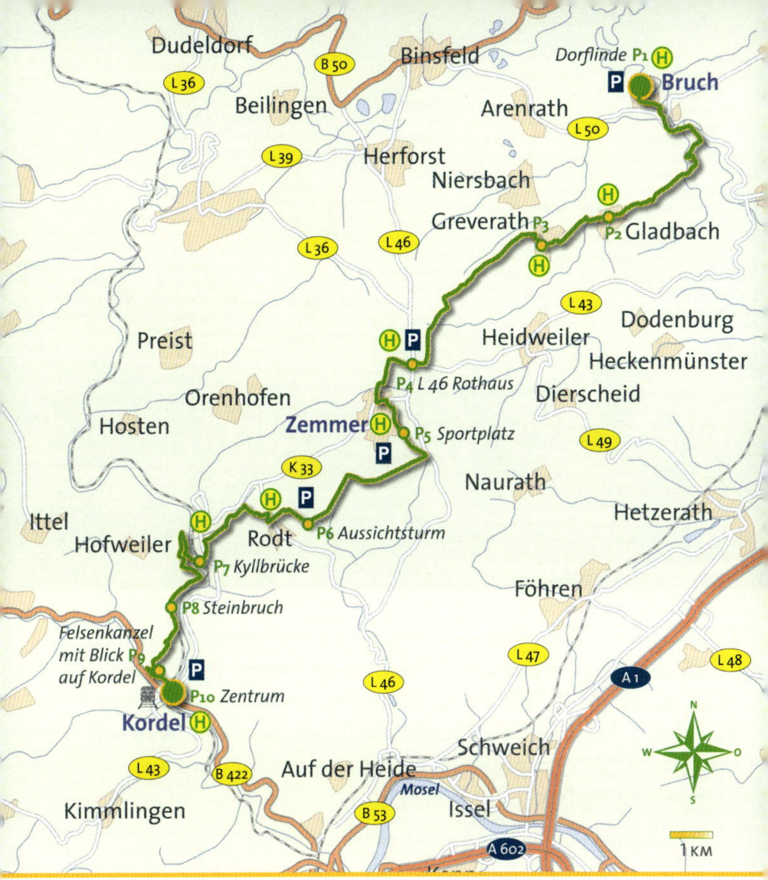

Dudeldorf
B 50
Binsfeld
Dorflinde P1 H
L 36
P Bruch
Beilingen
Arenrath
L 50
L 39
Herforst
Niersbach
H
Greverath P3
P2 Gladbach
L 36
L 46
H
L 43
Dodenburg
H P
Preist
Heidweiler
Heckenmünster
P4 L 46 Rothaus
Orenhofen
Dierscheid
Hosten
Zemmer H
P5 Sportplatz
L 49
P
K 33
Naurath
H P
Ittel
H
Hetzerath
Rodt
P6 Aussichtsturm
Hofweiler
P7 Kyllbrücke
Föhren
P8 Steinbruch
Felsenkanzel
mit Blick P9
auf Kordel
L 47
L 48
P
A 1
L 46
P10 Zentrum
Kordel H
Schweich
L 43
B 422
Auf der Heide
Mosel
Kimmlingen
B 53
Issel
A 602
1 KM

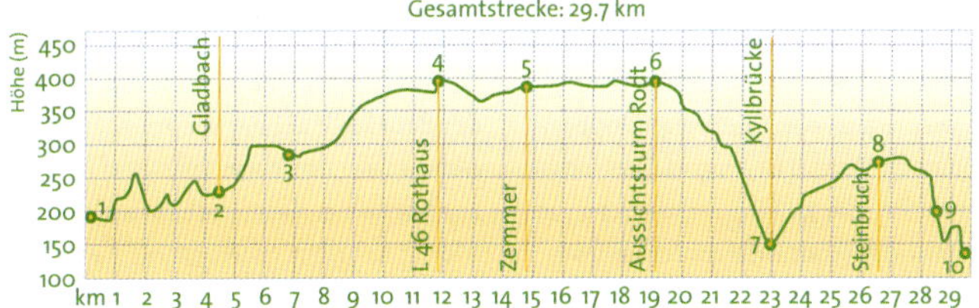


**P1:** Bruch, Dorflinde **P2:** Gladbach **P3:** Greverath **P4:** L 46 Rothaus **P5:** Zemmer Sportplatz **P6:** Aussichtsturm Rodt **P7:** Kyllbrücke **P8:** Steinbruch **P9:** Felsenkanzel mit Blick auf Kordel **P10:** Kordel, Zentrum

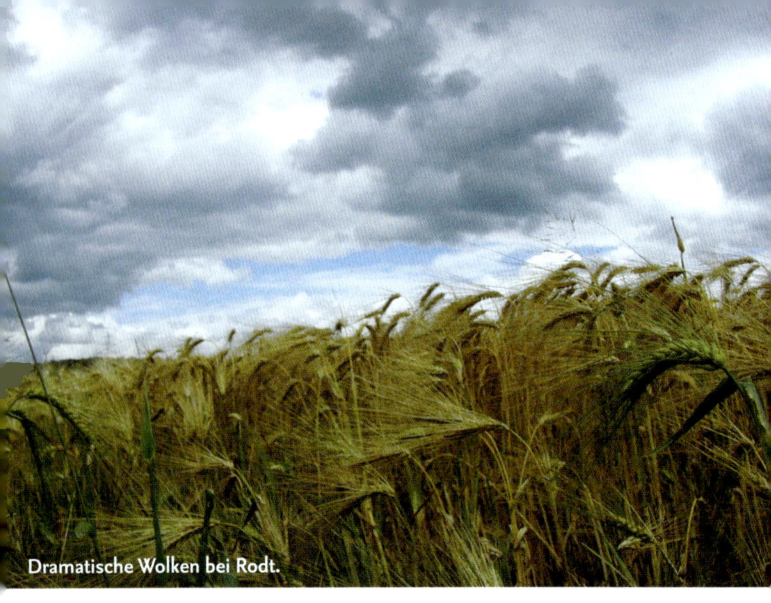
Dramatische Wolken bei Rodt.

**Rot – Grün – Blau, diese drei Farben dominieren die vorletzte EifelSteig-Etappe zwischen Bruch und Kordel. Rote Buntsandsteine, grüne Wälder und Wiesen und immer wieder das blau schimmernde Wasser von Salm, und Kyll. Was will man mehr? Wir empfehlen Genießern, die Tour in zwei Etappen zu laufen.**

Mitten im kleinen, aber hübschen Städtchen Bruch, an der Brücke über die Salm, nehmen wir die durch die Länge recht anspruchsvolle EifelSteig(Doppel)-etappe nach Kordel in Angriff. Wem die gesamte Strecke zu lang ist, der kann in Zemmer oder Rodt unterbrechen und so auch die spektakulären Schluss-kilometer bei Kordel genießen. Teilweise ist der Pfad noch im Ausbau.

## ▶ Von Bruch bis Zemmer

Doch nun erst einmal losgelegt! Nach der **Brücke [P 1]** über die muntere Salm wenden wir uns nach links und laufen zur Ölmühle. Kaum haben wir die Mühle mit dem markanten Eisenmühlrad passiert, dürfen wir auf herrlichem Wiesenpfad nach Süden wandern. Dann geht es sogar mit einer kleinen Treppe direkt zum Ufer der Salm hinab. Allerdings ist diese Passage bei Hochwasser nicht unbedingt gangbar. Nach 100 m stoßen wir an einer Brücke auf die geradeaus weiterführende Burgstraße. Hier ist Verweilen angesagt, denn ein passionierter Hobbybildhauer hat herrliche Stein- und Holzfiguren ausgestellt. „De letzt Pfeifen bäkisch" weist uns auf die lange Tradition des Tonpfeifenhandwerks hin, während der „Pitt", schwer beladen mit Tonkrügen, schon eine reichlich trockene Kehle zu haben scheint.

Wir verlassen Bruch und bewundern am Ortsende noch die markanten Rundtürme der Burg Bruch, wo man sich bei „Bed & Breakfast" auch über Nacht einquartieren kann. Ab jetzt hat aber der EifelSteig wieder unsere volle Aufmerksamkeit. Wir folgen dem Logo in unmittelbarer Nähe zur L 50, queren aufmerksam die K 37 und biegen dann rechts auf einen Waldweg ab. Dieser führt uns bergan durch abwechslungsreichen Mischwald. Nach **[1.3 km]** schwelgen wir in Naturgenuss pur: Ein erst mit halbwüchsigem Jungwald bestandener, ehemaliger Windbruch begeistert uns je nach Jahreszeit mit goldgelbem Ginster, zuckersüßen Himbeeren und vielfältiger, ursprünglicher Natur.

Wenig später umfängt uns wieder dichter Laubmischwald, und es heißt aufpassen, denn wir biegen unvermittelt mit dem EifelSteig auf einen Pfad nach rechts bergan ab. Nach 200 m mündet der Pfad auf einen etwas breiteren Waldweg. Nun haben wir auch die Kuppe genommen und wandern gemächlich durch dichten Fichtenbestand ins Gladbachtal. Dort folgen wir den Windungen des plätschernden Baches, bis es nach **[2.8 km]** scharf rechts auf einen engen Pfad hinab zur Querung des Ginschenbaches geht. Auch eine breite, geschotterte Forststraße bleibt schnell hinter uns zurück.

Nun wird es richtig idyllisch! Auf Naturpfad folgen wir auf dem nächsten Kilometer durchs Tal, manchmal nur einen Katzensprung vom Gladbach entfernt. Bald schon bringt uns ein neuer Holzsteg zum Ortsanfang von **Gladbach [P 2]**. Das sehr gepflegte Dorf durchwandern wir

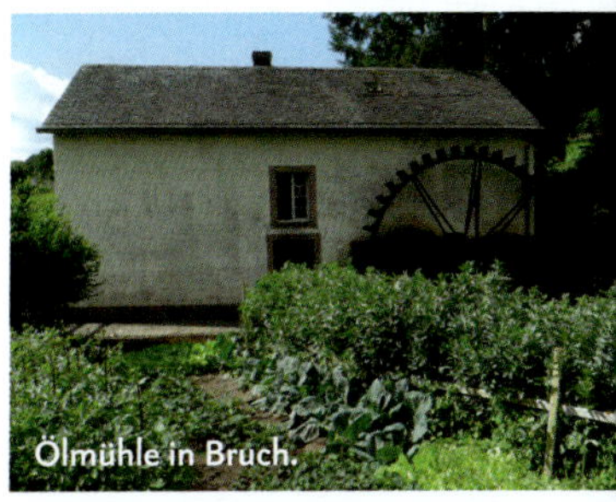
Ölmühle in Bruch.

entlang der K 37 (Mühlenweg, später Neustraße), bis wir unmittelbar nach dem letzten Haus auf der rechten Seite die Böschung erklimmen und uns im herrlichen Mischwald wieder finden. Auf natürlichem Waldweg wandern wir westwärts und biegen nach **[5.5 km]** rechts auf einen ansteigenden, engen Hohlweg ab. Nur 100 m später haben wir die Anhöhe erklommen und wenden uns neben einem Wegkreuz und in Sichtweite des Waldrandes links auf einen

Waldweg. Lange dauert die momentane Waldpassage nicht, denn schon nach etwa 400 m öffnet sich der Wald, und üppige Felder begleiten uns bis zur L 49. Auf Höhe des Gasthofs „Zum Weißenstein" queren wir die Straße und wenden uns wenig später links zum Zentrum von **Greverath [P 3]**. Schnell bleibt die kleine Ortschaft mit den tollen Gärtchen hinter uns, während wir am Friedhof vorbei an Höhe gewinnen.

Bei **[km 7.3]** dürfen wir den Teerweg nach rechts verlassen. Ein Holzschild weist auf den „Steinesseberchen" hin. Auch die freie Weidelandschaft verabschiedet sich, denn nun wandern wir im Wald entlang des Gumbaches stetig bergan. Nach einem Kilometer neben dem Gumbach wechseln wir auf das andere Ufer und genießen die Wanderung auf herrlich weichem Grasweg. Das Tal verengt sich, und schließlich erblicken wir zur Linken die Quellteiche des Gumbachs, die zur Rast einladen. 300 m oberhalb erreichen wir einen querenden Forstweg, wenden uns kurz nach rechts, um nach nur 20 m wieder links auf einen beschrankten Forstweg abzuzweigen.

Jetzt dürfen wir wieder in vollen Zügen Wald pur erleben. Idyllisch führt uns der EifelSteig zur nächsten Wegkreuzung, nach der uns eine Waldwiese Aussichten gen Nordosten beschert. Nach dieser Abwechslung halten wir uns am Waldrand rechts und erfreuen uns an Farnen, Moosen und vielschichtigem Wald. Fast schnurgerade streben wir nach Süden, bis wir uns bei **[km 11.7]** nach rechts wenden. Bald gelangen wir zur **L 46**, die wir auf Höhe des Gasthofs **Rothaus [P 4]** queren. Wir passieren das Gasthaus und laufen parallel zur L 2 auf befestigtem Wirtschaftsweg westwärts. Großartige Aussichten über das hügelige Wittlicher Land begleiten uns auch nach dem Abzweig, nach links Richtung Zemmer. Die folgenden Richtungswechsel überstehen wir dank guter Markierung problemlos und können so nach **[13.7 km]** in Zemmer die L 43 überqueren. 250 m begleitet uns die wenig befahrene Straße, dann wenden wir uns rechts auf einen Wirtschaftsweg und laufen entlang der Felder und Streuobstbäume zum **Sportplatz von Zemmer [P 5]**.

## ▶ Von Zemmer bis Kordel

Bei **[14.7 km]** lassen wir den **Sportplatz von Zemmer [P 5]** rechts liegen und folgen dem befestigten Wirtschaftsweg durch die wogenden Felder und Wiesen bis zur L 46. Hier macht der EifelSteig einen scharfen Knick nach rechts in den Wald. Die fast schnurgerade Forststraße lässt sich dank Splittbedeckung bei jedem Wetter problemlos absolvieren. Am Wegesrand erfreuen uns im Sommer besonders die mannshohen Adlerfarne mit den charakteristisch geschwungenen Wedeln. Nach **[17 km]** erreichen wir eine große Waldkreuzung, an der uns v. a. der Plan von den Nordic-Walking-Strecken und auch die kleineren Tafeln des Waldlehrpfades Zemmer auffallen. Noch behalten wir die Richtung bei und wandern weiter westwärts durch den gesunden Mischwald. Erst bei der Tafel zur Rotbuche biegen wir im rechten Winkel nach links ab. Der Forstweg führt uns mit leichtem Gefälle an unscheinbar im Wald verborgenen Hügelgräbern vorbei. Weitaus auffälliger ist da schon der fest gemauerte Rundbau beim Buchеckerkreuz, der sich als Pferdetränke entpuppt.

Nur wenige Meter später lichtet sich auf der linken Seite der Wald und nach **[19.3 km]** treten wir auf Höhe der Grillhütte und des Sportplatzes von Rodt ganz aus dem Wald heraus. Der markante hölzerne **Aussichtsturm [P 6]** erlaubt uns einen herrlichen Rundblick auf die Umgebung. Was wir bereits aus der Vogelperspektive vom Turm aus gesehen haben, nehmen wir nun persönlich unter die Füße. Am Waldrand geht es auf geteertem Weg nach Nordwesten bis zur Zemmerer Straße. Hier wenden wir uns nach links, und begleiten auf dem Fußweg die Straße, bis wir sie nach **[20.2 km]** queren. Auf der anderen Seite folgen wir kurz dem Wirtschaftsweg, bevor wir 60 m später links auf einen weichen Wiesenweg abbiegen dürfen. Dieser bringt uns unterhalb des Neubaugebietes von Rodt zur K 34. Hier laufen wir nach rechts und gelangen auf dem Fußweg bis zum Abzweig über die Straße. Herrliche Wiesen und Weiden umgeben uns. Wir queren die naturbelassene, weite Fläche (Pfad im Ausbau!), laufen am Buslichsgraben abwärts und treffen schließlich auf einen querenden Teerweg.

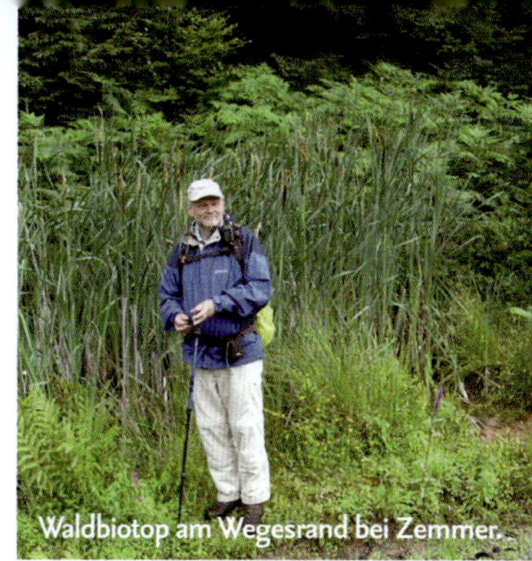

Waldbiotop am Wegesrand bei Zemmer.

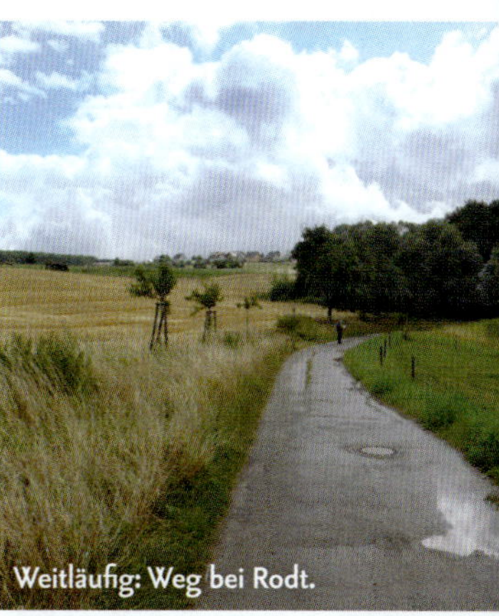

Weitläufig: Weg bei Rodt.

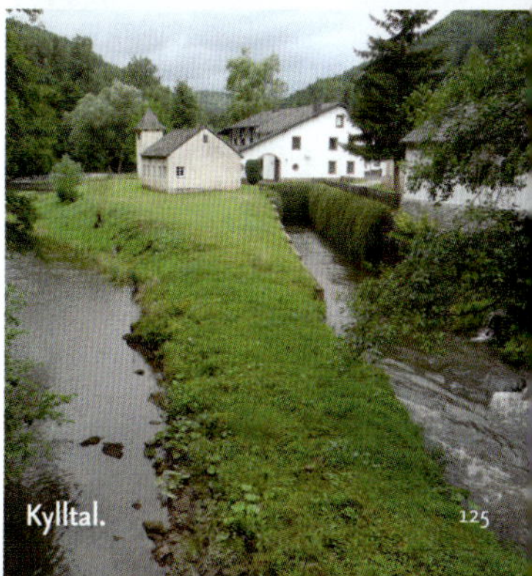

Kylltal.

Bei großartiger Aussicht auf die Umgebung wandern wir nach rechts, gewinnen leicht an Höhe und treffen nach [21.1 km] am Mühlenweg ein. Rechter Hand sehen wir die ersten Häuser von Schleidweiler. Wir laufen aber auf schmalem Wiesenpfad unter der Stromleitung geradeaus bergab, bis wir auf den geschotterten Wirtschaftsweg oberhalb der Kläranlage stoßen. Weiter geht es nach links, zunächst noch entlang einer Weide, dann biegen wir mit leichtem Schwenk nach rechts in den dichten Wald ein. Tolle, knorrige Buchen krallen sich mit ihren Wurzeln auf die leuchtend roten Buntsandsteinfelsen und lassen erahnen, was uns in puncto Felsenlandschaften noch erwartet. Langsam verlieren wir an Höhe, und so dringt auch das Rauschen des Schleidweiler Baches aus dem Tal ab und zu an unser Ohr. Linker Hand erspähen wir im dichten Unterholz Relikte längst verlassener Steinbrüche.

Nach [23 km] verlassen wir den Wald und queren bei der Siedlung Mühlenflürchen gemeinsam mit dem Kylltalradweg die L 43 und die Bahnstrecke. Auch die **Kyll** überwinden wir per **Brücke** [P 7], um uns dann einem breiten Forstweg anzuvertrauen. Dieser beschreibt nur 200 m später eine Rechtskurve, in der wir uns vom Radweg trennen. Nun wandern wir stetig bergan und schwelgen je nach Jahreszeit in der Blütenpracht von Ginster, Weidenröschen oder Astern. Etwa auf der 200-m-Höhenmarke zieht uns die gewaltige rote Wand des hier hervorragend aufgeschlossenen Buntsandsteins in ihren Bann. Kaum haben wir uns losgerissen und auch den Blick ins Kylltal genossen, nächste Szenenwechsel: Nun umfängt uns ein majestätischer Hochwald. Schlanke, himmelhohe Buchenstämme spannen ein grünes Laubdach über uns.

Bei [km 24.2] wendet sich der Eifel-Steig in einer Spitzkehre nach links gen Süden und gewinnt weiter an Höhe. Der Buchenhochwald wechselt zu niedrigerem Mischbewuchs, und immer wieder erfreuen wir uns an herrlichen Ausblicken auf das Kylltal und die bewaldeten Kuppen der Region. Doch auch dichte Waldpassagen begleiten uns, in denen besonders die wie Lianen von den Bäumen hängenden Waldreben auffallen. Nach [26.6 km] beeindruckt uns unterhalb des Brandenberges ein riesiger **Buntsandstein-Steinbruch** [P 8]. Wenig später verändert sich der Wald um uns herum erneut: Während rechter Hand die tollen Buchen dominieren und uns mit ihren bemoosten Stämmen beeindrucken, erstreckt sich links des Weges eine Fichtenplantage. So gelangen wir bei [km 27.6] zu einer markanten Wegkreuzung, an der wir gemeinsam mit Lokalweg 9 und dem Eifelvereinsweg scharf nach links abbiegen. Im Bogen geht es weiter, und nur 300 m später lassen wir eingezäunte Waldteiche unbeachtet und behalten die Richtung nach Südwesten bei.

Aufpassen müssen wir nach [28.3 km]: Hier verlassen wir die begleitenden Markierungen und biegen rechts auf einen

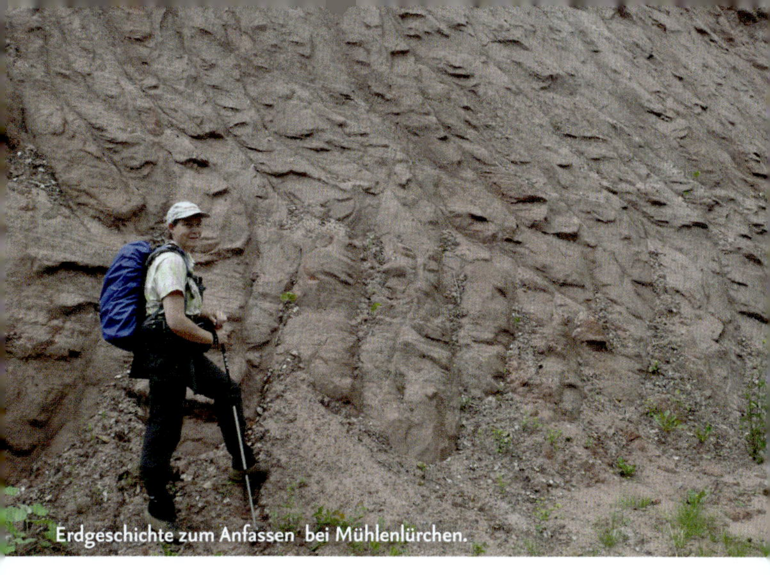
Erdgeschichte zum Anfassen bei Mühlenlürchen.

schmalen Waldpfad ab. Dieser bringt uns zügig abwärts, einen Querweg ignorieren wir. Der Abstieg endet zunächst an einer **fantastischen Aussicht** auf einer **Felsenkanzel [P 9]**: Kordel liegt im Kylltal unter uns.

Wir schwelgen in der Aussicht, reißen uns dann aber los, denn noch wartet ein toller Höhepunkt. Deshalb folgen wir dem Pfad nach Nordwesten und verlieren dabei kontinuierlich an Höhe. Eng windet er sich teils sehr nahe an der Felsenkante entlang. Nach **[28.8 km]** beschreibt der Pfad knapp oberhalb der B 422 eine Spitzkehre. Wir laufen also in die Gegenrichtung (Südost) und entscheiden uns an den folgenden zwei Weggabelungen für den jeweils hangseitig verlaufenden Pfad. Zwar geht es nun wieder etwas bergan, aber gemeinsam mit Lokalweg 7 erleben wir eine sagenhaft schöne Felsenwelt. Hautnah wandern wir an den tiefroten Felsen entlang, bewundern die unterschiedlichen Schichtungen und die Höhlen. Noch einmal gabelt sich der Weg, hier bleiben wir rechts, denn der obere Pfad endet an einer Felswand. Begeistert laufen wir an den Felsentürmen vorbei und erreichen nach einer letzten kurzen Waldpassage den Waldrand. Hier biegen wir scharf rechts, dann gleich wieder links ab (nun erneut in Begleitung des Eifelweges Nr. 4) und gelangen nach **[29.4 km]** am Brunnenweg in den Ort Kordel. Hier folgen wir dem EifelSteig nach rechts und beenden diese ereignisreiche Etappe nach insgesamt **[29.7 km]** im **Zentrum des Ortes [P 10].**

**Umgebung von Bruch:** Landhaus Hubertus, Großlittger Str.1, 54526 Landscheid ✆ 06575/8140 ⊙ Mo Ruhetag, Di.–Fr.: 11–14 Uhr, 17–24 Uhr, Sa. u. So. 11–24 Uhr
■ **Umgebung von Zemmer:** Gasthof & Biergarten Rothaus, an der L 46, 54313 Zemmer ✆ 06580/988899 ⊙ Mo. Ruhetag ⓘ www.gasthof-rothaus.de
■ Hotel & Restaurant Denis, Kreuzfelder Str. 15, 54313 Zemmer ✆ 06580/431 ⓘ www.restaurant-denis.de ⊙ Mo. & Di. Ruhetag.
■ Gasthaus Onkel Nikla, Bornweg 20, 54313 Zemmer-Rodt ✆ 06580/988200
■ Gasthaus Wolter, Breite Str. 1, 54313 Zemmer-Rodt ✆ 06580/448 ⊙ Mo.–Sa. ab 12 Uhr, So. ab 9.30 Uhr
■ **Kordel:** Restaurant und Hotel „Neyses am Park", Am Kreuzfeld 1, 54306 Kordel ✆ 06505/91400 ⓘ www.hotelneyses.de ⊙ Do. Ruhetag

■ **Umgebung von Bruch:** Waldhotel Viktoria, Burger Mühle, 54526 Landscheid, ✆ 06575/9540 ⓘ www.waldhotelviktoria.de
■ Landgasthof Beim Holzschnitzer, Dockweiler Str. 1, 54552 Dreis-Brück ✆ 06595/248
■ Bed & Breakfast, I. Förschner, In der Burg 1, 54518 Bruch ✆ 06578/1620 ⓘ www.burg-bruch.de
■ **Umgebung von Zemmer:** Hotel & Restaurant Denis, Kreuzfelder Str. 15, 54313 Zemmer ✆ 06580/431 ⓘ www.restaurant-denis.de ⊙ Mo. & Di. Ruhetag
■ **Kordel:** Restaurant und Hotel „Neyses am Park", Am Kreuzfeld 1, 54306 Kordel ✆ 06505/91400 ⓘ www.hotelneyses.de ⊙ Do. Ruhetag
■ Waldhotel Weis, Burg Ramstein, 54306 Kordel ✆ 06505/359 ⓘ www.waldhotel-weis.de

Sie heißen Keltentour, Eifelblick, Friedbüsch, Fidei, Mülchen, Meulenwald und Fideier Höhenweg. Sie sind zwischen Vier und 19 km lang und decken alle Schwierigkeitsgrade ab, die man sich wünscht. Was das alles ist? Hinter diesen Strecken verbirgt sich das gut 60 km lange Wegenetz des **Nordic-Walking-Parcours** „Fidei". Hier können sowohl Anfänger als auch Geübte nach Herzenslust die Stöcke schwingen. An markanten Kreuzungen helfen große Übersichtstafeln weiter, und unterwegs orientiert man sich an den sieben unterschiedlich gefärbten Nordic-Walking-Markierungen. Alle Strecken beginnen und enden in unmittelbarer Nähe des Aussichtsturms in **Rodt**.

■ Zum zweiten Mal begegnen sich nach der ersten Berührung in Gerolstein der EifelSteig und der **Kylltal-Radweg** nun bei **Daufenbach** (am Mühlenflürchen). Der gut ausgebaute und markierte Fernradweg folgt auf 115 km der munteren Kyll. Zwischen Dahlem und Trier führt er dabei durch die unterschiedlichsten Eifel-Landschaften. Ideal beim Kylltal-Radweg ist die fast überall problemlose Kombination von Bahn und Bike. Also, wer statt auf Schusters Rappen mal auf dem Drahtesel unterwegs sein möchte, kann auf diesem Radweg ohne zu große Anstrengungen weitere Eifeleinblicke gewinnen. ⓘ www.eifel-radtouren.de

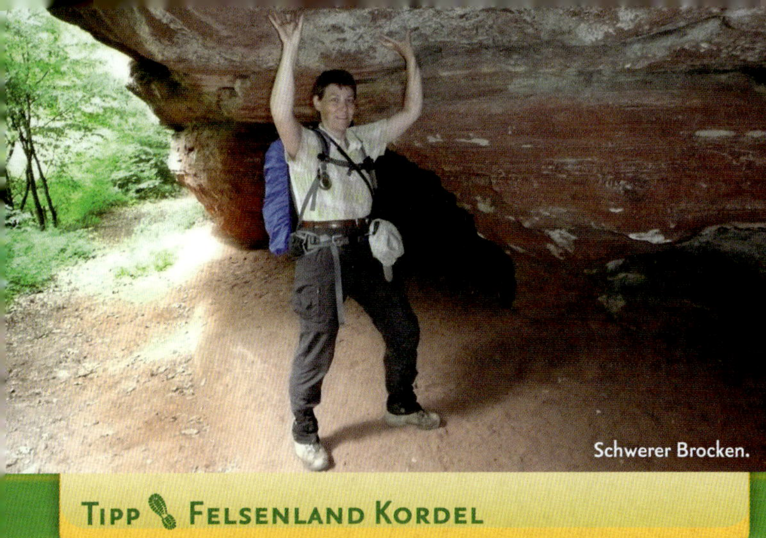
Schwerer Brocken.

## Tipp Felsenland Kordel

Kordel – damit verknüpft man nicht nur das idyllische Kylltal, sondern auch eine großartige Felsenlandschaft. Leuchtend rote Felsen, mal als hoch aufragende Türme, mal als massive Wand – der Buntsandstein hat die Region deutlich geprägt! In dem griffigen, von groben Konglomerathorizonten durchzogenen Gestein gibt es auch zahlreiche Höhlen zu bestaunen. Zu verdanken haben wir die Felsenlandschaft dem Trias-Meer, in dem vor gut 230 Millionen Jahren die heute zu Stein gewordenen Sandschichten abgelagert wurden. Eigentlich müssten diese heute die Landschaft formen. Doch die urgewaltigen Kräfte von Mutter Erde haben die mächtigen Steinschichten im Laufe der gebirgsbildenden Prozesse verkippt. Später haben sich die zahlreichen Flüsse und Bäche, allen voran die Kyll, tief in das relativ weiche Gestein eingeschnitten. So offenbaren sich heute einzigartige Einblicke in Jahrmillionen Erdgeschichte. Einige der Gesteinspakete waren durch widerstandsfähigere Schichten vor der Erosion geschützt: Sie blieben stehen, während das Nachbargestein abgetragen wurde. Das Ergebnis sind so eindrucksvolle „Pilzfelsen" wie die Geyerley, die Hochburg, die Spitzley oder die Kauley. Auch zahlreiche Höhlen sind durch die Wechselwirkung von unterschiedlich harten Gesteinen und Erosionsprozessen entstanden. In vielen Fällen kamen zusätzlich noch tektonische Schwächezonen im Gestein der Erosionswirkung entgegen. Die bekannteste und größte der Höhlen ist die Genovevahöhle, die aber nach ihrer Entstehung durch Erosion zusätzlich noch von Menschenhand erweitert wurde.

# Abenteuer auf Römerspuren

Genovevahöhle.

- **Start:** Kordel, Zentrum
- **Ziel:** Trier, Kaiser-Wilhelm-Brücke, bzw. Trier, Hauptbahnhof
- **Länge:** 17.7 km/1.9 km Zubringer
- **Dauer:** 5 Std. 10 Min. + 35 Min.
- **Höchster Punkt:** 270 m
- **Steigung:** 591 m
- **Gefälle:** 586 m
- **Anspruch:** ✶✶✶✶
- **Tour Download:** ES15HPX1
- **Anfahrt:** Kordel liegt direkt an der B 422. Von Südwesten gelangt man auch über die L 43 nach Kordel. Trier erreicht man am besten über die A 602 oder entlang der Mosel über die B 49, B 51 oder B 53.
- **Taxi:** Taxi Funkzentrale Trier e.G.: ✆ 0651/12012 TaxiKomm, Trier: ✆ 0651/462946
- **Tourist-Info:** Ferienregion Trierer Land: ✆ 06501/602666 Tourist-Information Trier Stadt und Land e. V.: ✆ 0651/978080

- **Start:** Kordel, Zentrum Ost 329860, Nord 5523453
- **Ziel:** Trier, Kaiser-Wilhelm-Brücke Ost 329335, Nord 5515212
- **End-Ziel:** Trier Hauptbahnhof Ost 330862, Nord 5514269
- **Aussichtspunkte:**
  **P2:** Parkplatz Butzerbachtal Ost 330667, Nord 5521818
  **P7:** Genovevahöhle Ost 330685, Nord 5519772
  **P10:** Aussichtshütte Ost 331205, Nord 5516300

GPS-Koordinaten*
*nach UTM

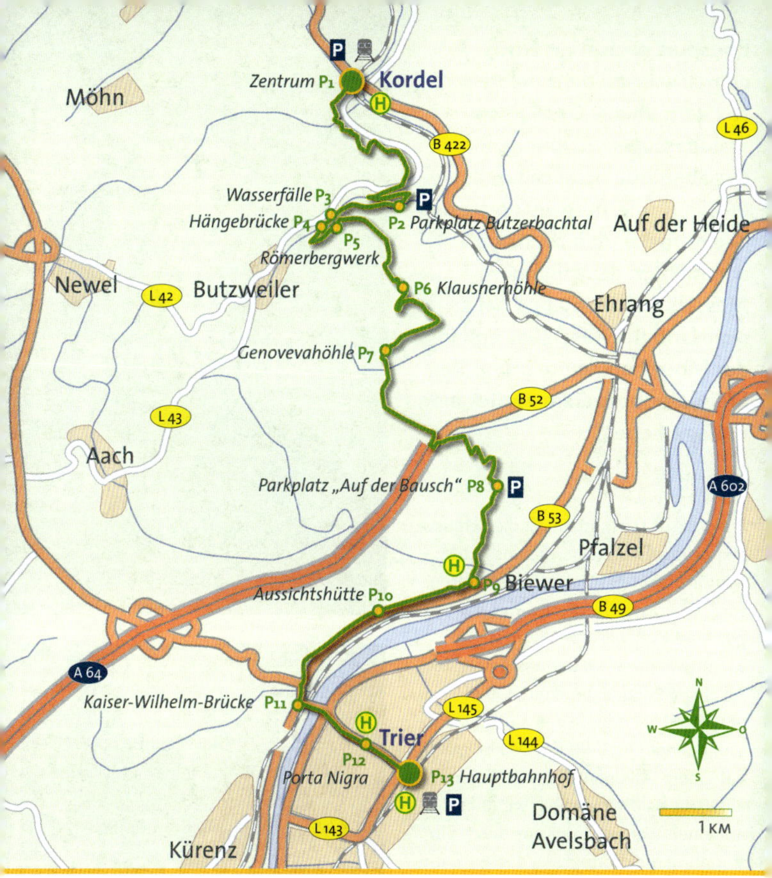

Zentrum P1
Kordel
Möhn
B 422
L 46
Wasserfälle P3
Hängebrücke P4
P2 Parkplatz Butzerbachtal
Auf der Heide
P5
Römerbergwerk
Newel
L 42
Butzweiler
P6 Klausnerhöhle
Ehrang
Genovevahöhle P7
B 52
L 43
Aach
Parkplatz „Auf der Bausch“ P8
A 602
B 53
Pfalzel
Biewer
P9
Aussichtshütte P10
B 49
A 64
Kaiser-Wilhelm-Brücke P11
L 145
Trier
L 144
P12
Porta Nigra
P13 Hauptbahnhof
Domäne
Avelsbach
L 143
Kürenz
N
W
O
S
1 KM

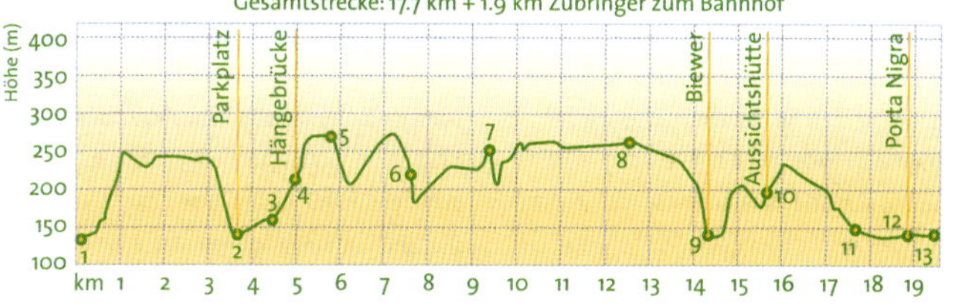


**P1:** Kordel, Zentrum **P2:** Parkplatz Butzerbachtal **P3:** Wasserfälle **P4:** Hängebrücke **P5:** Römerbergwerk **P6:** Klausnerhöhle **P7:** Genovevahöhle **P8:** Parkplatz „Auf der Bausch“ **P9:** Biewer **P10:** Aussichtshütte **P11:** Kaiser-Wilhelm-Brücke **P12:** Porta Nigra **P13:** Hauptbahnhof

**Endspurt nach Trier: Noch einmal schöpft der EifelSteig aus dem Vollen. Großartige Waldpassagen, idyllische Pfade, das abenteuerliche Butzerbachtal, ein Römerbergwerk oder die beeindruckenden Buntsandsteinhöhlen des Hochburg-Massivs – diese Etappe hat es in sich. Und der Abschluss entlang der Moselhangkante bringt den Wanderer behutsam zurück ins quirlige Leben.**

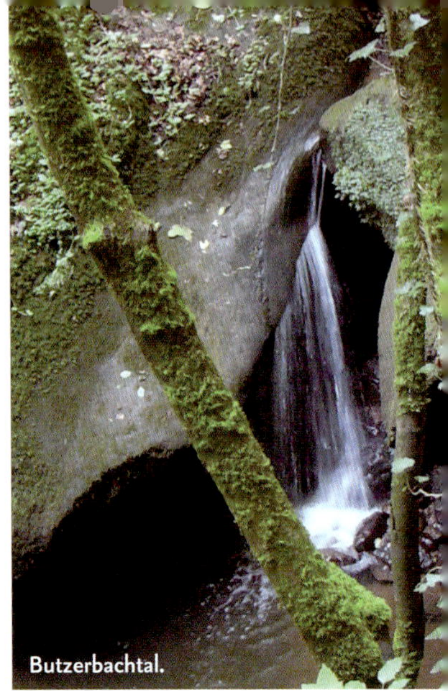
Butzerbachtal.

In **Kordel** [P 1] beginnen wir die Schlussetappe des EifelSteigs, die uns heute auf römischen Spuren bis Trier führen wird. Über Bahnhofstraße, Kimmlinger- und Butzweilerstraße gelangen wir zum Amselweg, der uns den ersten Anstieg des Tages beschert. Oben angelangt, wenden wir uns nach links und befinden uns wenige Meter später auf einem Waldpfad. Es geht weiter aufwärts, bald schwenken wir links auf einen Waldweg, der uns durch ein Windbruchfeld bringt. An dessen Ende heißt es aufmerksam sein, denn hier biegen wir mit einer Spitzkehre nach rechts ab und gewinnen weiter an Höhe. Bevor wir in den Wald abtauchen, können wir nach [900 m] beim Blick zurück noch eine schöne Aussicht auf das Kylltal und Kordel genießen. An der folgenden Weggabelung halten wir uns links und treffen wenig später auf einen querenden Forstweg. Hier geht es links zunächst hangparallel weiter. Oberhalb des Weges erspähen wir erste Felsgruppen, während wir dem EifelSteig über einige Verzweigungen hinweg folgen. Kurz bevor wir die L 43 queren, gibt ein kleiner, aber eindrucksvoller Sandsteinbruch am Wegesrand Einblicke in die Erdgeschichte.

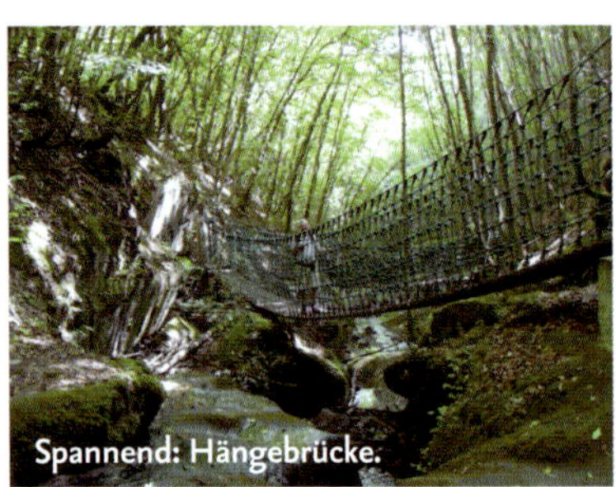
Spannend: Hängebrücke.

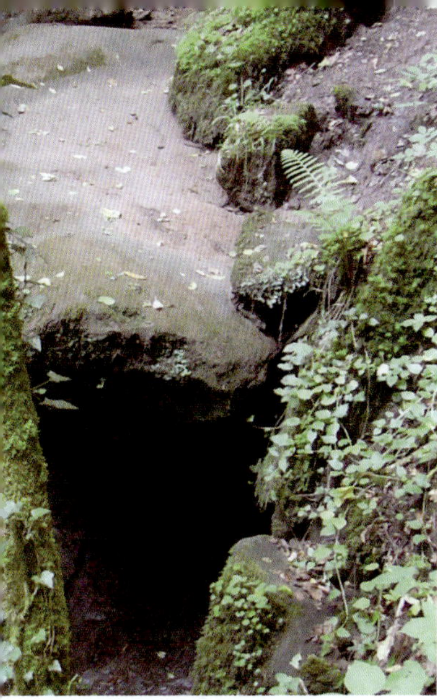

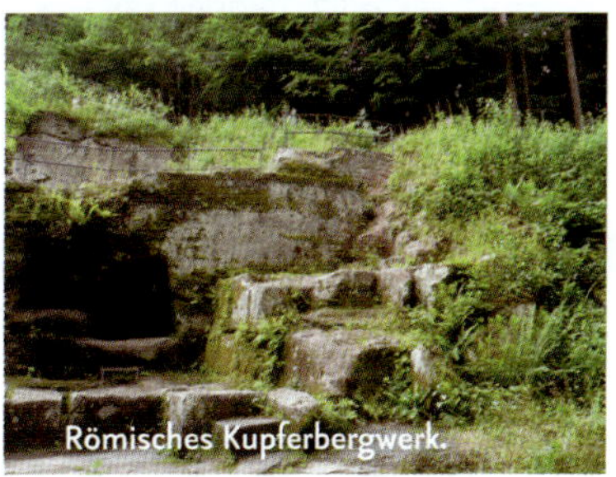

Römisches Kupferbergwerk.

Dann lassen wir die L 43 hinter uns und folgen auf der anderen Seite dem grasigen Waldweg leicht abwärts. Nach [2.7 km] geht es per Spitzkehre nach links. Jetzt wandern wir deutlich bergab, rechts und links von großartig urwüchsigem Buchenurwald begleitet.

So gelangen wir an die K 28, halten uns rechts und stehen nach [3.7 km] am **Wanderparkplatz im Butzerbachtal [P 2]**. Beim Blick über das Tal erspähen wir die Ruine der Burg Ramstein. Wir sind aber neugierig auf die Naturattraktionen des Butzerbachtals. Und so folgen wir dem EifelSteig, an einem unter einem Felsüberhang befindlichen Rastplatz vorbei, in das enge Tal. Selbstverständlich sollte man wie auf fast allen EifelSteigstrecken auch hier mit gutem Schuhwerk und Trittsicherheit unterwegs sein.

Verspielt schlängelt sich der Wanderpfad mal auf der einen, mal auf der anderen Seite des munter plätschernden Butzbaches bergan. Nach [4.5 km] haben wir die **Wasserfälle [P 3]** erreicht, die in kleinen Kaskaden immerhin bis zu 2 m über die von Moos grünlich gefärbten Felsen stürzen. Der Kontrast von üppig grünen Pflanzen aller Art und den roten Sandsteinen wirkt fantastisch. Jede Biegung bringt neue Einsichten und Überraschungen, und so merken wir kaum, dass wir an Höhe gewinnen. Gesicherte Felspassagen gehören ebenso wie hölzerne Stege oder Trittleitern zum Repertoire. Doch spätestens nach [5 km] wird es wirklich abenteuerlich: Zwei **Hängebrücken [P 4]** laden nicht nur zur Querung des Baches ein, sondern wecken den Spieltrieb der Wanderer. Mit einer elegant geschwungenen Holzbrücke erreichen wir den Ausstieg aus dem herrlichen Butzerbachtal und erklimmen über eine recht steile Treppe den Hang bis zum nächsten Waldweg. Diesem folgen wir nach rechts, halten uns an der Verzweigung aber dann links, bis es nach [5.3 km] in einer Spitzkehre erneut links abgeht. Wir folgen hier neben den EifelSteig-Logos auch den Hinweisen zum **Römerbergwerk [P 5]**, wo wir nach einer Gabelung (hier links halten) nach [5.9 km] eintreffen. Die „Putzlöcher" werden uns nicht nur auf einer großen Tafel erläutert, die weitläufigen Felsenplateaus laden, gut gesichert, auch zum Streifzug durch das alte Römerbergwerk ein. Führungen gibt es auf Anfrage (siehe Tipp). Voller Bewunderung über die Leistung der Römer wenden wir uns nach dem Rundgang wieder dem EifelSteig zu, der nun deutlich abwärts durch herrlichen Buchenwald führt. An einer Wegkreuzung biegt links ein Weg zur nahen Burg Ramstein ab, wir folgen aber weiterhin geradeaus, nun wieder leicht bergan, dem EifelSteig. Nach [7.3 km] treffen wir an einer großen Kreuzung ein. Hier halten wir uns zunächst links, biegen aber am Ende der Lichtung rechts auf einen abschüssigen Pfad zur Klausnerhöhle ab. Von riesigen Farnen flankiert, geht es steil, zum Teil auch über Treppenstufen, talwärts. Gut 60 Höhenmeter weiter unten flacht der Pfad ab und bringt uns zur hoch über uns aufragenden **Klausnerhöhle [P 6]**. Eine Felsenkammer mit „Fenster" lässt sich per Leiter erkunden – Abenteuer pur!

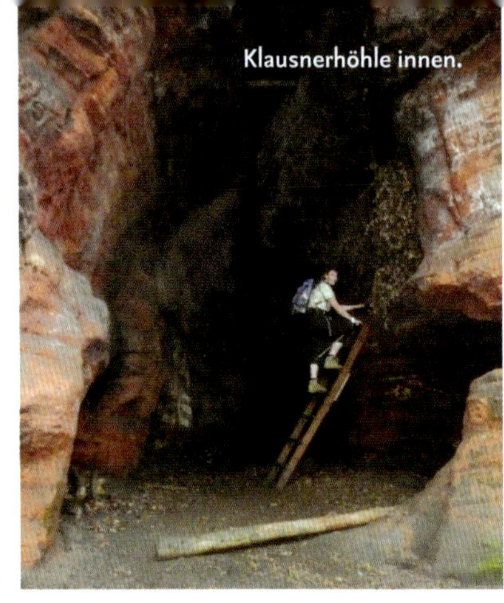
Klausnerhöhle innen.

Noch ganz begeistert von den leuchtend roten Felsen, gelangen wir per Zickzack-Weg hinab ins Laubachtal. Dort wandern wir nach rechts und queren nach weiteren 250 m den kleinen Bach. Auf weichem Waldweg steigen wir dann durch die Hangflanke höher und bewundern dabei die schlanken, hochgewachsenen Buchen um uns herum. Nach [8.6 km] mündet der Weg auf einen von rechts kommenden Forstweg, gemeinsam geht es nach links zur nahen Wegkreuzung. Hier biegen wir scharf nach rechts ab und wandern auf dem naturbelassenen, sandigen Waldweg leichten Fußes fast unmerklich aufwärts. Vom Felsmassiv der Hochburg, das sich rechter Hand erstreckt, bekommen wir durch den dichten Wald nichts mit. Erst wenn wir nach [9.2 km] rechts auf den Zubringerpfad zur Genovevahöhle schwenken und diese nur 150 m später vor uns im hoch aufragenden Fels sehen, fühlen wir uns fast ins Elbsandsteingebirge versetzt: Tiefrot und mächtig ragen die Felstürme auf, und gewaltig wölbt sich über uns die riesige Öffnung der **Genovevahöhle [P 7]**.

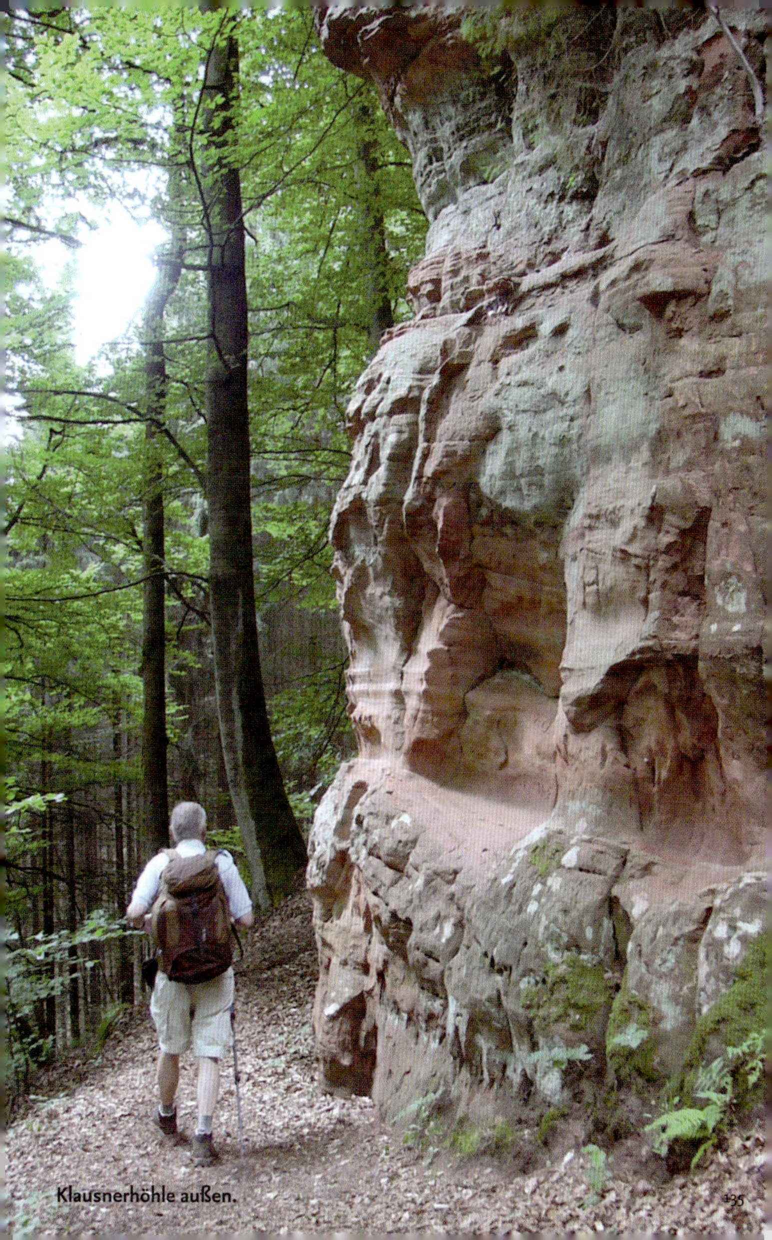

Klausnerhöhle außen.

Schwer beeindruckt, reißen wir uns schließlich los und gelangen auf abschüssigem Pfad ins Tal. Nach der Bachquerung laufen wir geradeaus auf idyllischem Pfad bergan. Wir überwinden eine Kuppe und treffen etwas tiefer auf eine Wegkreuzung. Hier geht es halb links auf dem breiten Waldweg weiter, der uns nach [10.3 km] zur markanten Kreuzung an der „Dicken Buche" führt, wo rechter Hand ein großes Holzkreuz steht und sich linker Hand eine Schutzhütte befindet. Wir wenden uns nach links und laufen, flankiert von einer Douglasienallee, auf die nun immer deutlicher zu hörende Autobahn zu. Dank einer Unterführung bleibt die A 64 aber rasch hinter uns, und wir können auf dem nun recht breiten Forstweg unseren Gedanken freien Lauf lassen.

Bei [km 12.7] verlassen wir auf Höhe des **Parkplatzes „Auf der Bausch" [P 8]** den Wald und schwenken unmittelbar nach dem Parkplatz rechts auf einen Weg am Waldrand. Vor uns erstreckt sich bald eine großzügige Weidefläche, auf der sich die Rinder nicht beim Grasen stören lassen. Die Passage durch die offene Weidefläche erlaubt einen Ausblick in die Umgebung, und so nehmen wir wieder neue Eindrücke in den kurz darauf erreichten Wald mit. Doch auch hier hat sich die Flora verändert: Neben den üblichen Laub- und Nadelbäumen dominieren zunehmend Esskastanienbäume mit ihren charakteristisch großen Blättern und stacheligen Früchten. Wir folgen dem EifelSteig kurzweilig und stetig abwärts und passieren eine halb im Wald verborgene kleine Kapelle. Nach [14.2 km] treffen wir am Abzweig nach Biewer ein. Wir wenden uns scharf links mit Moselhöhen- und Jakobsweg abwärts. Freigelegte Sandsteine können bei feuchter Witterung rutschig sein, und so ist Aufmerksamkeit beim steilen Abstieg gefordert. Gut 60 Höhenmeter tiefer trifft uns an der **Biewerer Straße [P 9]** der Verkehr schlagartig. Wir laufen nach rechts, biegen nach 80 m rechts auf eine ruhigere Seitenstraße und später auf einen Fußgängerweg ab. So gelangen wir rasch an den Ortsrand und dürfen auf engem Naturweg den vorletzten Anstieg des EifelSteigs in Angriff nehmen.

Bei [km 15] und auf 205 m Höhe ist Durchschnaufen angesagt, denn auch ohne Felsenpfad (den wir ignoriert haben) war es anstrengend, auf die Hangkante zu gelangen. Nun können wir die letzten Kilometer nach Trier genießen. Von Esskastanien geprägter Wald begleitet uns, nach einem Schwenk an die unmittelbare Hangkante ergeben sich auch bald die ersten zaghaften Ausblicke auf das Ziel. Die **Aussichtshütte [P 10]**, an der wir nach [15.7 km] eintreffen, lädt zur Rast ein. Solchermaßen ausgeruht, fordert der wirklich letzte Anstieg um weitere 40 Höhenmeter uns nicht heraus. Endgültig oben angelangt, folgen wir nun der durch einen Zaun gesicherten Hangkante gemeinsam mit dem Moselhöhenweg nach Südwesten. Einige Aussichtskanzeln gewähren schöne Blicke auf Trier, wo besonders der Dom und die Porta Nigra auffallen. Auf Höhe eines Ausflugslokals biegen wir nach rechts ab, laufen durch ein Eisentor und lassen eine gepflegte Parkanlage rechts liegen. Dann biegen wir links auf den Teerweg abwärts zur Brücke ab. Noch einmal laufen wir unmittelbar an den Sandsteinfelsen vorbei, dann haben wir die geschäftige B 53 erreicht. Wir wenden uns nach links und treffen nach **[17.7 km]** an der **Kaiser-Wilhelm-Brücke [P 11]** ein. Hier endet die offizielle Wegführung des EifelSteigs in einer unspektakulärer Umgebung einer verkehrsreichen Kreuzung.

Das ist irgendwie nicht das richtige Ambiente, um das Unternehmen EifelSteig nach immerhin 330 km abzuschließen, und so entschließen wir uns, die Mosel zu queren und ins Zentrum Triers vorzudringen. Auf der anderen Moselseite queren wir die Hauptverkehrsstraße und laufen durch die ruhige Merianstraße fast geradeaus zum Grüngürtel. Dort wandern wir nun mit einem „grünen Puffer“ zum Verkehr nach links und erreichen nach **[18.9 km]** das Wahrzeichen von Deutschlands ältester Stadt: die **Porta Nigra [P 12]**! Wen es zum **Hauptbahnhof [P 13]** zieht, der erreicht ihn nach weiteren 700 m entlang des Grüngürtels. Doch eigentlich ist das ehrwürdige, schwarz gefärbte Tor aus der Römerzeit genau der richtige Ort, um nach den vielfältigen Erlebnissen und Eindrücken, die uns der EifelSteig zwischen Aachen-Kornelimünster und Trier beschert hat, anzukommen und das Abenteuer EifelSteig ausklingen zu lassen!

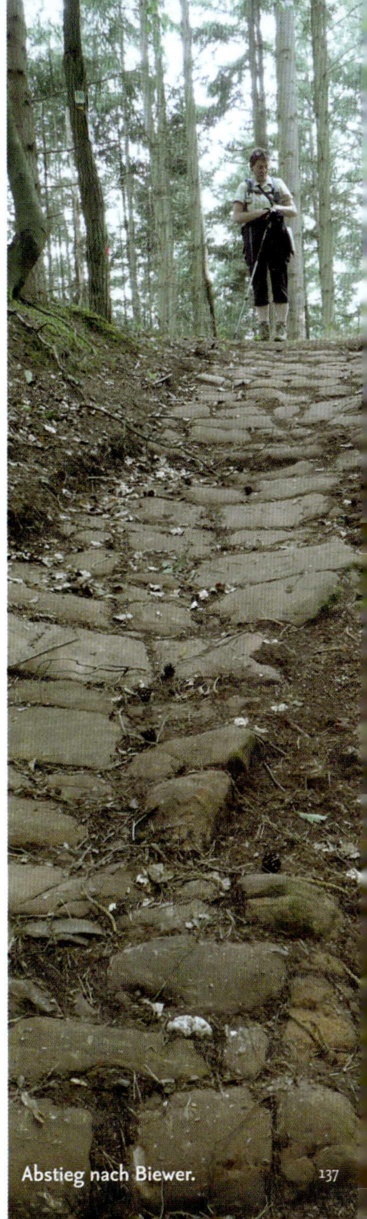

**Abstieg nach Biewer.**

**Kordel:** Gasthaus Pension Reichert, Hauptstr. 19–20, 54306 Kordel ✆ 06505/1757 ⏲ Mo Ruhetag

■ **Trier:** Kartoffel Restaurant Kiste, Fahrstr. 13–14, 54290 Trier ✆ 0651/9790066 ⓘ www.kiste-trier.de ⏲ tgl. geöffnet, durchgehende Küche: 11.30–22 Uhr

■ Weinstube Kesselstatt, Liebfrauenstr. 10, 54290 Trier ✆ 0651/41178 ⓘ www.weinstube-kesselstatt.de ⏲ tgl. geöffnet, warme Küche: 11.30–14.30 Uhr und 18–22 Uhr

**Kordel:** Hotel Burg Ramstein, Burg Ramstein, 54306 Kordel ✆ 06505/1735, @ www.burg-ramstein.de

■ **Trier:** Hotel Zum Christophel, An der Porta Nigra 1, 54290 Trier ✆ 0651/9794200 ⓘ www.zumchristophel.de ⏲ tgl. geöffnet, durchgehende Küche: 11–22 Uhr

■ Hotel Ambiente, In der Acht 1, 54294 Trier, ✆ 0651/827280 ⓘ www.hotel-ambiente-trier.de

■ Hotel zur schönen Aussicht, Markusberg 32, 54293 Trier ✆ 0651/827260 ⓘ www.hotel-zur-schoenen-aussicht-trier.de

! Etwa 1.5 km südlich vom Ortszentrum Kordel erhebt sich zwischen Butzerbach und Kylltal die Ruine der **Burg Ramstein**. Im 13. Jahrhundert ließ Erzbischof Balduin die Burg auf einem massiven Buntsandsteinfelsen errichten. Beeindruckend ist v. a. der mehrgeschossige Wehrturm, in dem auch die Wohnräume waren. Heute kann man beim Rundgang entlang der fast noch komplett erhaltenen Außenmauer Reste von Kaminen und Treppen entdecken. Die Ruine befindet sich zwar im Privatbesitz der Betreiber des Hotels „Burg Ramstein", ist aber frei zugänglich.

■ Oberhalb des **Butzerbachtals** verbirgt sich im dichten Wald ein kulturhistorisch interessanter Ort: ein **römisches Kupferbergwerk**. Die „Pützlöcher" (Wasserlöcher), wie das Bergwerk auch genannt wird, gehörten zu den größten römischen Grubenanlagen in Deutschland. In Stollen und Schächten schürften die Römer nach Erzen, was allerdings nicht allzu ergiebig gewesen war. Nach relativ kurzer Nutzungszeit gaben die Römer das Bergwerk auf und rückten den Schätzen des Berges mit einem Steinbruch zu Leibe. Bearbeitungsspuren, Steinquader in unterschiedlichen Fertigungsstadien und Inschriften deuten darauf hin, dass hier im 2. und 3. Jahrhundert n. Chr. auch Material für die rege Bautätigkeit in Trier gebrochen wurde, u.a. auch für die Porta Nigra. Nach den Römern ruhte der Bergbau, bis im 18. Jahrhundert erneut der Versuch unternommen wurde, Erz abzubauen. Führungen zum Kupferbergwerk sind nach Absprache möglich. ✆ 06505/495 oder 06505/1442

■ Erholung nach so viel „Kulturprogramm" gefällig? Kein Problem, denn in unmittelbarer Nähe zu Kaisertherme und Rheinischem Landesmuseum lädt der **Palastgarten in Trier** zum Spazieren, Verweilen und Ausruhen ein. Gartenarchitektur vom Feinsten erwartet den Besucher ebenso wie plätschernde Wasserspiele und ein weniger strengen Regeln unterworfener Landschaftsgarten. Dazu eine weitläufige Liegewiese und Bolz- und Spielplätze – hier ist Entspannen wirklich Programm.

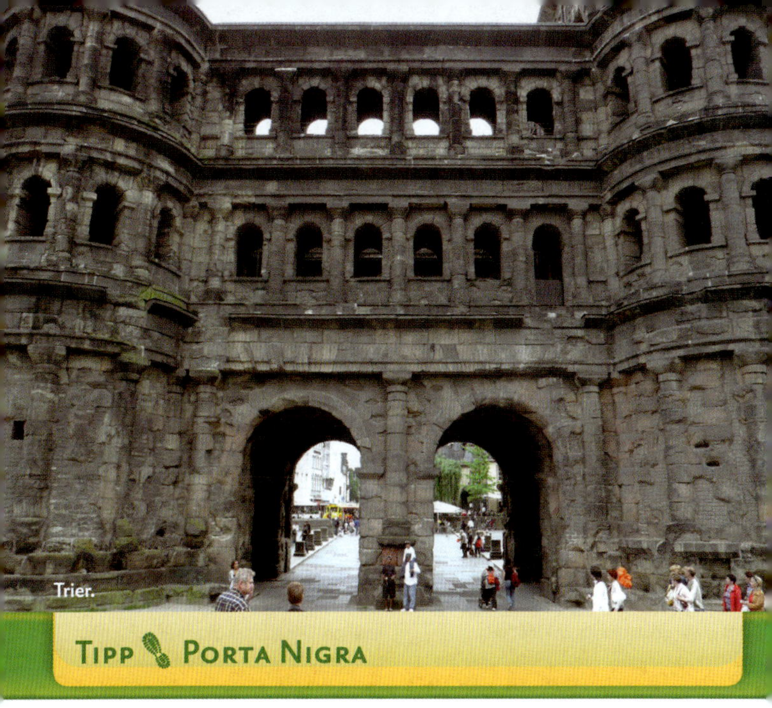
Trier.

## Tipp Porta Nigra

Trier – Deutschlands älteste Stadt, ein fürwahr würdiger Endpunkt für den EifelSteig. Um die Wehmut am Ende der Wanderung zu bekämpfen, hat die lebendige Stadt an der Mosel auch einiges zu bieten.

Ein absolutes „Muss" ist natürlich ein „römischer" Stadtrundgang mit dem Besuch der berühmten Porta Nigra, der Kaiserthermen, der erst kürzlich freigelegten Viehmarktthermen oder des Amphitheaters. Neben all den römischen Baudenkmälern sollte man aber nicht übersehen, dass Trier auch bedeutende Gebäude aus romanischer und gotischer Zeit oder der Renaissance, des Barocks und des Klassizismus zu bieten hat. Kulturhistorisch ist die Bischofs- und Universitätsstadt Trier eine echte Goldgrube. Wer sich den zahlreichen Sehenswürdigkeiten Triers eingehend widmen möchte, der kann mit der Trier-Card bis zu 25% an Eintrittspreisen sparen und kostenlos den ÖPNV nutzen. Die Trier Card gibt es als Einzelkarte (9 €) und als Familienkarte (2 Erw.+ bis 3 Kinder 15 €). Sie gilt an 3 aufeinanderfolgenden Tagen. Weitere Infos unter: ⓘ www.trier.de

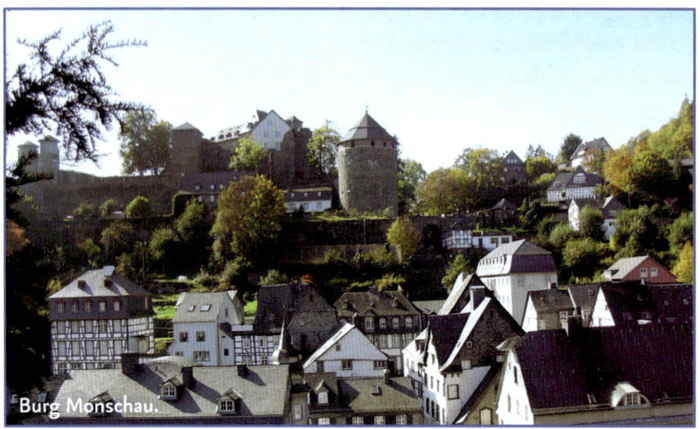
Burg Monschau.

## Tour 1

**Kindergartenwald und Schwarzwildgehege**: Vom Wanderparkplatz „Im Todt" aus ist das 5 Hektar große Areal des Geheges am Rande von Roetgen schnell und problemlos zu Fuß zu erreichen. Um das Gehege ist ein Waldlehrpfad angelegt, der, auch wenn sich die Schwarzkittel mal im Dickicht verstecken, genug Kurzweil bietet. Am Nordrand des Wildgeheges befindet sich der Kindergartenwald. Eine Lichtung auf dem Areal des Geheges bietet neben zahlreichen Bänken auch eine Schutzhütte zur Rast an. Infotafeln vermitteln auch hier Wissenswertes rund um die Natur. Und nach dem Besuch des Kindergartenwaldes wissen wir beispielsweise wie ein Insektenhotel aussieht!

## Tour 2

**Stadtführung Monschau:** Was mancherorts oft nüchtern und mit vielen Zahlen gespickt daherkommt, kann man in Monschau im kindgerechten Format buchen. Die Kinder-Stadtführung geht auf die Interessen des Nachwuchses ein, und so gipfelt dieser spezielle Rundgang sogar in einer spektakulären **Erstürmung der Burg**! Nähere Infos und Anmeldung: Tourist Information Monschau ✆ 02472/80480 ⓘ www.monschau.de

## Tour 3

**Sommerbobbahn Rohren:** Bei bestem Panoramablick kann man hier im 1er-oder 2er-Bob 751 m zu Tale rauschen, um auf weiteren 500 Streckenmetern wieder den Berg zu erklimmen. Neben der Bobstrecke laden Grillhütte, Trampolinturm, Kinderspielplatz und vieles Mehr zum Verweilen auf dem großzügigen Freizeitgelände ein. Im Winter verwandelt sich das Areal in ein Wintersportparadies, das jede Menge Spaß im Schnee mit Ski und Schlitten verspricht! Sommer- und Wintersportzentrum Monschau-Rohren, Rödchenstr. 37, 52156 Monschau-Rohren, 02472-4172 www.sommerbobbahn.de Bobbahn: 1. April bis 1. November: tgl. 10-18 Uhr (außer bei Nässe)

## Tour 4

**„Bootsgrillen" auf dem Rursee:** Genug vom Wandern und Lust auf einen Tag Entspannung und Abenteuer? Neben einer klassischen Bootsrundfahrt auf Obersee oder Rursee bietet sich in Simmerath/Rurberg eine sehr ausgefallene Möglichkeit, Grillen und Naturerlebnis miteinander zu verbinden. Direkt an der Staumauer des Rursees kann jeder, der Lust hat, runde Barbeque-Boote mit Elektroantrieb und im Tisch eingebautem Holzkohlegrill mieten. Bis zu 10 Personen haben auf einem BBQ-Boot Platz! Ein Schirm schützt beim Erkunden des Sees vor Regen oder Sonne. Grillgut und Holzkohle bringt man selbst mit. Eine Reservierung ist notwendig! Telefonische Anmeldung von Mo–So 11–22 Uhr unter 02402/6807 oder 0160/4753106. Rent a BBQ- Boot, Seeufer 5, 52152 Simmerath/Rurberg. Weitere Infos unter www.bbq-boot.de

## Tour 5

**Besucherbergwerk Mechernich/Günnersdorf:** Gut 2.000 Jahre wurde in der Region Mechernich Bergbau betrieben. Das Besucherbergwerk und das Bergbaumuseum Mechernich entführen die Besucher mitten hinein in die Welt der Bleierze. Auf den Mitte des 20. Jahrhunderts endgültig stillgelegten Strecken der Grube Günnersdorf erhalten die Besucher während der 1.5-stündigen Führung einen unmittelbaren Einblick ins Bergmannsleben. Das angegliederte Museum dokumentiert zusätzlich Wissenswertes rund um den Bergbau. Führungen: Di–So, immer um 14 Uhr. Je nach Besucherzahl, zusätzlich Di–Sa zwischen 14 Uhr und 16 Uhr und So zwischen 11 Uhr und 16 Uhr. Eine telefonische Anmeldung ist zwar nicht nötig, aber hilfreich, um Wartezeiten zu vermeiden. Bergbaumuseum Mechernich, Bleibergstraße 6, 53894 Mechernich 02443/48697 www.bergbaumuseum-mechernich.de

**Oleftalbahn:** Im Sommer (Juni bis August) pendelt immer sonntags und an bestimmten Terminen auch im Herbst der historische Schienenbus zwischen Schleiden und Kall. Eine Fahrt in den herrlich altertümlichen Wagen der Oleftalbahn lässt nicht nur Kinderherzen höher-

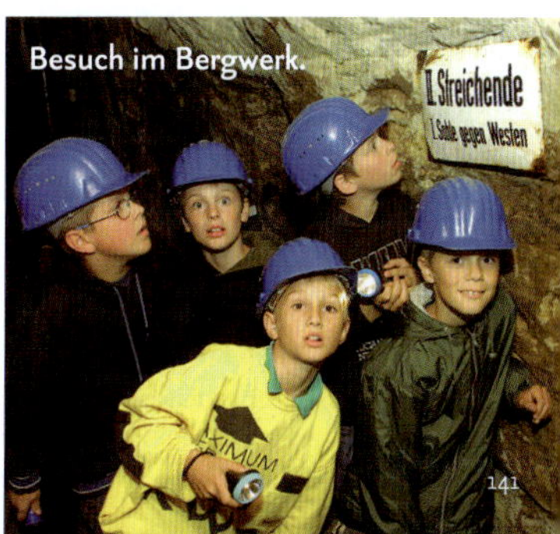

Besuch im Bergwerk.

schlagen. Die Fahrt kann man perfekt mit einer Radtour oder einer Wanderung kombinieren. Nähere Informationen (auch zum Fahrplan) beim Arbeitskreis Oleftalbahn unter ⓘ www.oleftalbahn.de, ✆ 0228/85034011

## Tour 6

**Erlebnispfad Nettersheim:** Die Palette an Angeboten des Erlebnisdorfes Nettersheim kann sich sehen lassen: Wer möchte, kann auf thematischen Wanderwegen der Geologie, den Schmetterlingen oder der Geschichte auf den Grund gehen. Doch ein Weg ist besonders für Kinder attraktiv: der Erlebnispfad! Auf 20 Stationen tauchen wir ein in die Geheimnisse der Natur und des Waldes. Ob auf eigene Faust oder mit einer Gruppe, Spannung ist auf dem 6-km-Rundweg garantiert! Nähere Informationen im Naturzentrum Nettersheim ✆ 02486/1246

## Tour 7

**Birgeler Mühlenzentrum:** Ein besonderes Erlebnis stellt der Besuch der historischen Birgeler Wassermühle dar. Bei einer Führung kann man das große Areal erkunden und sich mit der Arbeitsweise der Mühlen vertraut machen. Die Führungen umfassen einen Besuch im Backhaus, wo die Herstellung von Sauerteigbrot beobachtet werden kann, sowie die Besichtigung der benachbarten Getreide- und Sägemühle. Auch die Senfmühle aus dem Jahr 1810 und die 1841 erbaute Ölmühle stehen den Besuchern offen. Und schließlich wird sogar eine echte Schnapsbrennerei während der Führung erklärt. Darüber hinaus kann man sich im Gastronomiebereich kulinarisch verwöhnen lassen. ⏲ Für die Führungen und das zusätzliche Aktivprogramm sollte man sich spätestens am Vortag bis 16 Uhr anmelden. Historische Wassermühle Birgel, Bahnhofstraße 16, 54587 Birgel ✆ 06597/92820 ⏲ Öffnungszeiten: Sommer: täglich 11.30 Uhr bis 22 Uhr, Winter: Montag Ruhetag. Führungen Sommer: tgl. 11.30 Uhr und 15 Uhr, Winter: Di bis So 12 Uhr und auf Anfrage. Weitere Infos unter ⓘ www.moulin.de

## Tour 8

**Bagger- & Buggyfahren in Walsdorf:** Außergewöhnliche „Outdoor-Action" wird in Oberbettingen für motorbegeisterte Eltern und Jugendliche geboten. Im Gelände eines alten Steinbruchs kann man sich mit Buggy, Quad und Bagger üben – für Jugendliche unter 18 ist die Begleitung durch einen Erziehungsberechtigen Voraussetzung. Doch welcher Erwachsene wird nicht auch mal gerne wieder zum Kind? Bagger-/Quadfahren, Bodo Schönecker, In den Büdden 9b, 54576 Hillesheim-Oberbettingen ✆ 06593/980830 ⓘ www.baggerfahren-lernen.de

## Tour 9

**Adler- und Wolfspark auf der Kasselburg:** Kurzweilig erlebt die ganze Familie einen Besuch im Adler- und Wolfspark an der

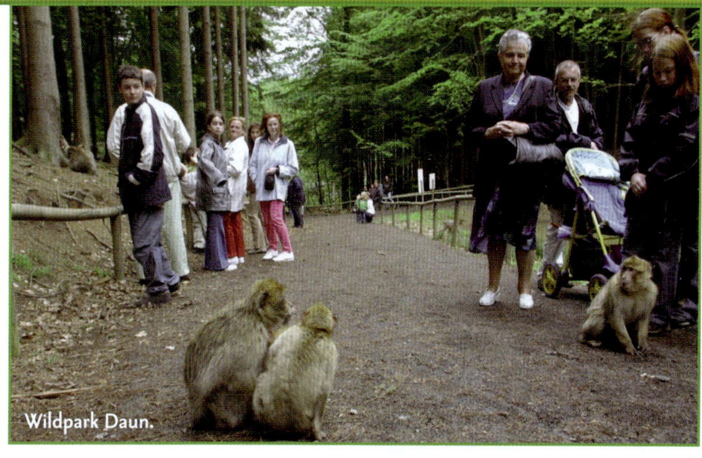
Wildpark Daun.

Kasselburg in Pelm. Hier kann man im Rahmen der Flugvorführungen die lautlos gleitenden Greifvögel, vom Milan oder Falken bis zum Steinadler, bestaunen. Doch auch Uhu oder Geier ziehen über der Burg ihre Kreise. Ein rauer Ton herrscht bei der täglichen Fütterung des europaweit größten Wolfsrudels in einem Wildpark. Zuschauerkanzeln und der eingezäunte Erlebnisweg ermöglichen es, die Wölfe Aug´ in Aug´ zu beobachten. ⏲ Öffnungszeiten: 1.3.–31.10: tgl. 10–18 Uhr, Wolfsfütterung: 15 Uhr 1.11.–23.12: Sa+So 11–16 Uhr, Wolfsfütterung: 16 Uhr 26.12.–14.1.: tgl. 11–16 Uhr, Wolfsfütterung: 16 Uhr 15.1.–28.2.: Sa+So 11–16 Uhr, Wolfsfütterung: 15 Uhr. Adler und Wolfspark Kasselburg, 54570 Pelm bei Gerolstein ✆ 06591/4213
ⓘ www.adler-wolfspark.de

## Tour 10

**Wild- und Erlebnispark Daun:** Eine der tollen Attraktionen in Europas größtem Autosafari Park ist die Affenschlucht, in der eine Kolonie von Berber-Affen im 6 ha großen Freigehege herumtollt. Doch auch die mächtigen Rothirsche oder die exotischen Yaks sind Publikumsmagnete. Ergänzt wird das Wildgehege durch das „Naturetum", in dem man spielerisch Ökologie erfassen und verinnerlichen kann. Viele weitere Höhepunkte, vom Walderlebnispfad über eine Sommerrodelbahn bis zu einem Abenteuerspielplatz, lassen wirklich keine Wünsche offen! Übrigens: Geburtstagskinder haben freien Entritt! ⏲ Öffnungszeiten: 15.3.–15.11. tgl. 10–18 Uhr. Wild-Erlebnispark Daun, Wildparkstraße 1, 54550 Daun ✆ 06592/3154
ⓘ www.wildpark-daun.de

## Tour 11

**Maarmuseum Manderscheid:** Wie ein Pferd aussieht, wissen wir alle. Umso überraschter sind die Besucher dann beim Anblick des berühmten 45 Millionen Jahre alten Urpferdchens aus dem Eckfelder Maar, denn es ist gerade mal 50 cm groß! Noch mehr außergewöhnliche Exponate erwarten uns im Museum: die älteste Honigbiene der Welt, spannende Einblicke in die Entstehungsgeschichte der Maare oder aktuelle Neuigkeiten aus den Grabungen in Eckfeld. Und wer will, kann mit dem „Terranauten" auf Zeitreise gehen ... ⏲ Öffnungszeiten: 1.4.–31.10. jeden Jahres: Di–Sa: 10–12 Uhr & 14–17 Uhr, So+feiertags: 13–17 Uhr, Mo geschlossen. Maarmuseum Manderscheid, Wittlicher Str. 11, 54531 Manderscheid ✆ 06572/920310 ⓘ www.maarmuseum.de

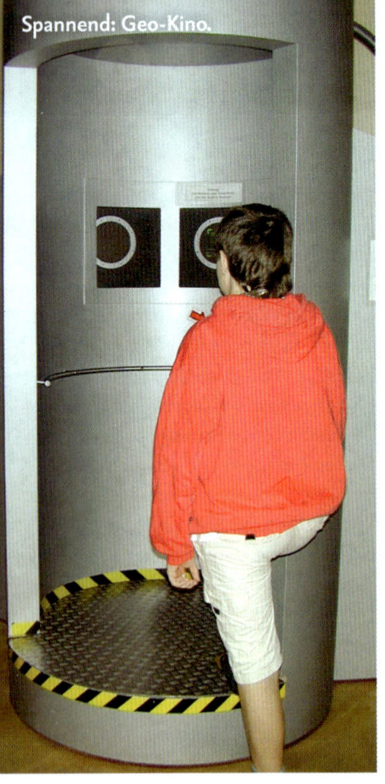

Spannend: Geo-Kino.

## Tour 12

**„Steinkiste":** Dahinter verbirgt sich eine stattliche private Sammlung von über 1.500 Exponaten. Was ausgestellt wird? Na, Steine, Mineralien und Fossilien natürlich! Spätestens bei einem Besuch hier lässt sich klären, welche unbekannten Steine man unterwegs am Wanderweg gefunden oder gesehen hat, und das können ganz verschiedene sein, so geologisch unterschiedlich, wie sich die Eifel präsentiert. Aber nach einem Besuch in der Steinkiste kennt jeder den Unterschied zwischen vulkanischen und sedimentären Gesteinen und vieles mehr ... ⏲ Öffnungszeiten: So 11.30 Uhr–12.30 Uhr, Mo 18–19 Uhr, Do 11–12.30 Uhr oder nach Absprache, Eintritt frei. Die Steinkiste, Markt 1, 54531 Manderscheid ✆ 06572/1486

## Tour 13

**Eifelpark Gondorf:** Im „Action"-Bereich wird vom Irrgarten, über Wellenrutsche, Achterbahn und zahlreiche andere

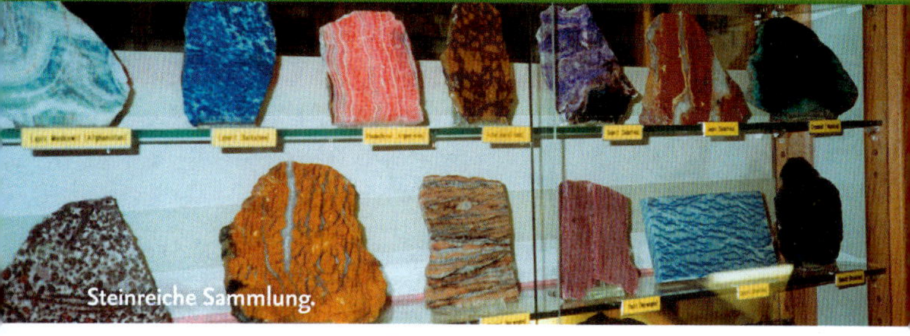
Steinreiche Sammlung.

Attraktionen jede Menge Spaß geboten. Der Tier- und Naturbereich wartet dann mit Streichelzoo, Bärenschlucht oder Greifvogelgehege auf; auch Mufflons, Luchse, Emus und viele weitere Tierarten kann man hier hautnah erleben. Damit auch wissbegierige Besucher auf ihre Kosten kommen, gibt es im „Haus der Natur", auf dem Waldlehrpfad, am Kohlenmeiler oder am „Platz der Urzeit" viele Informationen zu entdecken. Und für das leibliche Wohl wird in der Köhlerhütte gesorgt. ⏲ Öffnungszeiten: Wildpark: 1.3.–30.11., Wildpark und Eifelpark: Mai – August täglich, März, April, September und Oktober: siehe Homepage. Eifelpark Gondorf, Weißstr. 12, 54647 Gondorf ✆ 06565/956633 ⓘ www.eifelpark.de

## Tour 14

**Waldlehrpfad bei Zemmer:** Der Lehrpfad ist in zwei Rundkurse (4.5 km und 3.8 km) geteilt und auch für Kinderwagen zu meistern. Die beiden Rundschleifen lassen sich ideal miteinander zu einer längeren Tour verbinden. Unterwegs werden wichtige Themen aus Wald und Natur erläutert, wobei besonders auf die regionaltypischen Eigenheiten, wie die Hochfläche „Fidei", auf der sich Zemmer befindet, eingegangen wird.

## Tour 15

**Themenführungen Trier:** Kinder für einen Stadtrundgang zu begeistern, ist nicht immer einfach. Doch bei einer der drei thematischen, jeweils etwa 1–1.5 Stunden dauernden Sonderführungen werden auch kleine Besucher Triers voll dabei sein. Egal ob Gladiator Valerius, ein freigelassener Sklave, von seinen Gladiatorenkämpfen im Amphitheater berichtet oder Tribun Mallobaudes (367 v. Chr.) über den Verrat in den Kaiserthermen erzählt oder ein Zenturio (für Kinder ab 10) uns in das Geheimnis der Porta Nigra einweiht – spannender und lebendiger kann Geschichte kaum vermittelt werden! Detaillierte Informationen zu den Terminen der Führungen gibt es unter ⓘ www.erlebnisfuehrungen.de oder bei der Tourist-Information Trier ✆ 0651/978080 (hier auch Reservierung möglich).

# Register

## A



## B



## D



## E



## F



## G

## H



## I



## K



## L



## M

## N



## O



## P

# Tourist-Infos

## Vortour und Tour 1

Aachen Tourist Service e.V., Informationsbüro Elisenbrunnen, Friedrich-Wilhelm-Platz 5, 52062 Aachen ✆ 0241/1802960 oder 61 🖷 0241/180-2930 @ info@aachen-tourist.de ⓘ www.aachen.de

■ Roetgen-Touristik e.V., Mühlenstraße 2, 52159 Roetgen ✆ 02471/8478 🖷 02471/677 @ info@roetgen-touristik.de ⓘ www.roetgen-touristik.de

■ Gemeindeverwaltung Roetgen, Hauptstraße 55, 52159 Roetgen ✆ 02471/180, 🖷 02471/1889 @ info@roetgen.de ⓘ www.roetgen.de

## Tour 2

Roetgen-Touristik e.V., Mühlenstraße 2, 52159 Roetgen ✆ 02471/8478 🖷 02471/677 @ info@roetgen-touristik.de ⓘ www.roetgen-touristik.de

■ Gemeindeverwaltung Roetgen, Hauptstraße 55, 52159 Roetgen ✆ 02471/180 🖷 02471/1889 @ info@roetgen.de ⓘ www.roetgen.de

■ Monschau Touristik GmbH, Stadtstraße 16, 52156 Monschau ✆ 02472/80480 🖷 02472/4534 @ touristik@monschau.de ⓘ www.monschau.de

## Tour 3

Monschau Touristik GmbH, Stadtstraße 16, 52156 Monschau ✆ 02472/80480 🖷 02472/4534 @ touristik@monschau.de ⓘ www.monschau.de

■ Rursee-Touristik GmbH, Franz-Becker-Str. 2, 52152 Simmerath-Einruhr ✆ 02485/317 @ info@rursee.de ⓘ www.rursee.de

■ Rursee-Touristik GmbH, Seeufer 3, 52152 Simmerath-Rurberg ✆ 02473/93770 @ info@rursee.de ⓘ www.rursee.de

## Tour 4

Rursee-Touristik GmbH, Seeufer 3, 52152 Simmerath-Rurberg ✆ 02473/9377, @ info@rursee.de ⓘ www.rursee.de

■ Nationalpark-Tor Gemünd, Kurhausstraße 6, 53937 Schleiden-Gemünd ✆ 02444/2011 🖷 02444/1641

## Tour 5

Nationalpark-Tor Gemünd, Kurhausstraße 6, 53937 Schleiden-Gemünd ✆ 02444/2011 🖷 02444/1641

■ Gemeinde Kall, Bahnhofstraße 9, 53925 Kall ✆ 02441/8880 🖷 02441/88870 ⓘ www.kall.de

## Tour 6

Gemeinde Kall, Bahnhofstraße 9, 53925 Kall ✆ 02441/8880 🖷 02441/88870 ⓘ www.kall.de

■ Verkehrs- und Bürgerbüro Blankenheim, Rathausplatz 16, 53945 Blankenheim ✆ 02449/87222, 223 🖷 02449/87198 @ verkehrsbuero@blankenheim-ahr.de ⓘ www.blankenheim-ahr.de

## Tour 7

Verkehrs- und Bürgerbüro Blankenheim, Rathausplatz 16, 53945 Blankenheim ✆ 02449/87222, 223 🖷 02449/87198 ⓘ verkehrsbuero@blankenheim-ahr.de ⓘ www.blankenheim-ahr.de

## Tour 8

Urlaubsregion Hillesheim/Vulkaneifel e.V., Graf-Mirbach-Strasse 2, 54576 Hillesheim ✆ 06593/809200 🖷 06593/809201 ⓘ www.hillesheim.de

## Tour 9

Urlaubsregion Hillesheim/Vulkaneifel e.V., Graf-Mirbach-Strasse 2, 54576 Hillesheim ✆ 06593/809200 🖷 06593/809201 ⓘ www.hillesheim.de

■ Tourist-Information Gerolsteiner Land, Brunnenstraße 10, 54568 Gerolstein ✆ 06591/949910 🖷 06591/9499119 ⓘ www.gerolsteiner-land.de

## Tour 10

Tourist-Information Gerolsteiner Land, Brunnenstraße 10, 54568 Gerolstein ✆ 06591/949910 🖷 06591/9499119 ⓘ www.gerolsteiner-land.de

■ Tourist-Information Daun, Leopoldstraße 5, 54550 Daun ✆ 06592/95130 🖷 06592/951320 ⓘ www.tourismus.daun.de

## Tour 11

Tourist-Information Daun, Leopoldstraße 5, 54550 Daun ✆ 06592/95130 🖷 06592/951320 ⓘ www.tourismus.daun.de

■ Tourist-Information Manderscheid, Grafenstr. 23, 54531 Manderscheid ✆ 06572/932665 🖷 06572/933521 ⓘ www.manderscheid.de

## Tour 12

Tourist-Information Manderscheid, Grafenstr. 23, 54531 Manderscheid ✆ 06572/932665 🖷 06572/933521 ⓘ www.manderscheid.de

## Tour 13

Tourist-Information Manderscheid, Grafenstr. 23, 54531 Manderscheid ✆ 06572/932665 🖷 06572-933521 ⓘ www.manderscheid.de

■ Tourist-Information Bitburger Land, Im Graben 2, 54634 Bitburg ✆ 06561/94340 🖷 06561/943420 ⓘ www.eifel-direkt.de ⓘ www.bitburg.de

■ Moseleifel-Touristik e.V., Neustraße 7, 54516 Wittlich ✆ 06571/4086 🖷 06571/641 ⓘ www.moseleifel.de @ info@moseleifel.de

## Tour 14

Moseleifel-Touristik e.V., Neustraße 7, 54516 Wittlich ✆ 06571/4086 🖷 06571/641 ⓘ www.moseleifel.de @ info@moseleifel.de

■ Ferienregion Trierer Land, Moselstr.1, 54308 Langsur-Wasserbilligerbrück ✆ 06501/602666 🖷 06501/605984 ⓘ www.lux-trier.info

## Tour 15

Ferienregion Trierer Land, Moselstr.1, 54308 Langsur-Wasserbilligerbrück ✆ 06501/602666 🖷 06501/605984 ⓘ www.lux-trier.info

■ Tourist-Information Trier Stadt und Land e. V.,An der Porta Nigra, 54290 Trier ✆ 0651/978080 🖷 0651/9780876 ⓘ www.trier.de

## Impressum

**Herausgeber:** Uwe Schöllkopf (ideemedia GmbH)
**Autoren:** Ulrike Poller und Wolfgang Todt
**Redaktion:** Barbara Schöllkopf, Uwe Schöllkopf
**Mitarbeit:** Anna Ley, Katharina Göbel, Christian Keul
**Grafik / DTP / Produktion:** Lena Kaufmann, Spiridon Giannakis
**GPS-Beratung:** Wolfgang Todt, Kai Schöllkopf
**Verlag:** idee media GmbH, Karbachstr. 22, D-56567 Neuwied
Telefon: 02631/9996-0 • Telefax: 02631/9996-55 • e-mail: info@idee-media.de
**Karten:** ideemedia
**Internet: www.ideemediashop.de • www.einschoenertag.com • www.wander-touren.com**

Alle Angaben wurden nach bestem Wissen recherchiert und sorgfältig überprüft. Sollten sich dennoch Fehler eingeschlichen haben, bitten wir um Entschuldigung und Benachrichtigung.
Für Fehler übernimmt der Verlag keine Haftung. Aktuelle Änderungen, Downloads und Updates zum Buch finden Sie unter **www.wander-touren.com**

Wegführung: Stand Sommer 2010

**Die Deutsche Bibliothek – CIP – Einheitsaufnahme: ISBN 978-3-934342-28-6**

**Titelbild: Ulrike Poller**
**Alle anderen Fotos:** Ulrike Poller, Wolfgang Todt, Kai Schöllkopf, ideemedia Archiv
**Seite 19:** NSG Struffelt, Sinnesbank: M. Fleischer, Roetgen-Rott, **Seite 85:** Gerolsteiner

## Autoren

**Ulrike Poller** studierte in ihrer Heimatstadt Würzburg Mineralogie und promovierte in der Schweiz über das Silvretta Massiv. 1995 kam sie als Wissenschaftlerin ans MPI (Max-Planck-Institut) für Chemie in Mainz, wo sie zusammen mit Wolfgang Todt Altersbestimmungen durchführte.

**Wolfgang Todt**, aufgewachsen in Heidelberg, studierte Physik und Geologie. Von 1980 – 2005 leitete er am Max-Planck-Institut für Chemie in Mainz die Arbeitsgruppe für Geochronologie.

Wolfgang Todt und Ulrike Poller sind verheiratet. Gemeinsam bemühen sie sich heute, die Qualität von Wanderwegen zu verbessern. Infos unter: **www.schoeneres-wandern.de**

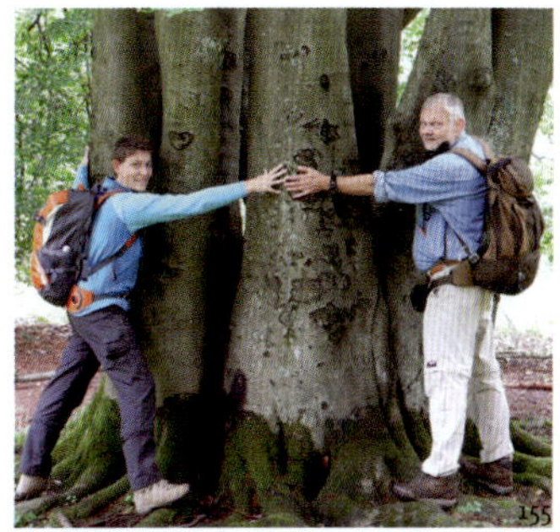

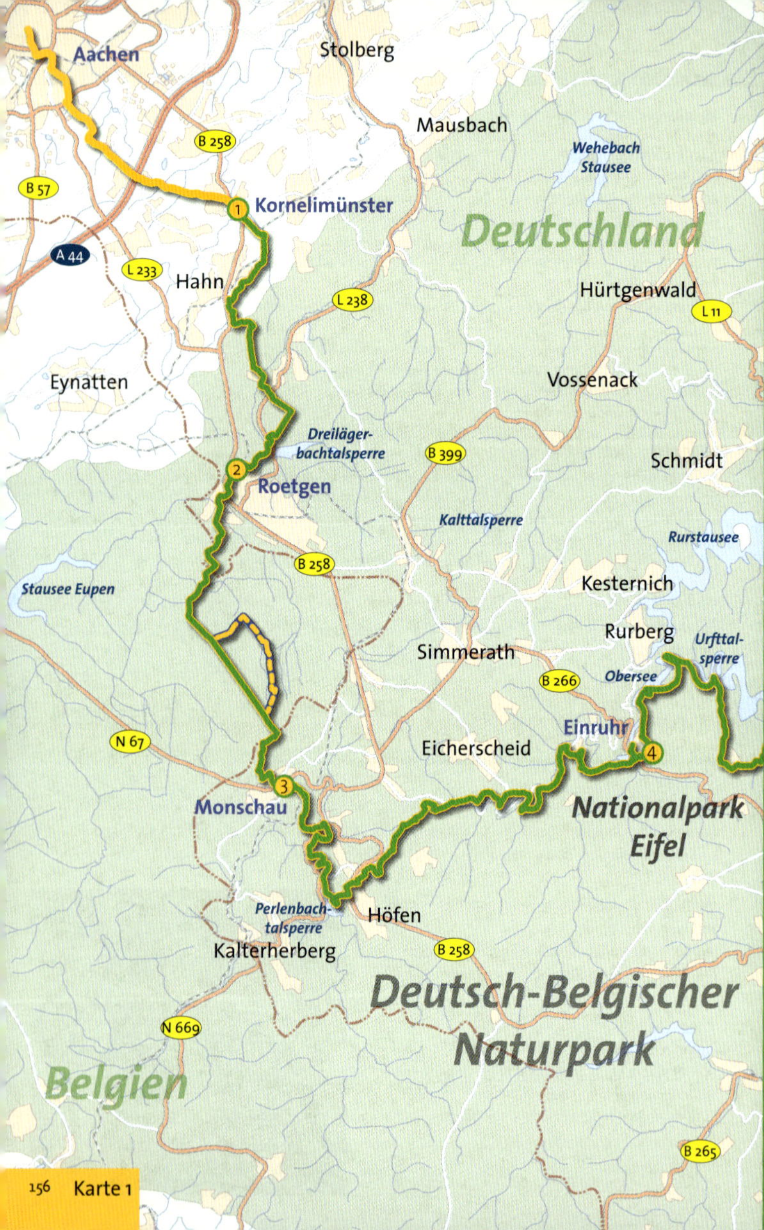
Aachen
Stolberg
Mausbach
B 258
Wehebach Stausee
B 57
1
Kornelimünster
Deutschland
A 44
L 233
Hahn
L 238
Hürtgenwald
L 11
Eynatten
Vossenack
Dreiläger-bachtalsperre
B 399
Schmidt
2
Roetgen
Kalttalsperre
Rurstausee
B 258
Stausee Eupen
Kesternich
Rurberg
Urfttal-sperre
Simmerath
B 266
Obersee
Einruhr
N 67
Eicherscheid
4
3
Monschau
Nationalpark Eifel
Perlenbach-talsperre
Höfen
Kalterherberg
B 258
Deutsch-Belgischer Naturpark
N 669
Belgien
B 265

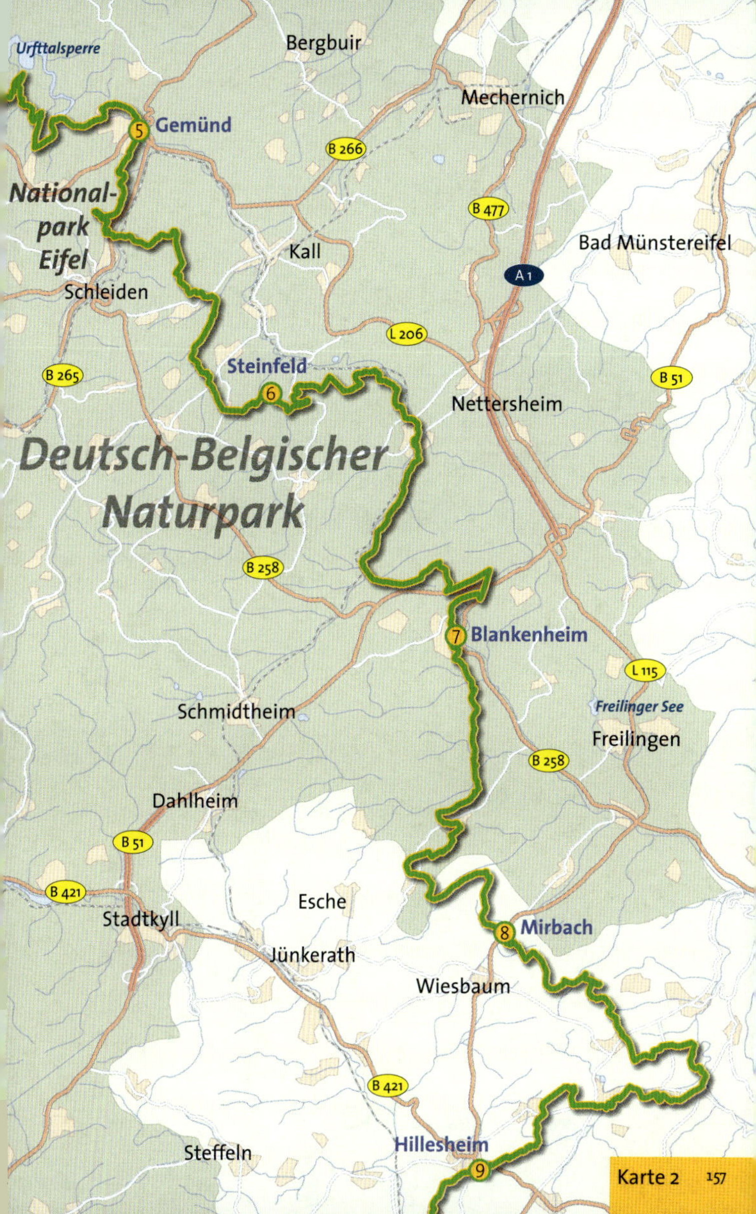
Urfttalsperre
Bergbuir
Mechernich
5
Gemünd
B 266
National-
park
Eifel
B 477
Kall
Bad Münstereifel
A 1
Schleiden
L 206
Steinfeld
6
B 265
B 51
Nettersheim
Deutsch-Belgischer
Naturpark
B 258
7
Blankenheim
L 115
Freilinger See
Schmidtheim
Freilingen
B 258
Dahlheim
B 51
B 421
Esche
Stadtkyll
8
Mirbach
Jünkerath
Wiesbaum
B 421
Hillesheim
Steffeln
9

Karte 2

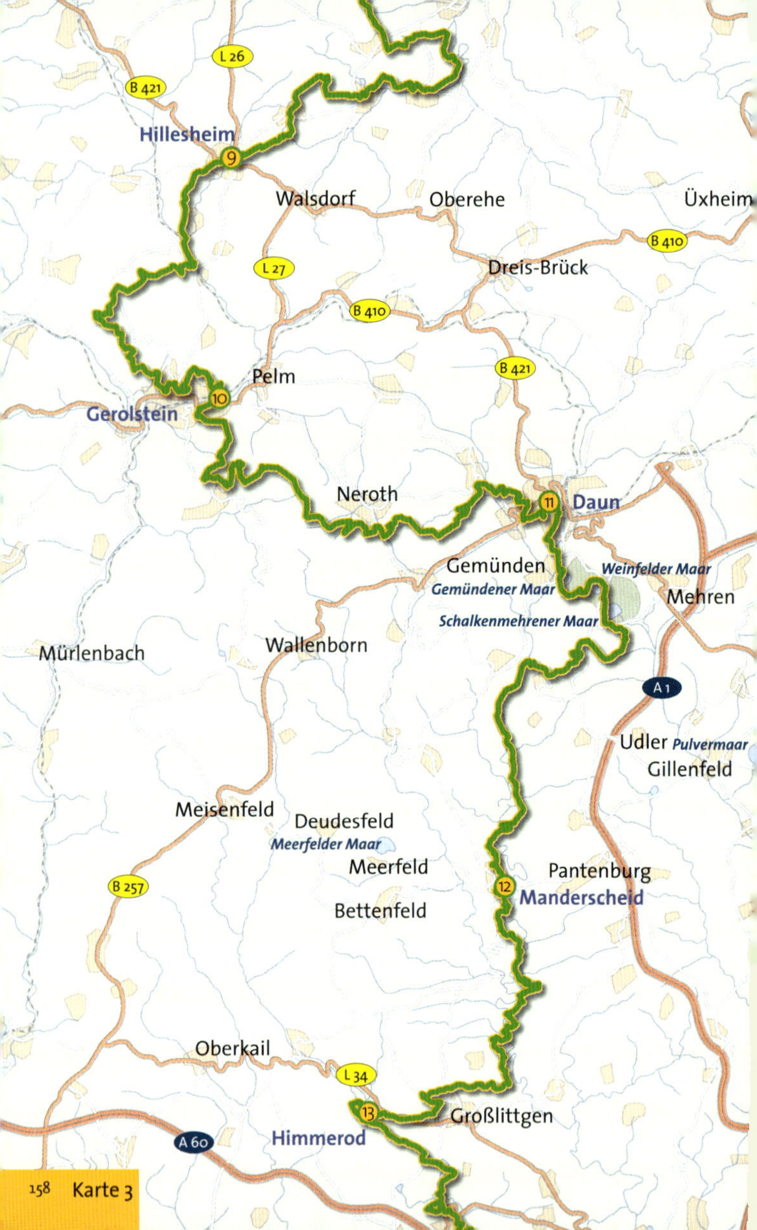
L 26
B 421
Hillesheim
9
Walsdorf
Oberehe
Üxheim
B 410
L 27
Dreis-Brück
B 410
B 421
Pelm
10
Gerolstein
Neroth
11
Daun
Gemünden
Weinfelder Maar
Gemündener Maar
Mehren
Schalkenmehrener Maar
Wallenborn
Mürlenbach
A 1
Udler
Pulvermaar
Gillenfeld
Meisenfeld
Deudesfeld
Meerfelder Maar
Meerfeld
Pantenburg
B 257
12
Manderscheid
Bettenfeld
Oberkail
L 34
13
Großlittgen
A 60
Himmerod

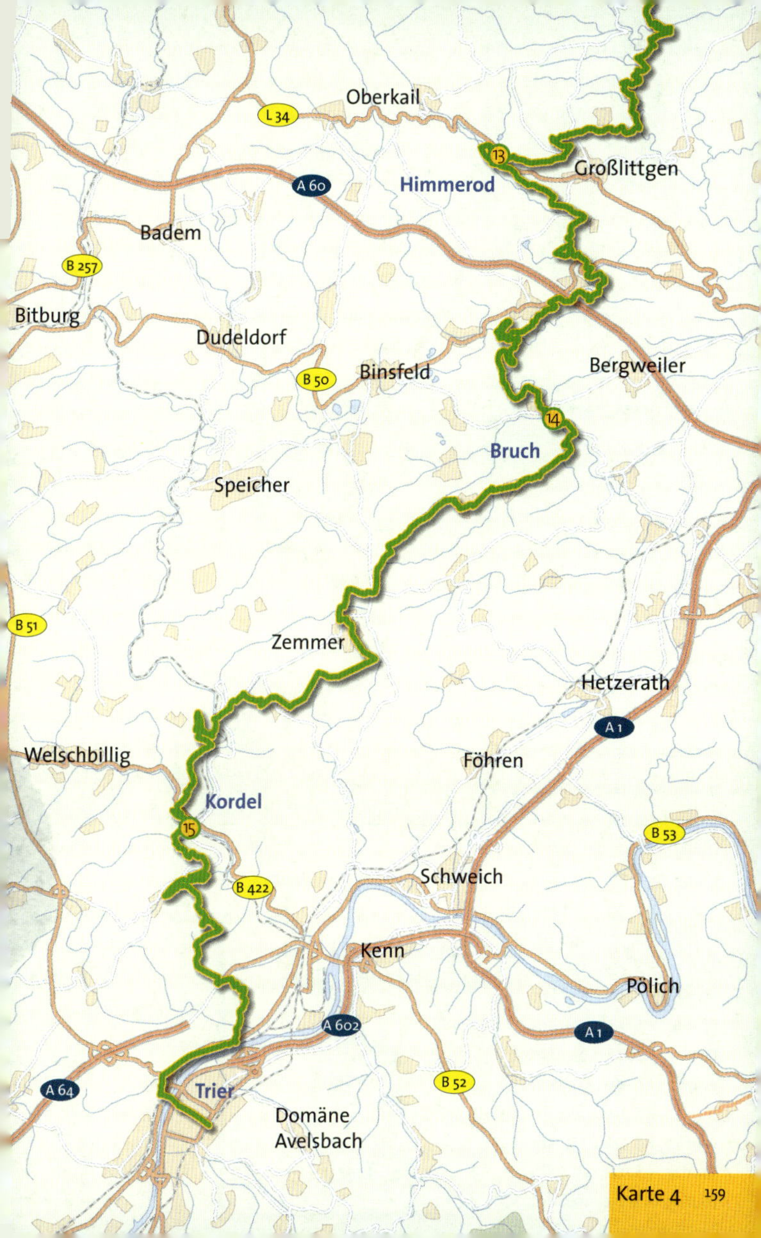

Oberkail
L 34
13
Großlittgen
A 60
Himmerod
Badem
B 257
Bitburg
Dudeldorf
B 50
Binsfeld
Bergweiler
14
Bruch
Speicher
B 51
Zemmer
Hetzerath
A 1
Welschbillig
Föhren
Kordel
15
B 53
B 422
Schweich
Kenn
Pölich
A 602
A 1
A 64
B 52
Trier
Domäne
Avelsbach


Karte 4

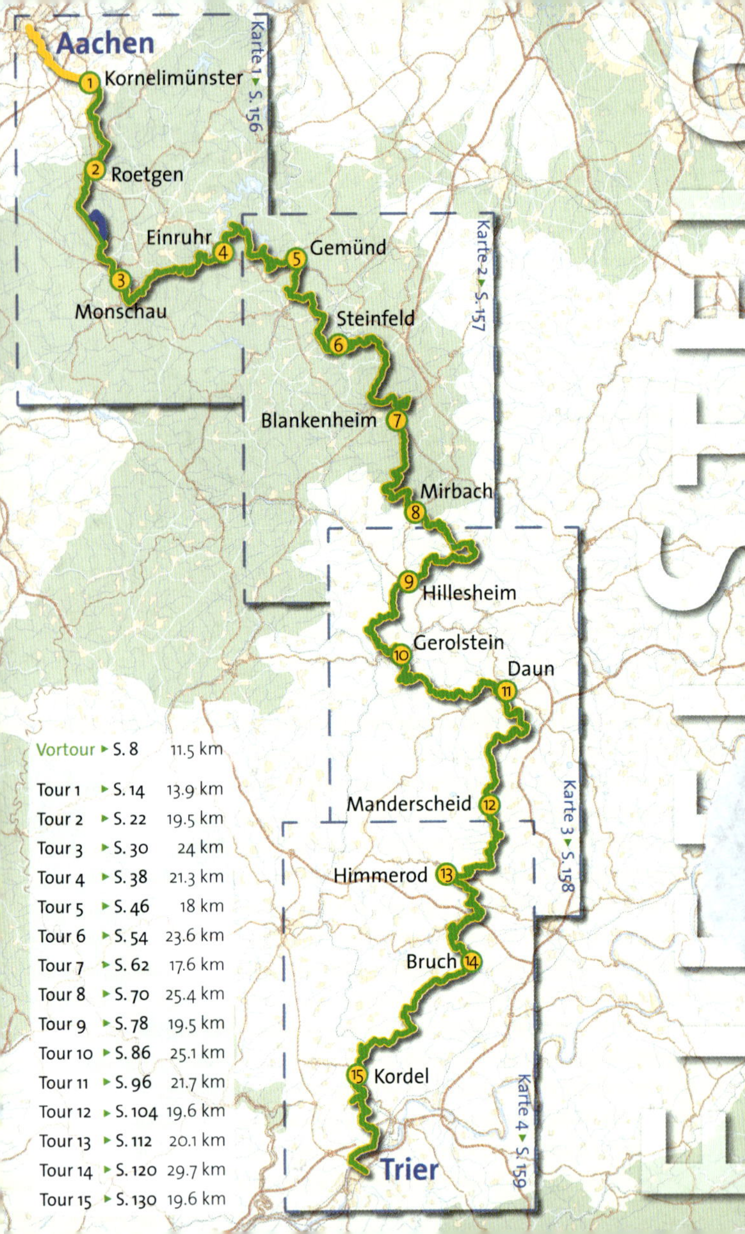

Aachen
1 Kornelimünster
Karte 1 ▸ S. 156
2 Roetgen
Einruhr 4
3 Monschau
5 Gemünd
Karte 2 ▸ S. 157
Steinfeld 6
Blankenheim 7
Mirbach 8
9 Hillesheim
Gerolstein 10
Daun 11
Manderscheid 12
Karte 3 ▸ S. 158
Himmerod 13
Bruch 14
15 Kordel
Karte 4 ▸ S. 159
Trier
Vortour ▸ S. 8 11.5 km
Tour 1 ▸ S. 14 13.9 km
Tour 2 ▸ S. 22 19.5 km
Tour 3 ▸ S. 30 24 km
Tour 4 ▸ S. 38 21.3 km
Tour 5 ▸ S. 46 18 km
Tour 6 ▸ S. 54 23.6 km
Tour 7 ▸ S. 62 17.6 km
Tour 8 ▸ S. 70 25.4 km
Tour 9 ▸ S. 78 19.5 km
Tour 10 ▸ S. 86 25.1 km
Tour 11 ▸ S. 96 21.7 km
Tour 12 ▸ S. 104 19.6 km
Tour 13 ▸ S. 112 20.1 km
Tour 14 ▸ S. 120 29.7 km
Tour 15 ▸ S. 130 19.6 km